2025年度版

徳島県の
養護教諭

過 去 問

協同教育研究会 編

協同出版

本書には，徳島県の教員採用試験の過去問題を
収録しています。各問題ごとに，以下のように5段
階表記で，難易度，頻出度を示しています。

難　易　度

非常に難しい　☆☆☆☆☆
やや難しい　　☆☆☆☆
普通の難易度　☆☆☆
やや易しい　　☆☆
非常に易しい　☆

頻　出　度

◎　　　　ほとんど出題されない
◎◎　　　あまり出題されない
◎◎◎　　普通の頻出度
◎◎◎◎　よく出題される
◎◎◎◎◎　非常によく出題される

※本書の過去問題における資料，法令文等の取り扱いについて
　　本書の過去問題で使用されている資料や法令文の表記や基準は，出題さ
れた当時の内容に準拠しているため，解答・解説も当時のものを使用して
います。ご了承ください。

はじめに～「過去問」シリーズ利用に際して～

　教育を取り巻く環境は変化しつつあり，日本の公教育そのものも，教員免許更新制の廃止やGIGAスクール構想の実現などの改革が進められています。また，現行の学習指導要領では「主体的・対話的で深い学び」を実現するため，指導方法や指導体制の工夫改善により，「個に応じた指導」の充実を図るとともに，コンピュータや情報通信ネットワーク等の情報手段を活用するために必要な環境を整えることが示されています。

　一方で，いじめや体罰，不登校，暴力行為など，教育現場の問題もあいかわらず取り沙汰されており，教員に求められるスキルは，今後さらに高いものになっていくことが予想されます。

　本書の基本構成としては，出題傾向と対策，過去5年間の出題傾向分析表，過去問題，解答および解説を掲載しています。各自治体や教科によって掲載年数をはじめ，「チェックテスト」や「問題演習」を掲載するなど，内容が異なります。

　また原則的には一般受験を対象としております。特別選考等については対応していない場合があります。なお，実際に配布された問題の順番や構成を，編集の都合上，変更している場合があります。あらかじめご了承ください。

　最後に，この「過去問」シリーズは，「参考書」シリーズとの併用を前提に編集されております。参考書で要点整理を行い，過去問で実力試しを行う，セットでの活用をおすすめいたします。

　みなさまが，この書籍を徹底的に活用し，教員採用試験の合格を勝ち取って，教壇に立っていただければ，それはわたくしたちにとって最上の喜びです。

協同教育研究会

C O N T E N T S

第1部 徳島県の養護教諭
　　　　　出題傾向分析 ‥‥‥‥‥**3**

第2部 徳島県の
　　　　　教員採用試験実施問題 ‥‥‥‥‥**9**

第3部 チェックテスト ‥‥‥‥‥‥**215**

第4部 養護教諭マスター ‥‥‥‥‥‥**231**

第1部

徳島県の
養護教諭
出題傾向分析

徳島県の養護教諭　傾向と対策

　出題分類でみると，2024年度は，法規・答申，保健管理，保健室，疾病等，保健教育がまんべんなく出題された。

　法規・答申では，法規として，2024年度は学校保健安全法第9条の保健指導，同法施行規則第7条の健康診断の方法及び技術的視点，同法施行規則第11条の保健調査について出題された。2023年度は学校保健安全法第10条の臨時の健康診断から出題された。2022年度は学校保健安全法第7条保健，同法施行規則第8条健康診断票が出題された。2021年度は同法施行規則第24条の学校薬剤師等の職務が出題された。2020年度は学校保健安全法第19・20条の感染症の出席停止及び臨時休業が出題された。2019年度は学校保健安全法第8・9・10条の健康診断について，また，同法施行規則第9条の健康診断の事後措置について出題された。今後は，養護教諭の職務に関する基本的な法規はもちろん，学習指導要領や答申の学校保健や養護教諭の職務に関する記載についても確認しておくこと。

　保健管理では，環境衛生検査，健康診断，感染症が毎年出題されている。環境衛生検査では，2024年度は教室等の環境について出題された。2023年度は水泳プール，ダニ又はアレルゲンについて，2022年度は令和3年4月1日に一部改正施行された採光及び照明の基準について，2021年度は温度の基準，机，いすの高さの検査について，2020年度は教室の環境(温度)が出題された。2019年度は教室環境(一酸化炭素，等価騒音)，学校の清潔，水泳プールについて出題されている。知識を確実に記憶していれば解答できる問題であるが，基準値だけでなく留意事項や附則等細部まで学習すること。また，基準値等は最新の情報を確認しておく必要がある。

　健康診断では，2024年度は色覚について，みつかりやすい疾患の説明について出題された。2023年度は心臓の疾病，学校保健安全法施行規則第10条の臨時の健康診断について，2021年度は視力検査の事後措置，体重の検査における留意事項について，2020年度は保健調査票作成上の配

慮事項及び成長曲線・肥満度曲線による病的状態の発見について，2019年度は眼科，歯科関係(CO，GO)について出題されている。健康診断に関しては「児童生徒等の健康診断マニュアル」(平成27年改訂日本学校保健会)からの出題がほとんどである。細部にわたり出題されているので，関連するマニュアル・手引・解説等を熟読し確実な知識を身に付けておくこと。

　感染症では，2024年度は4年ぶりに麻しんについて出題された。2023年度は「学校において予防すべき感染症の解説」より学校の役割について，2022年度は感染症対策のポイント，結核について，2021年度は感染経路，水痘，嘔吐物の処理(ノロウイルス等)が出題されており，2018年度から3年連続で，麻しんについての出題があった。麻しん以外の感染症としては，2019年度はノロウイルス及び水痘，2018年度は百日咳及び咽頭結膜熱，2017年度は結核が出題されている。毎年感染症の出題があることから文部科学省から出されているマニュアルを読んでおくことは必須である。

　2024年度は保健管理についてその他の出題はなかったが，過去には次に述べるような出題があった。2023年度は眼科保健から屈折異常と統合失調症について，2022年度は歯科保健から不正咬合について，健康相談実施上の注意点について，2021年度は健康観察に関して心の健康問題への対応が出題された。過去には，健康相談，保健指導，歯科保健，健康観察の意義と目的，健康観察の目的，ADHD・てんかんの説明が出題されている。文部科学省や日本学校保健会発行の関連資料等を熟読し，幅広く学習しておくことが重要である。

　保健室では，2024年度はやけどや骨折の救急処置について，また，保健室経営計画から保健室の機能や評価の観点について出題された。過去には，2023年度は保健室登校の実施に当たっての確認事項，アレルギー疾患に関連して学校生活管理指導表について，健康観察記録の活用について，2022年度は捻挫の救急処置について，2021年度は熱中症の救急処置，医薬品について，2020年度は保健室経営計画の定義について，心肺蘇生から呼吸の観察と胸骨圧迫，救急処置から歯の脱臼について，2019年度は救急処置からアレルギーへの対応について出題されている。心肺

蘇生や救急処置は正しい知識を身に付けておきたい。

　疾病等では，2024年度は2023年度に引き続き，アレルギー分野から緊急性の高いアレルギー症状について出題された。2023年度はアレルギー疾患に対する取り組みガイドラインより学校生活管理指導表について，虐待対応の問題より挫傷の色調変化について，2022年度は，依存症について，ファロー四徴症について，また語句の説明として，Ⅰ型糖尿病，セルフメディケーション，心因性視覚障害について出題された。2021年度は健康診断の体重に関する出題の中に児童虐待と肥満に関する視点が含まれていた。また，熱中症に関しては救急処置の出題に含まれていた。過去には，虐待の種類と被虐待児への心のケアについて，WBGT，疾病と解剖分野で腎臓，疾病分野でⅠ型糖尿病の特徴及び対処法，食物アレルギー及びアナフィラキシーショック，学校におけるアレルギー疾患対策について，ASD，児童虐待，低身長，自律神経失調症，急性硬膜下血腫，難聴が出題されている。その他，最新のトピックスも確認して基礎知識の習得をしておくこと。

　保健教育は，2024年度は中学校及び高等学校学習指導要領より保健体育分野での「目標」についてと，薬物乱用防止教室について出題された。2023年度は小学校学習指導要領「第2章　各教科」「第9節　体育」「第2　各学年の目標及び内容」〔第3学年及び第4学年〕の内容について，2022年度は中学校学習指導要領「第2章　各教科」「第7節　保健体育」「第2　各学年の目標及び内容」から『健康な生活と疾病の予防』『心身の機能の発達と心の健康』の内容の一部が出題された。2021年度は小学校学習指導要領「第1章　総則」，高等学校学習指導要領「保健」から出題された。新学習指導要領に初めて「精神疾患」が入った単元に関する出題であった。また，エイズ及び性に関する指導について留意事項が出題された。2020年度は中学校学習指導要領の保健体育〔保健分野〕から，傷害の防止について出題された。2019年度は小学校学習指導要領から出題された。学習指導要領や手引・マニュアル等からの出題が頻出である。どの領域が出題されても解答できるように準備しておきたい。

　問題数は，過去5年間は大問が10〜12題，2024年度は10題であった。出題形式は記述式が多い。基礎知識だけではなく細かな部分まで学習す

る必要がある。文部科学省等の関連書籍からの出題が大変多いので，広範囲にわたる地道な学習の積み重ねが大切である。

過去5年間の出題傾向分析

☆：3題以上出題　●：2題出題　○：1題出題

分類	主な出題事項	2020年度	2021年度	2022年度	2023年度	2024年度
法規・答申	学校保健安全法	●	○	●	○	☆
	中央教育審議会答申					
保健管理	環境衛生検査	●	●	●	○	○
	健康診断	●	●		○	●
	感染症	○	☆	●	○	○
	予防接種					
	健康観察		○		●	
	学校保健	○				
	学校安全計画					
	学校保健計画				○	
	学校薬剤師等の職務		○			
	歯科保健	○		○		
	養護教諭の役割・職務		☆	○		
保健室	保健室経営計画	○			○	●
	救急処置	○	○	○		●
	心肺蘇生	○				
	医薬品		○			
疾病等	疾病			●	☆	
	解剖					
	語句の説明	○		☆		
	虐待	●	○		●	
	肥満			○		
	アレルギー				○	○
	メンタルヘルス				○	
	災害時・PTSD					
	熱中症		○			
保健教育	学習指導要領	○	●	●	○	○
	薬物乱用					○
	喫煙					
	がん教育					
	エイズ・性教育		○			

第2部

徳島県の
教員採用試験
実施問題

2024年度　実施問題

【1】次の(1)～(6)は「学校環境衛生基準」(令和4年度4月改正　文部科学省)に示されている，換気及び保温等の基準の一部である。次の(a)～(h)にあてはまる数字を書きなさい。

(1) 換気の基準として，二酸化炭素は，(a)ppm以下であることが望ましい。

(2) 温度は，(b)℃以上，(c)℃以下であることが望ましい。

(3) 相対湿度は，(d)％以上，(e)％以下であることが望ましい。

(4) 気流は，(f)m/秒以下であることが望ましい。

(5) 一酸化炭素は，(g)ppm以下であること。

(6) 揮発性有機化合物のホルムアルデヒドは，(h)μg/m³以下であること。

(☆☆○○○○○)

【2】次の文章は，学校保健安全法施行規則(昭和33年文部省令第18号)「第二章　健康診断」「第二節　児童生徒等の健康診断」に示されている，方法及び技術的基準の一部である。以下の(1)・(2)の問いに答えなさい。

・　四肢の状態は，四肢の(a)及び(b)並びに運動器の(c)の状態に注意する。

・　身体計測，視力及び聴力の検査，問診，胸部エックス線検査，(d)の検査その他の予診的事項に属する検査は，学校医又は(e)による診断の(f)に実施するものとし，学校医又は(e)は，それらの検査の結果及び第11条の保健調査を活用して診断に当たるものとする。

(1) (a)～(f)にあてはまる語句を書きなさい。(同じ記号には同じ語句が入るものとする。)

10

(2)　下線部について，その活用のしかたや留意点を2つ書きなさい。

(☆☆☆☆◎◎)

【3】「児童生徒等の健康診断マニュアル」(平成27年度改訂　公益財団法人日本学校保健会)に示されている内容について，次の(1)・(2)の問いに答えなさい。

(1)　色覚について，次の(a)～(e)にあてはまる語句を【選択肢】から選んで記号で書きなさい。

・　正常な色覚の人は，眼にうつる全ての色を赤・緑・青の3原色の組合せとして感じる。これは人の(a)に赤色，緑色，青色のそれぞれの色に反応する3種類の(b)と呼ばれる視細胞があるからである。

・　学校での色覚の検査は，(c)による(d)等において，必要に応じ(e)に検査を行う。

【選択肢】

ア	水晶体	イ	定期的	ウ	健康相談	エ	健康診断
オ	桿体細胞	カ	網膜	キ	個別	ク	大脳
ケ	学校医	コ	保健指導	サ	錐体細胞	シ	養護教諭

(2)　次の(a)・(b)の語句を説明しなさい。

(a)　PMS

(b)　ペルテス病

(☆☆☆☆◎◎)

【4】次の文章は，「学校において予防すべき感染症の解説」(平成30年3月　公益財団法人日本学校保健会)に示されている，麻しんの症状の一部である。次の(a)～(h)にあてはまる語句を書きなさい。(同じ記号には同じ語句が入るものとする。)

・　典型例では，臨床的に，(a)期，(b)期，(c)期に分けられる。

・　(a)期には眼が充血し，(d)や(e)が多くなる。咳，鼻水

11

などの症状と(f)がみられ，口内の頰粘膜に(g)という特徴的な(h)斑点(粘膜疹)が見られるのが診断のポイントである。

(☆○○○○)

【5】 次の(1)～(5)は「薬物乱用防止教室マニュアル」(平成26年度改訂公益財団法人日本学校保健会)に示されている，薬物乱用防止教室における薬物乱用防止教育に必要な内容の一部である。次の(a)～(h)にあてはまる語句を【選択肢】から選んで記号で書きなさい。

(1) 薬物乱用は(a)や特別な場合の問題ではなく，誰の身近にも起こり得る問題であることが(b)に述べられていること。

(2) 「乱用される薬物は，(c)することはもちろん，所持することも禁止されている」という曖昧さのないメッセージが必ず含まれること。

(3) 講師が伝えたい内容で一方的に構成するのではなく，対象となる児童生徒の興味・関心や(d)など，(e)・発達段階を十分考慮した内容や指導方法であること。

(4) 害や怖さのみを強調するのではなく，「薬物等の(f)に負けない気持ちをもつことが充実した人生につながる」という(g)なメッセージが含まれること。

(5) 児童生徒がおかれている地域や(h)を非難したり，酒やたばこを販売する職業を悪と決めつけるようなことはしないなど，児童生徒や家族を傷つける可能性のある内容は避けること。

【選択肢】

ア	積極的	イ	利用	ウ	限られた人	エ	家庭環境
オ	成長	カ	使用	キ	判断力	ク	症状
ケ	表現力	コ	憲法	サ	大人	シ	誘惑
ス	簡単	セ	理解力	ソ	依存	タ	好奇心
チ	明快	ツ	画期的	テ	発育	ト	心情的

(☆☆○○○○)

【6】 学校において，子どもが次の(1)・(2)の症状を訴えて，自分で歩い
て保健室に来室した場合の手当及び注意事項を簡潔に書きなさい。

(1) 片側の足の大腿部に，衣服の上から熱湯がかかり，痛みを訴えて
いる。半ズボンを着用しており，目視で確認できる皮膚には，直径
5cm程の水ぶくれができている。

(2) 階段で転倒し，片側の手のひらを床で強くつき，手をついた方の
前腕に強い痛みを訴えている。前腕を確認したところ，腫れと変形
が見られるが，出血はしていない。

(☆◎◎◎◎)

【7】 次の文章は，学校保健安全法(昭和33年法律第56号)に示されている，
保健指導の一部である。次の(a)～(g)にあてはまる語句を書き
なさい。

第9条 養護教諭その他の職員は，(a)に連携して，(b)又は児
童生徒等の(c)の日常的な観察により，児童生徒等の(d)の状
況を把握し，(e)の問題があると認めるときは，(f)なく，当
該児童生徒等に対して必要な指導を行うとともに，必要に応じ，そ
の保護者に対して必要な(g)を行うものとする。

(☆☆◎◎◎◎◎)

【8】 次の文は，中学校学習指導要領「第2章 各教科」「第7節 保健体
育」「第1 目標」，高等学校学習指導要領「第2章 各学科に共通する
各教科」「第6節 保健体育」「第1款 目標」の一部である。次の
(a)～(e)にあてはまる語句を書きなさい。(同じ記号には同じ
語句が入るものとする。)

中学校学習指導要領
体育や保健の(a)・考え方を働かせ，(b)を発見し，
(c)な解決に向けた学習過程を通して，心と体を(d)として
捉え，生涯にわたって心身の健康を(e)し豊かなスポーツライ

13

フを実現するための資質・能力を次のとおり育成することを目指す。

高等学校学習指導要領

　体育や保健の（　a　）・考え方を働かせ，（　b　）を発見し，（　c　），計画的な解決に向けた学習過程を通して，心と体を（　d　）として捉え，生涯にわたって心身の健康を（　e　）し豊かなスポーツライフを継続するための資質・能力を次のとおり育成することを目指す。

(☆☆☆☆◎◎)

【9】「学校のアレルギー疾患に対する取り組みガイドライン」(令和元年度改訂　公益財団法人日本学校保健会)に示されている，緊急性が高いアレルギー症状について，次の（　a　）～（　g　）にあてはまる語句を書きなさい。

【全身の症状】
・ぐったり　　　　　　　　・（　a　）
・尿や便を漏らす　　　　　・脈が触れにくい
・唇や（　b　）が青白い
【呼吸器の症状】
・（　c　）や（　d　）が締め付けられる
・（　e　）がかすれる　　　・犬が吠えるようなせき
・（　f　）がしにくい　　　・持続する強いせき込み
・ぜーぜーずる呼吸(ぜん息発作と区別できない場合を含む)
【消化器の症状】
・我慢できない（　g　）　　・繰り返し吐き続ける

(☆☆◎◎◎◎)

14

【10】「保健室経営計画作成の手引」(平成26年度改訂　公益財団法人日本学校保健会)に示されている内容について，次の(1)・(2)の問いに答えなさい。
(1)　保健室の機能を4つ書きなさい。
(2)　保健室経営計画の評価の観点を4つ書きなさい。

(☆☆☆☆○○○○)

解答・解説

【1】a　1500　　b　18　　c　28　　d　30　　e　80　　f　0.5　　g　6
h　100

〈解説〉令和4(2022)年5月に学校環境衛生基準の一部が改正され，教室内の温度の基準の下限が17℃から18℃に変更されている。また，一酸化炭素の基準の上限は10ppmから6ppmに変更されている。これは「建築物における衛生的環境の確保に関する法律施行例の一部を改正する政令」が令和3(2021)年12月に公布され，環境基準の一部が見直されたことに伴うものである。学校環境衛生基準は，関係法令等の改正等により変更されることがあるので，最新の情報を確認しておくこと。

【2】(1)　a　形態　　b　発育　　c　機能　　d　尿　　e　学校歯科医
f　前　　(2)　・事前に児童生徒等の健康状態を把握する。　　・定期健康診断がより的確に行われる。　　・診断の際の参考になる。　　・健康診断を円滑に実施することができる。　　・児童生徒等の生活の実態を把握する。　　・個人のプライバシーに配慮する。　　・児童生徒等の保健管理及び保健指導を適切に行う。　　から2つ

〈解説〉(1)　児童生徒等の健康診断の方法及び技術的基準については，学校保健安全法施行規則第7条に規定されている。同法施行規則第3条において規定されている就学時の健康診断の方法及び技術的基準につ

いても，そのほとんどを準用している。　(2)　保健調査については，学校保健安全法施行規則第11条に，「健康診断を行うに当たつては，小学校，中学校，高等学校及び高等専門学校においては全学年において」「あらかじめ児童生徒等の発育，健康状態等に関する調査を行うものとする」と，規定されている。健康診断は，多くの児童生徒等を短時間で的確に実施する必要があるため，保健調査票や日常の健康観察，アンケート等で得られた情報を，学校医や学校歯科医の補助資料となるよう，事前にまとめておく必要がある。解答例は「児童生徒等の健康診断マニュアル」(平成27年度改訂　日本学校保健会)に記載されている。

【3】(1) a　カ　b　サ　c　ケ　d　ウ　e　キ　　(2)　(a)　月経前症候群(premenstrual syndrome)。月経開始の3～10日前からイライラや憂うつ，下腹痛や頭痛，むくみ，食欲の亢進や傾眠等の多彩な精神的・身体的症状が出現し，月経開始とともに減退するもの。
(b)　大腿骨頭に栄養を送る血液の流れがなんらかの原因によって悪くなり，骨頭が一時的に壊死を起こす疾患。

〈解説〉(1)　a・b　「色覚異常」に関する項目で記述された内容である。網膜には視細胞がモザイクのように並んでいる。視細胞には，明るいところで働く錐体細胞と，暗いところで働く桿体細胞があるが，色の区別を行うのは，錐体細胞である。先天色覚異常は，錐体に様々な程度の先天的異常が生じた状態で，学校で検出されるのは先天性の赤緑色覚異常がほとんどである。　c～e　過去に必須であった色覚の検査が必須項目から外れたことにより，自らの特性を知らぬまま，進学や就職において不利益を被る事例があったことから，学校医による健康相談等において，必要に応じ個別に検査を実施するようになっている。その際は，児童生徒や保護者の同意のもと，プライバシーに配慮して行われる必要がある。　(2)　(a)　PMS(月経前症候群)は，月経前の3～10日の間続く精神的あるいは身体的症状で，月経が来ると症状が弱まり，やがて消えていく。「児童生徒等の月経随伴症状等の早期発

見及び保健指導等の実施について」(令和3年　文部科学省事務連絡)により，定期の健康診断を実施する際の保健調査票等に女子の月経随伴症状を含む月経に伴う諸症状について記入する欄を設けるなど，思春期の女子の月経異常等の早期発見や保健指導をより充実させるよう通知された。　(b)　ペルテス病は就学前後の4〜8歳を好発年齢とする病気で，男児に多くみられる。壊死部の修復には約1年半〜2年かかるが，その間にできるだけ骨頭を潰さないで治す必要があり，そのためには早期発見・早期治療が重要である。小学生以下の子供が誘因もなく大腿から膝にかけての疼痛を訴える場合は，股関節の動きを確認し，股関節の動きが悪い場合などには整形外科への受診を勧める。

【4】a　カタル　　b　発しん　　c　回復　　d　涙　　e　めやに
　　　f　発熱　　g　コプリック斑　　h　白い
〈解説〉麻しんの特徴として，カタル期に口内の頬粘膜にみられる白い斑点は，コプリック斑である。カタル期を過ぎて熱がいったん下がりかけるが，再び高熱が出て赤い発しんが生じて発しん期になる。通常は7〜9日で回復する。麻しんは非常に感染力が強く，学校で発生した場合は集団発生をできるだけ起こさないように周辺児童生徒や教職員の罹患歴や予防接種歴の確認などを行う必要がある。平成19(2007)年に全国的に流行し，予防接種等の麻しん対策がとられた成果により，平成27(2015)年にはWHO(世界保健機関)から麻しん排除が認定された。その後は，輸入感染による集団発生が時折みられている。

【5】a　ウ　　b　チ　　c　カ　　d　セ　　e　テ　　f　シ　　g　ア
　　　h　エ
〈解説〉文部科学省は，「第五次薬物乱用防止五か年戦略」(平成30年)において，「薬物乱用防止教室は，学校保健計画において位置付け，すべての中学校及び高等学校において年1回は開催するとともに，地域の実情に応じて小学校においても開催に努める。」として，学校における薬物乱用防止教育の充実を図っている。小学校高学年以上は警察

職員や，麻薬取締官，学校医，学校薬剤師等，専門性を有する講師が指導にあたることも多い。薬物乱用防止教室の前には，講師と学校で打ち合わせを行い，薬物乱用防止教育に必要な内容，また留意する内容について共有し，指導が実施される。令和4(2022)年度の実施状況は，小学校段階75.5％，中学校段階86.0％，高等学校段階82.5％で，全体で79.6％の開催率となっている。平成30(2018)年度までは開催率が少しずつ増加していたが，コロナ禍に入って令和3(2021)年度の調査では大きく落ち込み，令和4(2022)年度に回復してきているが，まだコロナ禍以前の水準まで達していない状況である。

【６】(1)　服の上からすみやかに流水で冷やす。水ぶくれはつぶさない。できるだけ早く医師の診察を受ける。　　(2)　氷水や冷却パックで冷やす。添え木や三角巾などを使って固定する。変形した状態を元に戻さない。医師の診察を受ける。

〈解説〉(1)　事例は水ぶくれが確認できることから，少なくともⅡ度熱傷であるとみられる。冷やす時間は10分以上で，疼痛が和らぐのを目安とする。ただし，やけどが広範囲のときは冷却すると体温が下がるので，冷却はしない。水ぶくれは，傷口を保護する役割があるのでつぶさないこと。衣服を着たままのやけどのときは，服を脱ぐとやけどした皮膚がはがれることがあるので，服の上から冷やす。　　(2)　事例は前腕部の骨折が疑われる。RICE処置に則り，安静，冷却や圧迫，挙上しながら早急に医師の診察を受ける必要がある。変形している場合は，無理に動かすことで修復に支障が出ることがあるので，動かさないように固定する必要がある。骨折時は，痛みや内出血などによりショックを起こしやすいので，搬送中は留意する。

【７】a　相互　　b　健康相談　　c　健康状態　　d　心身　　e　健康上
f　遅滞　　g　助言

〈解説〉学校保健安全法第9条は，保健指導について定められている。学校保健法が平成21(2009)年に改正され，学校保健安全法に改称された

際に，保健指導の項目が新たに加えられ，学校で行われている保健指導が法律上明記された。児童生徒等の心身の健康問題が多様化，深刻化している中，これらの問題に学校が適切に対応する必要があることから，第9条においては，健康相談や担任教諭等の行う日常的な健康観察による児童生徒等の健康状態の把握，健康上の問題があると認められる児童生徒等に対する指導や保護者に対する助言を保健指導として位置付け，養護教諭を中心として，関係教職員の協力の下で実施されるべきことが明確に規定された。

【8】a 見方　b 課題　c 合理的　d 一体　e 保持増進
〈解説〉a　各教科等の「見方・考え方」は，その教科等ならではの物事を捉える視点や考え方であり，保健体育科においては，「体育や保健の見方・考え方」として示されている。　b・c　資質・能力の三つの柱の育成に向けては，「体育分野，保健分野それぞれに特有の課題を発見し，合理的な解決に向けた学習過程を通して」相互に関連させて高めることが重要である。なお，高等学校においては，発達段階に応じて「計画的」が加えられている。　d　「心と体を一体として」捉えることは，生徒の心身の健全な発達を促すうえで重要であることから，従前から引き続いて示されている。　e　保健体育科においては，「生涯にわたって心身の健康を保持増進し，豊かなスポーツライフを実現するための資質・能力」を育成することは，究極的な目標である。

【9】a 意識もうろう　b 爪　c のど　d 胸　e 声　f 息　g 腹痛
〈解説〉緊急性の高いアレルギー症状があるかどうかの判断を5分以内に行い，該当の症状が一つでもあれば，緊急性が高いアレルギー症状があると判断する。緊急性の高いアレルギー症状では，アナフィラキシーを引き起こしている可能性があり，早急に対応しないと命に関わることがある。これらの緊急性が高いアレルギー症状を認めた場合には，アドレナリン自己注射薬を処方されている児童生徒等の場合は使用し

た上で，救急車の要請を行い医療機関へ搬送する。

【10】(1)　健康診断，健康相談，保健指導，救急処置，発育測定，保健情報センター，保健組織活動のセンター　から4つ　　(2)　・計画は適切であったか。　　・計画に基づいて遂行できたか。　　・昨年度の評価結果が生かされたか。　　・目標が達成できたか。　　・教職員の役割分担は適切であったか。　　・教職員の共通理解と協力が得られたか。　　・保護者の理解と協力が得られたか。　　・学校医等の理解と協力が得られたか。　　・地域の関係機関の理解と協力が得られたか。から4つ

〈解説〉(1)　出題の手引で保健室の機能は，学校保健安全法第7条で示されている「健康診断」「健康相談」「保健指導」「救急処置」に加えて，「発育測定」「保健情報センター」「保健組織活動のセンター」などが示され，保健室は学校保健活動のセンターとして機能している場所であるといえる。中央教育審議会から出された「子どもの心身の健康を守り，安全・安心を確保するために学校全体としての取組を進めるための方策について(答申)」(平成20年1月)では，学校保健活動のセンター的役割を担う保健室の経営の充実を図ることを求めるとともに，保健室経営計画の重要性が示唆され，養護教諭は保健室経営計画を立て，教職員に周知を図り連携していくことを求めている。「養護教諭の専門性と保健室の機能を生かした保健室経営の進め方」(日本学校保健会)には，保健室に求められる機能が示されているので，併せて参照するとよい。　　(2)　保健室経営計画の評価は，養護教諭による自己評価が基本だが，他者評価を取り入れて分析・検討することが重要である。他者評価としては，学級担任や教職員による評価，学校医，学校歯科医及び学校薬剤師による評価，児童生徒による評価，学校保健委員会メンバーや保護者による評価がある。保健室経営計画の作成は，まず前年度の評価を行うことから始まり，計画作成後に評価の視点を検討し，保健室経営の実施に生かすこととされている。保健室経営計画は総合評価を行い，次年度への課題を明確にし，教職員へフィードバッ

クしていくことが重要である。

2023年度 実施問題

【1】「学校保健安全法施行規則」に示されている，臨時の健康診断について，次の（ a ）〜（ f ）にあてはまる語句を書きなさい。(同じアルファベットには，同じ語句が入るものとする。)

　第10条　法第13条第2項の健康診断は，次に掲げるような場合で必要があるときに，必要な検査の項目について行うものとする。
　一　（ a ）又は（ b ）の発生したとき。
　二　（ c ）等により（ a ）の発生のおそれのあるとき。
　三　（ d ）における休業日の直前又は直後
　四　（ e ），寄生虫病その他の疾病の有無について検査を行う必要のあるとき。
　五　（ f ）のとき。

（☆☆☆◎◎◎◎）

【2】次の文は，「学校環境衛生管理マニュアル」(平成30年度改訂版　文部科学省)に示されている内容の一部である。下線部について適切な場合には○を，そうでない場合には適切な語句や数字を書きなさい。

(1)　水泳プールの水質におけるpH値は，5.8以上<u>9.6</u>以下であること。

(2)　水泳プールの水質における遊離残留塩素は，<u>0.5mg/L</u>以上であること。また，<u>1.0mg/L</u>以下であることが望ましい。

(3)　水泳プールの水質における濁度は，<u>3</u>度以下であること。

(4)　ダニ又はダニアレルゲンの検査では，温度及び湿度が<u>高い</u>時期に，ダニの発生しやすい場所において1m²を電気掃除機で<u>3分間</u>吸引し，ダニを捕集する。

(5)　ダニ又はダニアレルゲンは，<u>300匹</u>/m²以下又はこれと同等のアレルゲン量以下であること。

（☆☆☆◎◎◎◎）

【3】「児童生徒等の健康診断マニュアル」(平成27年度改訂　日本学校保健会)に示されている内容について，次の(1)・(2)の問いに答えなさい。

(1)　次の文は，心臓の疾病及び異常の有無についての検査の意義を示したものである。文中の(a)～(d)にあてはまる最も適切な語句を書きなさい。

　　心疾患の(a)をすること，心疾患のある児童生徒等に適切な(b)を受けるように指示することや日常的に適切な(c)を行い児童生徒等の(d)を高め，生涯を通じて，できるだけ健康な生活を送ることができるようにするために検査をする。

(2)　不整脈のうち，「注意すべき不整脈」を次から2つ選び，記号で書きなさい。

　　ア　冠静脈洞調律　　　　　イ　QT延長症候群
　　ウ　不完全右脚ブロック　　エ　ブルガダ症候群
　　オ　ウェンケバッハ型2度房室ブロック

(☆☆☆◎◎◎◎)

【4】次の(1)・(2)の問いに答えなさい。

(1)　次の文は，「保健室経営計画作成の手引」(平成26年度改訂　日本学校保健会)に示されている，保健室経営計画の必要性の一部である。(a)～(f)にあてはまる語句を書きなさい。

①　(a)や(b)の具現化を図るための保健室経営を，(c)，(d)に進めることができる。

②　児童生徒の健康課題の解決に向けた保健室経営計画(課題解決型)を立てることによって，児童生徒の健康課題を(e)で共有することができる。

④　保健室経営計画を立てることによって，養護教諭の(f)や役割を教職員等に啓発していく機会となる。

(2)　「学校保健法等の一部を改正する法律の公布について(通知)」(平成20年7月9日　文部科学省)の学校保健に関する留意事項に示され

23

ている，学校保健計画に必ず盛り込む事項を3つ書きなさい。

(☆☆☆◎◎◎◎)

【5】次の文は，小学校学習指導要領「第2章　各教科」「第9節　体育」「第2　各学年の目標及び内容」〔第3学年及び第4学年〕「2　内容」の一部である。(a)～(g)にあてはまる語句を書きなさい。(同じアルファベットには，同じ語句が入るものとする。)

G　保健

(1)　健康な生活について，課題を見付け，その解決を目指した活動を通して，次の事項を身に付けることができるよう指導する。

ア　健康な生活について理解すること。

(ア)　心や体の調子がよいなどの健康の状態は，(a)の要因や周囲の(b)の要因が関わっていること。

(イ)　毎日を健康に過ごすには，(c)，食事，休養及び睡眠の(d)のとれた生活を続けること，また，体の(e)を保つことなどが必要であること。

(ウ)　毎日を健康に過ごすには，(f)の調節，(g)などの生活(b)を整えることなどが必要であること。

(☆☆◎◎◎◎)

【6】「学校において予防すべき感染症の解説」(平成30年3月　日本学校保健会)に示されている学校における感染症への対応の一部について，次の(a)～(f)に当てはまる語句を【選択肢】から選んで記号で書きなさい。(同じアルファベットには，同じ語句が入るものとする。)

②学校の役割

・　児童生徒がかかりやすい感染症や(a)等について，保健だよりなどを活用し，児童生徒及び保護者への(b)を行う。

・　(c)，教育委員会，(d)等と連携し，適切な対応ができる

24

ようにする。((c)等の意見を聞き，適切に(e)，(f)その他の措置をとる。)

【選択肢】

ア　学校長　　　　　　　　　イ　学校医
ウ　学校薬剤師　　　　　　　エ　保健所
オ　医療機関　　　　　　　　カ　消毒
キ　啓発　　　　　　　　　　ク　調査
ケ　出席停止　　　　　　　　コ　臨時休業
サ　新興感染症　　　　　　　シ　指定感染症
ス　新型コロナウイルス感染症　セ　欠席状況
ソ　保健室利用状況

(☆☆☆◎◎◎◎)

【7】次の(1)・(2)の問いに答えなさい。

(1)　眼とその屈折異常について，(a)～(g)にあてはまる語句を【選択肢】から選んで記号で書きなさい。(同じアルファベットには，同じ語句が入るものとする。)

・無調節状態で平行光線が(a)より後ろに焦点を結ぶ眼を(b)という。

・(c)は，無調節状態で平行光線が(a)の1点に像を結ばない状態である。

・(d)は，左右の眼の屈折度が異なるもので，その差が大きいと左右の(a)に映る像の大きさが異なるため(e)の原因になる。

眼の断面図

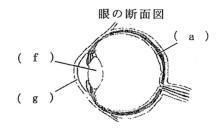

25

【選択肢】

ア	虹彩	イ	近視	ウ	水晶体	エ	角膜
オ	結膜	カ	正視	キ	乱視	ク	眼位異常
ケ	遠視	コ	眼精疲労	サ	瞳孔	シ	不同視
ス	毛様体	セ	網膜	ソ	色覚異常		

(2)　統合失調症の特徴的な症状を2つ書きなさい。

(☆☆☆◎◎◎)

【8】次の文は，「学校のアレルギー疾患に対する取り組みガイドライン」(令和元年度改訂　日本学校保健会)に示されている「学校生活管理指導表(アレルギー疾患用)」の活用のポイントの一部である。(　a　)〜(　f　)にあてはまる語句を書きなさい。

> ⑤　学校は提出された管理指導表を，(　a　)に教職員誰もが閲覧できる状態で一括して管理するとともに，(　b　)の取り扱いに留意する。
>
> ⑥　管理指導表は(　c　)等に変化がない場合であっても，配慮や管理が必要な間は，少なくとも(　d　)提出を求める。記載する(　e　)には，病状・治療内容や学校生活上の配慮する事柄などの指示が変化しうる場合，向こう(　f　)を通じて考えられる内容を記載してもらう。なお，大きな病状の変化があった場合はこの限りではない。

(☆☆☆◎◎◎◎)

【9】次の(1)・(2)の問いに答えなさい。

(1)　次の文は「学校・教育委員会等向け虐待対応の手引き」(令和2年6月改訂版　文部科学省)に示されている，性的虐待の心身の健康への影響の一部である。(　a　)〜(　c　)にあてはまる語句を書きなさい。

・　性的虐待は，子供に(　a　)を引き起こすことも多く，心身の健

26

康に与える影響は深刻です。症状が重篤になる要因としては，加害者と被害者との関係性(親密さ)，子供を守れる(b)がいない，(c)が長期に及ぶことが多いなどが挙げられます。

(2) 次の表は，時間経過に伴う挫傷の色調変化を表したものである。(a)〜(d)に該当する語句を【選択肢】から選んで記号で書きなさい。

時間経過	挫傷(打撲傷)の色調変化
受傷直後の挫傷	「(a)」
1〜5日後	「(b)」
5〜7日後	「緑色」
7〜10日後	「(c)」
10日以上	「(d)」
2〜4週間	「消退」

引用:「子供たちを児童虐待から守るために―養護教諭のための児童虐待マニュアル―」(平成26年3月　日本学校保健会)

【選択肢】

ア　緑がかった黄色　　イ　赤みがかった青色
ウ　黄色っぽい茶色　　エ　黒っぽい青から紫色

(☆☆☆◎◎◎◎)

【10】「教職員のための子供の健康相談及び保健指導の手引」(令和3年度改訂　日本学校保健会)に示されている，保健室登校の実施に当たっての確認事項を3つ書きなさい。

(☆☆☆☆◎◎◎◎)

【11】「教職員のための子どもの健康観察の方法と問題への対応」(平成21年3月　文部科学省)に示されている，健康観察記録の活用方法を5つ書きなさい。

(☆☆☆☆◎◎◎◎)

解答・解説

【1】a　感染症　　b　食中毒　　c　風水害　　d　夏季　　e　結核
f　卒業

〈解説〉臨時の健康診断について，学校保健安全法施行規則から出題された。就学時の健康診断，毎年行う健康診断について時期と検査項目を確認しておくこと。

【2】(1)　9.6…8.6　　(2)　0.5…0.4　　1.0…○　　(3)　3…2
(4)　高い…○　　3…1　　(5)　300…100

〈解説〉水泳プールの水質については，pH値(水素イオン濃度)は，5.8以上8.6以下であることとされている。遊離残留塩素は0.4mg/L以上であること。また，1.0mg/L以下であることが望ましい。濁度は，水中でプール壁面から3m離れた位置から壁面が明確に見える程度が濁度2に相当するが，水質を正確に把握するために濁度計を用いて測定する，としている。ダニ又はアレルゲンについて，①検査回数は毎学年1回，教室等内の温度及び湿度が高い時期に定期に行うが，どの時期が適切かは地域の特性を考慮した上，学校で計画立案し，実施する。②検査場所は保健室の寝具，カーペット敷の教室等において検査を行う。③検査方法について，ダニの採取方法は，内部に細塵捕集用フィルターを装着した電気掃除機で，1m²(平方メートル)の範囲を1分間吸引し，室内塵を捕集する，としている。

【3】(1)　a　早期発見　　b　治療　　c　指導　　d　QOL　　(2)　イ，エ

〈解説〉(1)　今年度は心臓の疾病及び異常の有無について，検査の意義から問われた。検査の実際(準備・方法・判定)，事後措置，留意事項も示されているので確認しておくこと。また項目としては他に，身長，体重，栄養状態，脊柱及び胸郭の疾病及び異常の有無並びに四肢の状

態，視力，目の疾病及び異常の有無，聴力，耳鼻咽喉疾患の有無，皮膚疾患の有無，歯及び口腔の疾病及び異常の有無，結核の有無，尿について方法及び技術的基準が示されているので学習しておくこと。

(2)　選択肢のアは，心臓のリズムを作る場所が洞結節以外の心房にある場合で，健康な人にも見られる。イについて，心電図のQ波が出始めてからT波の終わりまでのQT時間が異常に長くなったものがQT延長である。心臓から十分に血液を送り出すことができないために，失神や突然死の原因になる。ウは，右脚の電気の流れがわずかに障害されているが，伝導時間は正常範囲内に保たれており問題のない状態。エは，遺伝性疾患で，突然，心停止や心室細動がおき突然死に至ることがある。オは，心房からの刺激が心室へ伝わったり伝わらなかったりする状態である。心房心室伝導時間が徐々に延長し心室への刺激がなくなるウェンケバッハ型はあまり問題ない。突然心室への伝導がなくなり心室の収縮が止まるモビッツⅡ型は十分な精密検査が必要である。

【4】(1)　a　学校教育目標　　b　学校保健目標　　c　計画的
d　組織的　　e　全教職員　　f　職務　　(2)　児童生徒等及び職員の健康診断，環境衛生検査，児童生徒等に対する指導に関する事項
〈解説〉(1)　保健室経営計画の必要性は7項目示されており，ここでは①②④から問われたが，それ以外の項目についても確認しておくこと。また保健室経営計画の作成について，詳細に説明されているので理解を深め，保健室経営計画書を作成できるように準備しておきたい。
(2)　出題の通知の「第二　留意事項　第1　学校保健安全法関連　二　学校保健に関する留意事項　(5)　学校保健計画について(第5条)」で「1　学校保健計画は，学校において必要とされる保健に関する具体的な実施計画であり，毎年度，学校の状況や前年度の学校保健の取組状況等を踏まえ，作成されるべきものであること。　2　学校保健計画には，法律で規定された①児童生徒等及び職員の健康診断，②環境衛生検査，③児童生徒等に対する指導に関する事項を必ず盛り込むこと

とすること。　３　学校保健に関する取組を進めるに当たっては，学校のみならず，保護者や関係機関・関係団体等と連携協力を図っていくことが重要であることから，学校教育法等において学校運営の状況に関する情報を積極的に提供するものとされていることも踏まえ，学校保健計画の内容については原則として保護者等の関係者に周知を図ることとすること。このことは，学校安全計画についても同様であること。」としている。

【５】a　主体　　b　環境　　c　運動　　d　調和　　e　清潔　　f　明るさ　　g　換気

〈解説〉小学校学習指導要領の体育のG保健の内容から語句の穴埋め記述式の問題である。保健の内容は各学年，中学校，高等学校についても理解しておきたい。設問の(1)は健康な生活についての記述である。(2)の体の発育・発達についての項目も確認しておくこと。

【６】a　サ　　b　キ　　c　イ　　d　エ　　e　ケ　　f　カ

〈解説〉学校の役割は全部で6項目示されている。設問であげられた項目以外についても確認しておくこと。「学校において予防すべき感染症の解説」には感染症に関する詳細な情報と予防法や対応についてまとめられているので，理解しておきたい。

【７】(1)　a　セ　　b　ケ　　c　キ　　d　シ　　e　コ　　f　ウ　　g　エ　　(2)　幻覚，妄想，感情の動きの弱まり，意欲の低下　から2つ

〈解説〉(1)　角膜と水晶体で光が屈折する力と網膜までの距離が合わないことを，屈折異常といい，大きく分けて近視，遠視，乱視の3つがある。不同視は，左右の屈折度に大きく差があること。子どもの場合，片方の眼で見えているので症状がなく，健診などで発見される場合もある。　(2)　統合失調症は気持ちや考えがまとまりにくくなる病気で，そのために気分や行動，人間関係などに影響がでてくる。健康なとき

にはなかった状態があらわれる陽性症状(幻想，妄想など)と健康なときにあったものが失われる陰性症状(意欲の低下，感情表現が少なくなる)がある。他にもこころの病気について詳細に学習し理解を深めておくこと。

【8】a　緊急時　　b　個人情報　　c　症状　　d　毎年　　e　医師
　f　1年間
〈解説〉管理指導表の活用のポイントは全部で7項目示されている。設問であげられた⑤と⑥以外については，「①学校・教育委員会は，アレルギー疾患のある児童生徒等を把握し，学校での取組を希望する保護者に対して，管理指導表の提出を求める。　②保護者は，主治医・学校医等に管理指導表を記載してもらい，学校に提出する。　③主なアレルギー疾患が1枚(表・裏)に記載できるようになっており，原則として一人の児童生徒等について1枚提出される。　④学校は，管理指導表に基づき，保護者と協議し取組を実施する。　⑦食物アレルギーの児童生徒等に対する給食での取組など必要な場合には，保護者に対しさらに詳細な情報や面談を求め，総合して活用する。血液検査の結果を求めることは適当ではない。」である。同資料で，アレルギー疾患に関する詳細な情報と，緊急時の対応などについて学習しておきたい。
【9】(1)　a　心的外傷後ストレス障害(PTSD)　　b　保護者　　c　虐待
　期間　　(2)　a　イ　　b　エ　　c　ア　　d　ウ
〈解説〉(1)　性的虐待の特徴は，発見が難しい，対応が難しいことがあげられる。対応について同資料で理解を深めておきたい。虐待のチェックリストも確認しておくこと。　(2)　引用の「子供たちを児童虐待から守るために－養護教諭のための児童虐待対応マニュアル－」には他にも，外傷の部位，身体的虐待と不慮の事故による外傷部位の相違，特徴のある外傷所見も説明されているので確認しておきたい。

【10】・本人が保健室登校を望んでいるか。　　・保護者が保健室登校を理解しており，協力が得られるか。　　・全教職員(校長，学級担任，

31

学年主任等)の共通理解及び協力が得られるか。　・保健室登校に対応できる校内体制が整っているか。　・支援計画が立てられているか。から3つ

〈解説〉保健室登校の実施に当たっての確認事項として，正答例の5つがあげられている。また，指導のポイントとして，「ア　全職員が保健室登校は養護教諭と学級担任だけに任せるものではなく，学校体制の中で取り組んでいく問題であるという共通認識を持つこと。　イ　保健室にいることで安全感を得られるようにするとともに，児童生徒との信頼関係を深めることが初期には大切である。　ウ　支援計画を立て，学級担任は毎日保健室へ来て声をかける，教科担当は教科指導に当たるなど，役割分担を行って対応する。　エ　長期化することは望ましくないので，その場合には指導方法の再検討が必要となることを，保護者や関係教職員が十分認識しておく必要がある。」と示されている。

【11】・感染症及び食中毒などの集団発生の早期発見に役立てる。　・いじめ，不登校傾向，虐待等の早期発見に役立てる。　・個々及び集団の健康課題を把握する資料とする。　・健康相談・保健指導につなげる。　・健康診断の資料とする。　・家庭訪問時や保護者面談時の資料とする。　・児童生徒理解のための資料とする。　・休業中の保健指導計画等の参考資料とする。　・学校保健計画立案の参考資料とする。　から5つ

〈解説〉健康観察記録の活用方法として，正答例の9つがあげられている。健康観察の重要性について，「学級担任をはじめ教職員により行われる健康観察は，日常的に子どもの健康状態を観察し，心身の健康問題を早期に発見して適切な対応を図ることによって，学校における教育活動を円滑に進めるために行われる重要な活動である。学級担任等により行われる朝の健康観察をはじめ，学校生活全般を通して健康観察を行うことは，体調不良のみならず心理的ストレスや悩み，いじめ，不登校，虐待や精神疾患など，子どもの心の健康問題の早期発見・早

期対応にもつながることから，その重要性は増してきている。」としている。健康観察の目的については，「①子どもの心身の健康問題の早期発見・早期対応を図る。　②感染症や食中毒などの集団発生状況を把握し，感染の拡大防止や予防を図る。　③日々の継続的な実施によって，子どもに自他の健康に興味・関心をもたせ，自己管理能力の育成を図る。」としている。

2022年度　実施問題

【1】次の文は「学校保健安全法」の一部である。次の(a)～(e)
にあてはまる語句を書きなさい。

　　第7条　学校には，(a)，(b)，(c)，(d)その他の(e)
　　　に関する措置を行うため，保健室を設けるものとする。

(☆☆☆◎◎◎◎)

【2】次の文は，「学校保健安全法施行規則」の一部である。(a)～
(e)にあてはまる語句を書きなさい。なお，数字を記入する場合は
漢数字を使用すること。

　　第8条　学校においては，法第13条第1項の健康診断を行ったときは，
　　　児童生徒等の健康診断票を作成しなければならない。

　　2　(a)は，児童又は生徒が進学した場合においては，その作成
　　　に係る当該児童又は生徒の健康診断票を(b)に送付しなければ
　　　ならない。

　　4　児童生徒等の健康診断票は，(c)間保存しなければならない。
　　　ただし，第2項の規定により送付を受けた児童又は生徒の健康診
　　　断票は，当該健康診断票に係る児童又は生徒が進学前の学校を
　　　(d)した日から(e)間とする。

(☆☆☆◎◎◎◎)

【3】次の文は，中学校学習指導要領「第2章　各教科」「第7節　保健体
育」「第2　各学年の目標及び内容」〔保健分野〕「2　内容」の一部で
ある。(a)～(e)にあてはまる語句を書きなさい。(同じ記号に
は同じ語句が入るものとする。)

2　内容

(1)　健康な生活と疾病の予防について，課題を発見し，その解決を目指した活動を通して，次の事項を身に付けることができるよう指導する。

ア　健康な生活と疾病の予防について理解を深めること。

(カ)　健康の保持増進や疾病の予防のためには，（　a　）や（　b　）の取組が重要であり，保健・医療機関を有効に利用することが必要であること。また，（　c　）は，正しく使用すること。

(2)　心身の機能の発達と心の健康について，課題を発見し，その解決を目指した活動を通して，次の事項を身に付けることができるよう指導する。

ア　心身の機能の発達と心の健康について理解を深めるとともに，（　d　）への対処をすること。

(エ)　精神と身体は，相互に影響を与え，関わっていること。（　e　）や（　d　）は，心身に影響を与えることがあること。また，心の健康を保つには，（　e　）や（　d　）に適切に対処する必要があること。

(☆☆☆◎◎◎◎)

【4】「学校における新型コロナウイルス感染症に関する衛生管理マニュアル～「学校の新しい生活様式」～」(2021.4.28 Ver.6　※2021.5.28一部修正　文部科学省)に示されている，感染症対策のポイント3つについて，次の(　a　)～(　c　)にあてはまる語句を書きなさい。

・（　a　）を絶つこと

・（　b　）を絶つこと

・（　c　）を高めること

(☆☆☆◎◎◎◎)

【5】次の①～③は「学校における結核対策マニュアル」(平成24年3月文部科学省)に示されている，学校における具体的な結核対策についての一部である。次の(a)～(j)にあてはまる語句を【選択肢】から選んで記号で書きなさい。(同じ記号には同じ語句が入るものとする。)

① 児童生徒等への感染防止対策
　・ (a)における結核流行状況及び児童生徒等の(b)，(c)の把握と教育活動への適切な反映
　・ (d)の健康診断の徹底

② 感染者及び発病者の早期発見・早期治療対策
　・ (e)等による児童生徒等の状況の把握
　・ 定期健康診断
　・ 適切な(f)
　・ 結核に関する健康相談の実施
　・ 年度内に定期健康診断を受けていない転入生に対する臨時健康診断の実施等
　・ 結核に関する(g)の普及啓発

③ 患者発生時の対応
　・ (h)の適切な実施
　・ (i)が実施する(j)への協力，必要に応じて臨時健康診断の実施
　・ (i)等との連携

【選択肢】
ア	学校長	イ	教職員	ウ	健康観察
エ	保健調査	オ	保健所	カ	医師会
キ	健康状況	ク	生活状況	ケ	正しい知識
コ	治療法	サ	高まん延国	シ	地域
ス	接触者健診	セ	臨時休業措置	ソ	出席停止措置

(☆☆☆☆◎◎◎)

【6】「教職員のための子どもの健康相談及び保健指導の手引」(平成23年
8月　文部科学省)に示されている，健康相談実施上の留意点について，
次の(1)・(2)の問いに答えなさい。

(1) 次の(a)〜(f)にあてはまる語句を書きなさい。

・　(a)に健康相談を位置付け，(b)に実施する。

・　学校医・学校歯科医・学校薬剤師等の(c)から行う健康相
談・保健指導の場合は，事前の打合せを十分に行い，相談の結果
について(d)，(e)等と共通理解を図り，(f)して支援
を進めていくことが必要である。

(2) 健康相談を実施するに当たり，最も留意しなければならない点を
簡潔に書きなさい。

(☆☆☆◎◎◎◎)

【7】次の(1)〜(5)は「学校環境衛生基準」(令和3年4月1日一部改正施行)
に示されている採光及び照明の基準の一部である。下線部について適
切な場合には○を，そうでない場合には適切な語句や数字を書きなさ
い。

(1) 教室及びそれに準ずる場所の照度の下限値は，200lx(ルクス)とす
る。また，教室及び黒板の照度は，500lx以上であることが望ましい。

(2) 教室及び黒板のそれぞれの最大照度と最小照度の比は，20：1を
超えないこと。また，10：1を超えないことが望ましい。

(3) コンピュータを使用する教室等の机上の照度は，800〜1500lx程
度が望ましい。

(4) テレビやコンピュータ等の画面の垂直面照度は，200〜800lx程度
が望ましい。

(5) 児童生徒等から見て，黒板の外側15°以内の範囲に輝きの強い光
源(昼光の場合は窓)がないこと。

(☆☆☆◎◎◎◎)

【8】次の文は，「「ギャンブル等依存症」などを予防するために」(平成31年3月　文部科学省)に示されている依存症についての一部である。(a)～(e)にあてはまる語句を書きなさい。(同じ記号には同じ語句が入るものとする。)

・　一般的にニコチン，アルコール，薬物，ギャンブル等，(a)などを「やめたくてもやめられない」状態のことを「依存症」といいますが，医学的には「嗜癖(しへき)」という用語を使います。

・　「嗜癖」の対象は，ニコチン，アルコール，薬物などの特定の「(b)」の摂取と，ギャンブル等の「(c)」に分けられます。その対象が「(b)」の摂取の場合は「(d)」といい，対象が「(c)」の場合は「(e)」といいます。

(☆☆☆○○○)

【9】次の図(1)～(5)は，「「生きる力」を育む学校での歯・口の健康づくり」(令和2年2月　日本学校保健会)に示されている歯列・咬合の不正を症状により分類したものである。図(1)～(5)に該当する分類を【選択肢A】から，その症状の説明を【選択肢B】からそれぞれ選んで記号で書きなさい。

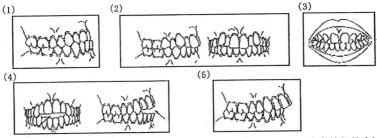

(引用：「生きる力」を育む学校での歯・口の健康づくり　日本学校保健会)

【選択肢A】
ア　上顎前突　　イ　交叉咬合　　ウ　鋏状咬合　　エ　下顎前突
オ　叢生　　　　カ　正中離開　　キ　過蓋咬合　　ク　開咬

【選択肢B】

ケ　隣接面のむし歯や歯肉炎の危険因子となるため，注意が必要である。

コ　歯の数の異常と関連していることがある。また審美的な問題が生じやすく，発音にも影響しやすい。

サ　口のなかに食物を取り込む際に，前歯で噛み切ることができない。

シ　一般に「受け口」と呼ばれており，審美面及び咀嚼能力の低下や顎関節の不快事項の原因となることも多い。

ス　外傷を受けやすく，口唇閉鎖困難のため上顎前歯部が乾燥して歯肉炎になりやすい。

(☆☆☆◎◎◎)

【10】次の(1)～(3)の問いに答えなさい。

(1)　ファロー四徴症について，4つの特徴を書きなさい。

(2)　捻挫の基本的な応急手当を4つ書きなさい。

(3)　次の(a)～(c)の語句を説明しなさい。

(a)　1型糖尿病

(b)　セルフメディケーション

(c)　心因性視覚障害

(☆☆☆◎◎◎)

解答・解説

【1】a　健康診断　　b　健康相談　　c　保健指導　　d　救急処置　e　保健

〈解説〉学校保健安全法第7条「保健室」の内容である。条文の空欄補充問題は単語の順番に注意して覚えておくこと。同法第1～10条まで他

の自治体でも頻繁に出題されているため確認しておくとよい。

【２】a　校長　　b　進学先の校長　　c　五年　　d　卒業　　e　五年
〈解説〉学校保健安全法施行規則第8条「健康診断票」の内容である。保
　　健関係書類の保存期間は五年で，保健日誌も保存期間は五年である。
　　その他，保健室では管理指導表や心電図問診票，職員健康診断票など
　　自治体独自の書類も保存しなければならない。

【３】a　個人　　b　社会　　c　医薬品　　d　ストレス　　e　欲求
〈解説〉(1)「健康な生活と疾病の予防」の内容の一部である。この単元
　　は中学3年間通して学ぶ内容であり，(カ)「個人の健康を守る社会の取
　　組」は中学3年で学習する内容である。この単元では(ア)「健康の成り
　　立ちと疾病の発生要因」，(イ)「生活習慣と健康」，(ウ)「生活習慣病な
　　どの予防」，(エ)「喫煙，飲酒，薬物乱用と健康」，(オ)「感染症の予防」
　　で構成されている。　(2)「心身の機能と発達と心の健康」の(エ)「欲
　　求やストレスへの対処と心の健康」の内容である。この単元は中学1
　　年生が学ぶ内容である。「心身の機能と発達と心の健康」は他に(ア)
　　「身体機能の発達」(イ)「生殖に関わる機能の成熟」(ウ)「精神機能の
　　発達と自己形成」の内容で構成されている。

【４】a　感染源　　b　感染経路　　c　抵抗力
〈解説〉感染症予防の三原則は，感染源を絶つこと，感染経路を絶つこと，
　　抵抗力を高めることである。感染源を絶つことの具体的な手段として，
　　発熱等の風邪の症状がある場合等には登校しないことを徹底させるこ
　　と，登校時の健康状態を把握すること，登校時に発熱等の風邪症状が
　　見られた場合，休養・受診等を勧めることなどがあげられる。感染経
　　路を絶つことの具体的な手段として，石けんなどを使った丁寧な手洗
　　い，咳エチケット・マスク着用・清掃により清潔な空間を保つことな
　　どがあげられる。抵抗力を高めることの具体的な手段として，十分な
　　睡眠，適度な運動，バランスの取れた食事などがあげられる。

【5】a　シ　　b　キ　　c　ク　　d　イ　　e　エ　　f　ウ　　g　ケ
　　　h　ソ　　i　オ　　j　ス

〈解説〉日本は結核の中まん延国であり，小中学生の結核患者数が近年減
　少しているとは言えない状況下である。学校は集団の場であるため，
　感染しやすい環境であることから毎年の定期健診できちんと精密検査
　の対象なのかどうか把握しなければならない。問診で，①本人の結核
　罹患歴，②家族等の結核罹患歴，③本人の予防接種歴，④高まん延国
　での居住歴，⑤自覚症状，⑥BCG接種歴の確認は年度初めに確認しな
　ければならない。また，結核は学校において予防すべき感染症第2類
　に属し，出席停止期間は，病状により学校医その他の医師において感
　染のおそれがないと認めるまでである。結核患者が発生した場合，感
　染症予防法第17条に基づき結核の有無を診断する臨時健康診断が実施
　される。その際，学校は保健所と連携し感染拡大防止に努める必要が
　ある。

【6】(1)　a　学校保健計画　　b　計画的　　c　医療的見地　　d　養
　護教諭　　e　学級担任　　f　連携　　(2)　カウンセリングで解決で
　きるものと医療的な対応が必要なものとがあること。

〈解説〉(1)　健康観察は，日常的に子どもの健康状態を観察し，心身の
　健康問題を早期に発見して適切な対応を図ることによって，学校にお
　ける教育活動を円滑に進めるために行われる重要な活動である。学校
　保健安全法第5条には，学校保健計画の策定について示されている。
　学校保健計画を策定することで教職員と共通理解を深め，組織的に保
　健活動や健康相談を実施することができる。　　(2)　健康相談者の状態
　によっては，カウンセリングを行うことで悪化させてしまう場合があ
　る。そのため校内組織や関係機関と連携を行い的確な問題の把握に努
　めることが大切である。

【7】(1)　200…300　　　500lx以上…○　　　(2)　20:1…○　　　10:1…○
　　(3)　500〜1000　　(4)　100〜500　　(5)　○

〈解説〉「学校環境衛生管理マニュアル」では「晴天の日でも雨の日でも常に300lx以上必要であり，500lx以上であることが望ましい」とされている。また，児童生徒は黒板と手元を交互に見ることが多いため，明るさの差が大きいと目が疲労する。そのため，最小照度の比は20：1を超えないようにすることが定められている。それぞれの基準値に関しては最新版の本マニュアルを熟読しておくとよい。

【8】a　ゲーム　　b　物質　　c　行動　　d　物質依存　　e　行動嗜癖
〈解説〉ICD-11(2018年WHO)において「ゲーム障害」が「物質及び嗜癖行動による障害」に位置づけられている。嗜癖は健康や人間関係，仕事，日常などに悪影響を及ぼしているにも関わらず，特定の物質や行動を，やめたくてもやめられない状態をいう。嗜癖にはアルコールや違法薬物の他に，煙草や睡眠薬などの接種による物質依存症とギャンブル等の行動や習慣に関連する行動嗜癖がある。

【9】(分類／説明の順)　(1)　エ／シ　　(2)　オ／ケ　　(3)　カ／コ
　　(4)　ク／サ　　(5)　ア／ス
〈解説〉下顎前突は，前歯部2歯以上の逆被蓋の状態をさす。叢生は，隣接歯が互いの歯冠幅径の4分の1以上重なる状態をさす。正中離開は，上顎の左右中切歯の間に6mm以上の隙間がある状態をさす。開咬は，上下顎前歯切縁間の垂直的空隙が8mm以上で使用している歯鏡のホルダーの太さ以上開いている状態をさす。上顎前突は，横から見たときの前歯切縁の水平距離が8mm以上の状態をさす。小学校高学年になると永久歯咬合が完成しはじめ，咬合不正も顕在化してくる。

【10】(1)　心室中隔欠損　大動脈騎乗　肺動脈狭窄　右室肥大
　　(2)　安静，冷却，圧迫，挙上　　(3)　(a)　膵臓のインスリンを産生しているβ細胞が自己免疫現象などによって破壊され，インスリン分泌能が著しく低下して起こる糖尿病のこと。　　(b)　自分自身の健

康に責任を持ち，軽度な身体の不調は自分で手当すること。

(c)　心理的な原因によって引き起こされる視機能の異常で，目には器質的な疾患を認めないもの。

〈解説〉(1)　ファロー四徴症は心臓が作られる過程で肺動脈と大動脈の血管をわける仕切りの壁が体の前方にずれたために発症する先天性心疾患である。左右の心室の間にある心室中隔に大きな穴が開いている(心室中隔欠損症)，大動脈が左右の心室にまたがっている(大動脈騎乗)，肺動脈の左右の漏斗部が肺動脈弁と一緒に狭くなっている(肺動脈狭窄)，左右の心室の圧が等しくなり，右室が肥大している(右室肥大)の4つの特徴がある。　(2)　救急処置の基本は「R」Rest(安静)，「I」Icing(冷却)，「C」Compression(圧迫)，「E」Elevation(挙上)の4つの処置からなるRICE処置である。　(3)　(a)　1型糖尿病は，生活習慣から起こる2型糖尿病とは異なり，何らかの原因で自己免疫システムが異常を生じ，正常な膵臓のランゲルハンス島 β 細胞を攻撃することで，インスリンが不足し高血糖が引き起こされる自己免疫疾患である。1型糖尿病では，補食を行う，インスリン注射を行うなど血糖値の管理が必要である。　(b)　解答は世界保健機関WHOが定義している文言である。セルフメディケーションの効果として，毎日の健康管理の習慣が身につく，医療や薬の知識が身につく，疾患により，医療機関で受診する手間と時間が省かれる，通院が減ることで，国民医療費の増加を防ぐことができる等がある。　(c)　家庭環境や学校関連における悩みがストレスとなり心理的不安定から視力の低下を引き起こす。思春期は悩みごとが多くストレスを抱えやすいことから高校生や小学生女子に多いと言われている。この他，心因性の疾患には心因性難聴などがある。

2021年度	実施問題

【1】次の文は，小学校学習指導要領「第1章　総則」「第5　学校運営上の留意事項」「1　教育課程の改善と学校評価等」の一部である。（　a　）～（　d　）にあてはまる語句を書きなさい。

> 1　教育課程の改善と学校評価等
> 　イ　教育課程の編成及び実施に当たっては，（　a　），（　b　），（　c　），（　d　）等のための対策に関する基本的な方針など，各分野における学校の全体計画等と関連付けながら，効果的な指導が行われるように留意するものとする。

（☆☆☆◎◎◎）

【2】次の(1)・(2)は，「学校保健安全法施行規則」に示されている学校薬剤師の職務執行の準則の一部である。（　a　）～（　f　）にあてはまる語句を書きなさい。
(1)　学校の環境衛生の（　a　）及び（　b　）に関し，必要な指導及び助言を行うこと。
(2)　学校において使用する（　c　），（　d　），（　e　）並びに保健管理に必要な用具及び材料の管理に関し必要な指導及び助言を行い，及びこれらのものについて必要に応じ（　f　），検査又は鑑定を行うこと。

（☆☆☆◎◎◎）

【3】次の文は，高等学校学習指導要領「第2章　各学科に共通する各教科」「第6節　保健体育」「第2款　各科目」「第2　保健」「2　内容」の一部である。（　a　）～（　c　）にあてはまる語句を書きなさい。(同じ記号には同じ語句が入るものとする。)

> 2 内容
> (1) 現代社会と健康について，自他や社会の課題を発見し，その解決を目指した活動を通して，次の事項を身に付けることができるよう指導する。
> ア 現代社会と健康について理解を深めること。
> (オ) (a)の予防と(b)
> (a)の予防と(b)には，運動，食事，休養及び睡眠の調和のとれた生活を実践するとともに，(c)に気付くことが重要であること。また，疾病の早期発見及び社会的な対策が必要であること。

(☆☆☆○○○)

【4】次の文は，「現代的健康課題を抱える子供たちへの支援～養護教諭の役割を中心として～」(平成29年3月　文部科学省)に示されている，児童生徒の心身の健康の保持増進に向けた取組における基本的な考え方の一部である。(a)～(e)にあてはまる最も適切な語句を書きなさい。

・養護教諭は，児童生徒が生涯にわたって健康な生活を送るために必要な力を育成するために，(a)や家庭・(b)と連携しつつ，日常的に，「心身の健康に関する知識・(c)」「自己有用感・自己肯定感(自尊感情)」「自ら意思決定・(d)する力」「(e)と関わる力」を育成する取組を実施する。

(☆☆☆○○○)

【5】「学校において予防すべき感染症の解説」，(平成30年3月　日本学校保健会)に示されている内容について，次の(1)～(3)の問いに答えなさい。
(1) 感染症の主な感染経路について，5つ書きなさい。
(2) 第2種感染症「水痘」の症状について，次の(a)～(d)にあ

てはまる最も適切な語句を書きなさい。
　・発しんは体と首のあたりから（　a　）に生じやすく，（　b　）を認めることが多い。
　・発しんは紅斑，（　c　），膿疱，かさぶたの順に変化する。かゆみや（　d　）を訴えることもある。
(3)　吐物・下痢便の清掃について，次の（　e　）〜（　i　）にあてはまる最も適切な語句又は数値を書きなさい。
　・吐物は（　e　）に飛散するため，中心から半径（　f　）mの範囲を（　g　）側から（　h　）側に向かって，周囲に拡げないようにして静かに拭き取る。
　・便や吐物の付着した箇所は，（　i　）％次亜塩素酸ナトリウム消毒液で消毒する。

（☆☆☆◎◎◎）

【６】次の文は，「教職員のための子どもの健康観察の方法と問題への対応」（平成21年3月　文部科学省）に示されている，心の健康問題への対応における養護教諭の役割のポイントの一部である。（　a　）〜（　i　）にあてはまる語句を【選択肢】から選んで記号で書きなさい。

　・子どもの心の健康問題の解決に向けて中核として（　a　）を助け円滑な対応に努める。
　・学級担任等と連携した組織的な（　b　），（　c　），（　d　）を行う。
　・子どもの心身の健康状態を日ごろから的確に把握し，問題の（　e　）・（　f　）に努める。
　・（　g　）等の必要性の有無を判断する。
　・子どもが相談しやすい（　h　）の環境つくりに努める。
　・（　i　）的な情報を教職員等に提供する。

【選択肢】
ア　全体	イ　保健指導	ウ　早期対応	エ　学級担任
オ　連携	カ　受診	キ　保健室	ク　健康観察
ケ　医学	コ　校長	サ　相談	シ　管理職

| ス | 保護者 | セ | 把握 | ソ | 解決 | タ | 報告 |
| チ | 家庭訪問 | ツ | 早期発見 | テ | 相談室 | ト | 健康相談 |

(☆☆☆◎◎◎)

【7】「児童生徒等の健康診断マニュアル」(平成27年度改訂　日本学校保健会)に示されている内容について，次の(1)・(2)の問いに答えなさい。

(1)　視力検査で「視力B」と「視力C・D」の者への事後措置について，それぞれ簡潔に書きなさい。

(2)　体重の検査における留意事項について，次の(a)～(f)にあてはまる最も適切な語句を書きなさい。

・体重は大きく体脂肪重量と(a)に分けることができる。体脂肪重量は(b)の量を意味しているが，これが異常に増加すると(c)といわれる状態になり，成人と同様に(d)に代表される健康障害につながることになる。

・健康診断時に(e)の児童生徒等をみた場合は「児童生徒等の(f)」を心にとめて観察する必要がある。

(☆☆☆◎◎◎)

【8】次の(1)・(2)は，「学校環境衛生基準の一部改正について(通知)」(平成30年4月2日　文部科学省)に示されている，改正に係る留意事項の一部である。(a)～(j)にあてはまる語句を書きなさい。(同じ記号には同じ語句が入るものとする。)

(1)　温度の基準について

温度の基準については，(a)を保護し，かつ快適に(b)する上で概ねその基準を遵守することが望ましいものであることに留意すること。

温熱環境は，温度，相対湿度，気流や個人の温冷感等により影響されやすいものであることから，教室等の環境の維持に当たっては，温度のみで判断せず，その他の(c)及び児童生徒等の(d)を観察した上で判断し，(e)による温度調節も含め適切な措置を講ず

ること。

(2) 机，いすの高さの検査について

　机，いすの高さについては，毎学年1回定期に適合状況を調べるより，児童生徒等の(f)に合わせ，(g)に個別対応する方が適切であることから，本基準の検査項目から削除したものであること。

　このことを踏まえ，(h)の向上を図るため，(g)に，机，いすの適合状況に配慮し，(i)が少なく，生理的に自然な(j)を保持できるような机，いすを配当する必要があること。

(☆☆☆◎◎◎)

【9】「学校における薬品管理マニュアル」(平成21年7月　日本学校保健会)に示されている，一般用医薬品の取扱いに関する対応における養護教諭の役割について，次の(a)～(f)にあてはまる語句を【選択肢】から選んで記号で書きなさい。(同じ記号には同じ語句が入るものとする。)

・児童生徒の健康状態の把握

　養護教諭は，年度当初に(a)と協力して(b)や保護者からの連絡などにより，児童生徒の既往歴や(c)の有無などの情報を収集し，健康状態について十分把握しておく。把握した児童生徒の状況については，(a)及び(d)等にも伝え，共通理解に努めることが大切である。

・保健室の利用方法

　養護教諭は，年度当初に(e)を立て，教職員に保健室の利用方法の周知や一般用医薬品に関わる取扱いについて(f)し共通理解を図ることが大切である。

【選択肢】

ア　学校保健安全計画	イ　保健室経営計画	ウ　健康診断票
エ　保健調査票	オ　校長	カ　管理職
キ　学級担任	ク　学校医	ケ　学校歯科医
コ　学校薬剤師	サ　提案	シ　相談

　ス　計画　　　　　　　セ　食物アレルギー　　ソ　薬物アレルギー

（☆☆☆◎◎◎）

【10】「教職員のための指導の手引～UPDATE！エイズ・性感染症～」(平成30年3月　日本　学校保健会)に示されているエイズ及び性感染症に関する指導の留意事項のうち，性に関する指導についての留意点を4つ書きなさい。

（☆☆☆◎◎◎）

【11】学校において，子どもが「めまいがして気分が悪い」と訴え，保健室に来室した。熱中症(重症度Ⅰ)が疑われるものとして判断した場合の手当及び注意事項を，「熱中症環境保健マニュアル2018」(平成30年3月　環境省)に基づいて簡潔に書きなさい。

（☆☆☆◎◎◎）

解答・解説

【1】a　学校保健計画　　b　学校安全計画　　c　食に関する指導の全体計画　　d　いじめの防止

〈解説〉各学校は，「学校保健計画」は学校保健安全法第5条，「学校安全計画」は学校保健安全法第27条，「食に関する指導の全体計画」は学校給食法第10条，「いじめの防止等のための対策に関する基本的な方針」は，いじめ防止対策推進法第13条，それぞれの定めによって，各分野における学校の全体計画等を策定することとされている。これらの全体計画等には，児童への指導に関する事項や学校運営に関する事項を位置付けることとなる。教育課程の編成及び実施に当たっては，これらの全体計画等との十分な関連付けによって，カリキュラム・マネジメントの充実の充実が図られ，より効果的な指導の実現につなが

るとしている。

【２】a　維持　　b　改善　　c　医薬品　　d　毒物　　e　劇物
　　f　試験
〈解説〉学校薬剤師については，学校保健安全法第23条に，大学以外の学
　　校には学校薬剤師を置くものと規定され，また，学校薬剤師の職務執
　　行の準則は，文部科学省令で定めるとされている。同法施行規則第24
　　条には，その学校薬剤師の職務執行の準則が定められ，職務の準則に
　　はほかに，学校保健計画及び学校安全計画の立案に参与することや，
　　健康相談，保健指導に従事することなどが掲げられている。平成
　　21(2009)年，学校保健安全法及び学校保健安全法施行規則が新たに施
　　行されたことで，学校薬剤師の職務は学校環境衛生に加えて，健康相
　　談，保健指導にも従事するよう求められるようになった。

【３】a　精神疾患　　b　回復　　c　心身の不調
〈解説〉今回の学習指導要領改訂では，「保健」の内容の「現代社会と健
　　康」において，精神と健康の内容を改善し，精神疾患の予防と回復の
　　内容を新しく示し，より現代における健康課題に対応することとされ
　　た。また，体つくり運動については，「保健」における精神疾患の予
　　防と回復などの内容との関連を図ることが，内容の取扱いに示されて
　　いる。精神疾患の予防と回復には，身体の健康と同じく，適切な運動，
　　食事，休養及び睡眠など，調和のとれた生活を実践することが肝心で
　　あり，早期に心身の不調に気付くことが重要である。

【４】a　教職員　　b　地域　　c　技能　　d　行動選択　　e　他者
〈解説〉「現代的健康課題を抱える子供たちへの支援〜養護教諭の役割を
　　中心として〜」(平成29年3月　文部科学省)は，児童生徒が抱える様々
　　な現代的な健康課題について，養護教諭に期待される役割と，養護教
　　諭のみならず管理職や学級担任等の全ての教職員が，学校医，スクー
　　ルカウンセラーやスクールソーシャルワーカー等の専門スタッフとも

連携した取組について示した参考資料である。児童生徒が生涯にわたって健康な生活を送るためには，規則正しい生活習慣を身に付けるとともに，日常的に起こる健康課題やストレスに適切に対処できる力など，自らの心身の健康の保持増進を図るために必要な知識・技能を身に付けることが必要である。また，心身の健康にとって望ましい行動を選択するためには，自分自身を大切にすることや，物事を様々な角度から慎重に考え判断すること，目標を決めて実現のために努力すること，家族や仲間と良い人間関係を保つことなどが必要である。養護教諭は，ここに掲げられた4つの力の育成を図るために，他の教職員や学校医等の専門スタッフ等と連携して取組を行うとともに，家庭や地域における取組を促す役割が求められている。

【5】(1) 空気感染(飛沫核感染)，飛沫感染，接触感染，経口感染(糞口感染)，節足動物媒介感染 (2) a 顔面 b 発熱 c 水疱 d 疼痛 (3) e 広範囲 f 2 g 外 h 内 i 0.1
〈解説〉(1) 空気感染する感染症には，結核，麻しんや水痘などがある。飛沫感染する感染症には，インフルエンザ，風しん，百日咳，流行性耳下腺炎，髄膜炎菌感染症などがある。接触感染する感染症には，咽頭結膜熱，単純ヘルペスウイルス感染症，流行性角結膜炎，伝染性軟属腫(水いぼ)，伝染性膿痂疹(とびひ：黄色ブドウ球菌感染症あるいは溶連菌感染症の一つ)，アタマジラミ症，疥癬などがある。ノロウイルスや腸管出血性大腸菌感染症など，便中に排出される病原体が，便器やトイレのドアノブ等を触った手を通して感染するのが，経口感染である。節足動物媒介感染には，デング熱，ジカウイルス感染症，日本脳炎などがある。 (2) 水痘の感染期間は，発しん出現の1〜2日前から全ての発しんが，かさぶたになるまでである。水痘は空気感染であるため，学校などの集団の場では，1名が発症したら，速やかに発症者周辺の児童等の罹患歴・予防接種等の確認が望ましいとされている。 (3) 吐物を拭き取るときは，外側から内側に向かって静かに拭き取ることや，病原体が飛散するので消毒液を噴霧しないことがポイ

ントである。次亜塩素酸ナトリウムは，木や紙などの有機物に触れると消毒効果が下がるため，ペーパータオルを使ったり木の床を消毒したりする場合には，0.2％(2,000ppm)以上の濃度の次亜塩素酸ナトリウム消毒液を使用する。感染症については「学校において予防すべき感染症の解説」(平成30年3月　日本学校保健会)に一通り目を通し，感染症の種類，症状，感染経路，対策，出席停止期間等を整理しておくとよい。

【6】a　コ　b　ク　c　ト　d　イ　e　ツ　f　ウ　g　カ
　　　h　キ　i　ケ

〈解説〉「教職員のための子どもの健康観察の方法と問題への対応」(平成21年3月　文部科学省)は，健康観察の重要性や目的の理解，健康観察の視点や方法，健康観察表のモデル例の提示等に加え，子どもの心の健康問題が増加していることから，身体面のみならず心の健康に関する健康観察の視点や対応の在り方について，日常の健康観察からの事例を通して，理解が深められるように構成されている。学校保健安全法第9条には保健指導について規定され，そこには，養護教諭その他の職員が相互に連携して，健康相談又は健康観察によって児童生徒等の心身の状況を把握し，適切に指導・対処することなどが定められている。養護教諭は，心の健康問題のある子どもを支援していることが多いことに加え，担任，保護者からの相談依頼も多いため，学校における心の健康問題への対応に当たっては，中心的な役割を果たすことが求められている。主な役割としては，「いじめや虐待等の早期発見，早期対応における役割」，「受診の必要性の有無を判断して医療機関へつなぐ役割」，「学校内及び地域の医療機関等との連携におけるコーディネーターの役割」等がある。

【7】(1)　視力B…再検査を行い，再度B以下であれば眼科で受診するように勧める。　　視力C・D…全て眼科への受診を勧め，その指示に従うよう指導する。眼鏡の矯正によってもなお視力がAに達しない者に

ついては，教室の座席を前にするなど配慮が必要である。

(2)　a　除体脂肪重量　　b　貯蔵エネルギー　　c　肥満　　d　メタ
ボリックシンドローム　　e　やせ型　　f　虐待

〈解説〉(1)　視力測定の表示・区分は，視力Aが1.0以上，視力Bが0.9〜
0.7，視力Cが0.6〜0.3，視力Dが0.3未満である。児童生徒は，左右どち
らか片方でも1.0未満であるものに受診を勧めるとされている。

(2)　a　体重は，「体脂肪重量」と体脂肪以外の重量を表す「除体脂肪
重量」に分けて測定し，管理されている。体脂肪や体脂肪率が注目さ
れがちだが，除体脂肪重量は，人間に必要な筋肉や骨の量などを把握
することができるということで，特に成長期の身体の状況を確認する
上で重要なファクターなのである。　　b　体脂肪とは，体に蓄えられ
た脂肪のことである。そこから科学的な言葉を導き出したい。
c・d　体脂肪重量に関連する言葉から，推し量ることができる。
e・f　隠れた「虐待」を観察から早期発見するきっかけの一つである。

【8】a　健康　　b　学習　　c　環境条件　　d　健康状態　　e　衣服
f　成長　　g　日常的　　h　学習能率　　i　疲労　　j　姿勢

〈解説〉学校保健安全法第6条第1項に基づき，学校環境衛生基準の一部が
改正され，平成30(2018)年4月から施行された。学校保健安全法第6条
第1項には，「文部科学大臣は，学校における換気，採光，照明，保温，
清潔保持その他環境衛生に係る事項について，児童生徒等及び職員の
健康を保護する上で維持されることが望ましい基準(以下この条におい
て「学校環境衛生基準」という。)を定めるものとする」と規定されてい
る。学校環境衛生基準は出題必須のカテゴリーである。関連した法令
や改正内容等もキーワードは押さえておく必要がある。　　(1)　aには，
学校保健安全法で示されているように，「健康」を保護する，が当て
はまる。bについては学校で行うことから，cは温度を含めたカテゴリ
ー名を，dでは児童の何を観察するかを，eは環境条件以外の温度調節
ができるものを，それぞれ想起して当てはまる言葉を考えたい。温度
の基準については，従前「10℃以上30℃以下」だったものが「17℃以

上，28℃以下」に見直された。　(2)　i・jについては，いすの機能性を考えて文脈を読み取れば，iには「疲労」，jには「姿勢」が当てはまる。fについては文脈から児童生徒の変化の様子を表現した言葉を，gには年1回と対比する言葉を，hには学校で向上を図る必要のあるものを，それぞれ想起して当てはまる言葉を考えたい。机，いすの高さの検査については，従前その基準として「机面の高さは，$\frac{座高}{3}$＋下腿長，いすの高さは，下腿長であるものが望ましい」とされていた。

【9】a　キ　　b　エ　　c　ソ　　d　ク　　e　イ　　f　サ
〈解説〉a〜d　ここで押さえておきたいポイントとしては，「年度当初に保健調査票から，児童生徒の既往歴や薬物アレルギーの有無等の情報収集を行うこと」である。学校における一般用医薬品管理において，養護教諭がその中核を担い，特に学級担任，学校医等とは共通理解を図り，連携・協力する必要がある。　e・f　保健室経営計画は，学校保健計画を踏まえたうえで，養護教諭が年度当初に，実施する事項についての計画及び評価計画を立てる。なお，平成21(2009)年に「学校保健法」の一部を改正し「学校保健安全法」に改称した際に，学校保健安全計画は，「学校保健計画」と「学校安全計画」に分けて策定，実施することが義務付けられた。養護教諭の役割に関しては，「保健体育審議会(答申)」(平成9年9月　文部科学省)をはじめ，「現代的健康課題を抱える子供たちへの支援〜養護教諭の役割を中心として〜」(平成29年3月　文部科学省)や，中央教育審議会が平成20(2008)年1月に答申した「子どもの心身の健康を守り，安全・安心を確保するために学校全体としての取組を進めるための方策について」などでそれぞれ示されているので，確認しておきたい。

【10】　・発達の段階を踏まえること　　　・学校全体で共通理解を図ること
　　・家庭・地域との連携を推進し，保護者や地域の理解を得ること
　　　・集団指導と個別指導の連携を密にして効果的に行うこと
〈解説〉公益財団法人日本学校保健会では，昭和62(1987)年に「エイズに

関する指導の手引」を発行しその後改訂を続け，今回の改訂(平成30年3月)では，新学習指導要領の趣旨を踏まえつつ，子供たちを取り巻く最近の状況の変化に対応するため，エイズだけでなく性感染症についても取り扱うこととした(表題も変更)。学校教育においては，子供たちの心身の調和的発達を重視する必要があり，そのためには，子供たちが心身の成長発達について正しい理解が不可欠だが，社会環境が大きく変化し，子供たちが性に関して適切に理解し，行動することができるようにすることが課題となっている。性に関する指導についての留意点に関しては，「教職員のための手引～UPDATE！エイズ・性感染症～」の中で，「子供は身体的，精神的に成長発達していく途上の存在であり，指導にあたってはその発達の段階を踏まえることが重要である。また，年間指導計画等を通じて学校全体で共通理解を図るとともに，保護者や地域に対しては保護者参観や学校公開，学年だより等を活用するなど，家庭・地域との連携を推進し，理解を得ることが大切である。そして，子供の成長発達には個人差があるため，全てを集団で扱うのではなく，集団指導で扱う内容と個別指導で扱う内容を明確にし，相互に関連付けた上で効果的な指導を行うことが求められる」と記述され，最後に4項目にまとめて示されている。

【11】 ・脱衣と冷却　　　・水分・塩分の補給　　　・自分で水分が摂取できなければ医療機関への搬送

〈解説〉人間には体温調節機能があるが，暑い環境に長くいるとその機能がうまく働かず，体内に熱がこもる。体にたまった熱を外に逃がして体温を下げようと，皮膚の血管が広がる。血液が体全体に行き渡ると，一時的に血液の量が減り，血圧が下がり，脳への血流が減少する。それによって，めまいや立ちくらみなどの熱失神の症状につながるのである。Ⅰ度の症状であれば，すぐに安全で涼しい場所へ移動して，横になって休ませる。移動するときは，ふらつき・転倒に注意する必要がある。衣服をゆるめるなどで，体から熱の放散を助ける。体(首筋やわきの下，足の付け根など)を冷やし，冷たい水を自分で飲んでもらう。

　大量の発汗があった場合は，経口補水液やスポーツ飲料などを飲んでもらい，水分や塩分を補う。そして誰かがそばに付き添って見守り，意識がおかしい，自分で水分を摂れないなど症状の改善が見られないときは，すぐに病院へ搬送する必要がある。体温調節機能が低下している高齢者や，体温調節機能がまだ十分に発達していない幼児・小児は，成人よりも熱中症のリスクが高く，更に注意が必要である。令和元(2019)年には5月から9月までの間に，71,317人が熱中症で救急搬送されている。

2020年度 実施問題

【1】「学校保健安全法」に示されている感染症の予防について，次の
（ a ）〜（ f ）にあてはまる最も適切な語句を書きなさい。
○ （ a ）は，感染症にかかつており，かかつている疑いがあり，又
はかかるおそれのある児童生徒等があるときは，（ b ）で定めると
ころにより，（ c ）させることができる。
○ （ d ）は，感染症の予防上必要があるときは，（ e ）に，学校の
全部又は一部の（ f ）を行うことができる。

(☆☆☆◎◎◎)

【2】次の文は，中学校学習指導要領「第2章　各教科」「第7節　保健体
育」[保健分野]「2　内容」の一部である。（ a ）〜（ g ）にあては
まる語句を書きなさい。(同じ記号には同じ語句が入るものとする。)

---

(3)　傷害の防止について，（ a ）を発見し，その解決を目指し
た活動を通して，次の事項を身に付けることができるよう指
導する。
ア　傷害の防止について理解を深めるとともに，（ b ）をす
ること。
(ア)　交通事故や（ c ）などによる傷害は，（ d ）や
（ e ）などが関わって発生すること。
(エ)　（ b ）を適切に行うことによって，傷害の（ f ）を
防止することができること。また，（ g ）などを行うこ
と。

(☆☆☆◎◎◎)

【3】「教職員のための子どもの健康相談及び保健指導の手引き」(平成23年8月　文部科学省)に示されている健康相談及び保健指導について，次の(a)～(i)にあてはまる最も適切な語句を書きなさい。

○　健康相談の目的

　　健康相談の目的は，児童生徒の心身の健康に関する問題について，児童生徒や(a)等に対して，関係者が連携し相談等を通して問題の解決を図り，学校生活によりよく(b)していけるように支援していくことである。

　　先に述べたように，心身の健康問題を解決する過程で，自分自身で解決しようとする(c)な成長につながることから，健康の保持増進だけではなく(d)が大きい。

○　保健指導の対象者

　・(e)の結果，保健指導を必要とする者

　・(f)等での児童生徒の対応を通して，保健指導の必要性がある者

　・日常の(g)の結果，保健指導を必要とする者

　・(h)の健康に問題を抱えている者

　・健康生活の(i)に関して問題を抱えている者

　・その他

(☆☆☆◎◎)

【4】「救急蘇生法の指針2015(市民用)」(厚生労働省)に示されている心肺蘇生法の手順について，次の(a)～(g)にあてはまる最も適切な語句または数値を書きなさい。

○反応(意識)のない傷病者への呼吸の確認は，傷病者の(a)と(b)の動きを見て判断し，呼吸の観察には(c)秒以上かけないようにする。

○成人に対する胸骨圧迫は，胸が約(d)cm沈み込むように圧迫を繰り返し，小児では，胸の厚さの約(e)分の1沈み込む程度に圧迫する。圧迫のテンポは1分間に(f)～(g)回で行う。

(☆☆☆◎◎)

【5】「保健室経営計画作成の手引」(平成26年度改訂　日本学校保健会)に示されている保健室経営計画とはどのような計画か簡潔に書きなさい。

(☆☆☆◎◎◎)

【6】「学校における麻しん対策ガイドライン第二版」(平成30年2月　国立感染症研究所感染症疫学センター)に示されている麻しんに関する基礎知識について，次の(1)～(4)の下線部が，適切な場合には○を，そうでない場合には適切な内容を書きなさい。

(1)　麻しんウィルスは生きている細胞の中でないと生きていけないため，体の中から空気中に出てくるとその生存期間は1時間以下と言われている。

(2)　麻しんの潜伏期間はおよそ10～12日間である。

(3)　感染力が最も強いのは発しん期であると考えられている。

(4)　麻しんは合併症をおこす頻度が高く，そのうち肺炎と脳炎が2大死因だと言われている。

(☆☆☆◎◎◎)

【7】「児童生徒等の健康診断マニュアル」(平成27年度改訂　日本学校保健会)に示されている内容について，次の(1)・(2)の問いに答えなさい。

(1)　保健調査票作成上の配慮事項について，次の(a)～(i)にあてはまる最も適切な語句を書きなさい。

・(a)・(b)等の指導助言を得て作成する。

・(c)や学校の実態に即した内容のものとする。

・内容・項目は精選し，(d)できるものとする。

・(e)や整理が容易で客観的分析が可能なものとする。

・(f)・発達状態や(g)状態及び生活背景をとらえることができるものとする。

・(h)に十分配慮し，身上調査にならないようにする。

・(i)して使用できるものとする。

(2)　「子供の健康管理プログラム」を使って成長曲線，肥満度曲線を作成することによって，児童生徒等の発育を9つのグループに分けることができる。病的状態である可能性が高い以下のグループについて，次の(a)～(d)にあてはまる最も適切な語句または数値を書きなさい。(同じ記号には同じ語句または数値が入るものとする。)

・過去の身長の最小値に比べて最新値が1Zスコア以上大きい
　　(a)などの病的状態が原因であると考えられるため，医学的対応が必要である。
・過去の身長の最大値に比べて最新値が1Zスコア以上小さい
　　(b)などの病的状態が原因であると考えられるので，医学的対応が必要である。
・身長の最新値が(c)Zスコア以下
　　身長が極端に低いもので，病気が原因である可能性が高い。医学的対応が必要である。
・過去の肥満度の最小値に比べて最新値が20％以上大きい
　　(d)の肥満。
・過去の肥満度の最大値に比べて最新値が20％以上小さい
　　(d)のやせ。

Ｚスコア：(実測身長－平均身長)÷標準偏差

(☆☆☆○○○)

【8】「学校・教育委員会等向け虐待対応の手引き」(令和元年5月　文部科学省)に示されている内容について，次の(1)・(2)の問いに答えなさい。

(1)　「児童虐待」の種類は概ね4タイプに分類される。1つは「身体的虐待」であるが，あとの3つを答えなさい。

(2)　「虐待を受けた子供への関わり」について，次の(a)～(h)にあてはまる最も適切な語句を書きなさい。

○虐待を受けた子供は大人への(a)や(b)を抱いていることや(c)感が著しく低いことが多く，教職員は子供の言動の背景をよく理解した上で，学校で安心して過ごせるよう(d)に接し，不安や(e)を和らげたりすることが必要である。

　また，(f)や(g)等と連携しながら心のケアを行ったり，(h)感情を育むように工夫したり，折に触れて声をかけたりすることが必要である。

(☆☆☆◎◎◎)

【9】「学校環境衛生管理マニュアル」(平成30年度改訂版　文部科学省)で示されている内容について，次の(a)～(f)にあてはまる最も適切な語句または数値を書きなさい。(同じ記号には同じ語句または数値が入るものとする。)

①　教室等の環境に係る学校環境衛生基準
　○　温度は，(a)度目盛の温度計を用いて測定する。
　○　温度は，(b)であることが望ましい。
②　検査項目及び基準値の設定根拠等の解説
　○　温度に関して，以下に留意すること。
　　・(c)の差を無視した過度の冷房は体調を崩す要因となることから，(c)の差は著しくしないこと。
　　・ヒトの温度感は，単に教室内の温度に影響されるのではなく，(d)や(e)の状況等により影響を受けること，また，(f)があることに留意する必要がある。

(☆☆☆◎◎◎)

【10】「『生きる力』をはぐくむ学校での歯・口の健康づくり」(平成23年3月　文部科学省)に示されている学校における歯・口の健康づくりの具体的な目標について，次の(a)～(d)にあてはまる最も適切な語句を書きなさい。

○　歯・口の健康づくりに関する学習を通して，自らの(a)を見つ

け，それをよりよく解決する方法を工夫・実践し，（　b　）して，生涯にわたって健康の保持増進ができるような資質や能力を育てる。

○　健康な社会づくりの重要性を認識し，歯・口の健康づくりの活動を通じて，学校，家庭および（　c　）の健康の保持増進に関する活動に進んで参加し，（　d　）できるようにする。

(☆☆☆◎◎◎)

【11】「WBGT(湿球黒球温度)」とは何か，説明しなさい。

(☆☆☆◎◎◎)

【12】学校において，子どもが転倒して歯を脱臼(完全脱臼)した場合の，処置・注意事項を簡潔に書きなさい。

> けが等の状況
> ・　転倒した際に歯を脱臼し出血している。
> ・　友人に連れられ，保健室に来室。(脱落した歯を持参している。)

(☆☆☆◎◎◎)

解答・解説

【1】a　校長　　b　政令　　c　出席を停止　　d　学校の設置者
　　e　臨時　　f　休業
〈解説〉出題は，学校保健安全法第19条及び第20条の条文で，それぞれ「出席停止」，「臨時休業」を規定したものである。併せて同法施行規則第18条(感染症の種類)，第19条(出席停止の期間の基準)を確認しておきたい。なお，平成26(2014)年に成立した感染症の予防及び感染症の患者に対する医療に関する法律の一部を改正する法律(平成26年法律第

115号)において，新興感染症が世界において発生している状況を踏まえて感染症の分類が見直されたことに伴い，平成27年，学校保健安全法施行規則に規定する学校において予防すべき感染症の種類について改正が行われた。これにより，学校において予防すべき感染症として，中東呼吸器症候群及び特定鳥インフルエンザが追加された。また，令和2(2020)年1月には，新型コロナウイルス感染症を指定感染症として定める等の政令が決定された。新型コロナウイルス感染症は，学校保健安全法に定める第1種感染症とみなされ，罹患した場合は，治癒するまで出席停止となる。感染症については「学校において予防すべき感染症の解説」(平成30年3月　日本学校保健会)を精読の上，感染症の種類，症状，感染経路，対策，出席停止期間等を整理しておくこと。

【2】a　課題　　b　応急手当　　c　自然災害　　d　人的要因
　　e　環境要因　f　悪化　　g　心肺蘇生法
〈解説〉保健分野における「2　内容」の「(3)　傷害の防止」からの出題である。傷害の発生には様々な要因があり，それらに対する適切な対策によって傷害の多くは防止できること，応急手当により傷害の悪化を防止できることを理解すること，また，包帯法やAED(自動体外式除細動器)の使用を含む心肺蘇生法等の応急手当ができるようにすることが必要である。(ア)は，人的要因として人間の心身の状態や行動の仕方や，環境要因として生活環境における施設・設備の状態や気象条件等を理解できるようにすることを示した項目，(エ)は応急手当の意義と実際について示した項目である。

【3】a　保護者　　b　適応　　c　人間的　　d　教育的意義　　e　健康診断　f　保健室　　g　健康観察　　h　心身　　i　実践
〈解説〉健康相談を実施するに当たり，最も留意しなければならない点は，カウンセリングで解決できるものと医療的な対応が必要なものとがあることである。例えば，統合失調症のある者にカウンセリングをしても悪化させてしまうので，医療との連携が必要となるように，問題の

本質を見極める必要がある。問題の把握に当たっては，健康観察をはじめ情報の収集に当たり，学校医等と連携して的確な問題把握に努めることが大切である。また，個別の保健指導の目的は，個々の児童生徒の心身の健康問題の解決に向けて，自分の健康問題に気付き，理解と関心を深め，自ら積極的に解決していこうとする自主的，実践的な態度の育成を図るために，問題文の対象者に向けて行われるものである。保健指導実施上の留意点として，「①　指導の目的を確認し，発達段階に即した指導内容に努め，学級担任等との共通理解を図っておくこと」，「②　家庭や地域社会との連携を図りながら実施する」，「③　教科等及び特別活動の保健指導と関連を図っていくことが重要である」とされている。

【４】a　胸　　b　腹部　　c　10　　d　5　　e　3　　f　100
　　　g　120
〈解説〉心肺蘇生法とは，胸骨圧迫と人工呼吸を組み合わせた応急手当のことである。通常，胸骨圧迫30回に対し人工呼吸2回の比率で行うが，「救急蘇生法の指針2015(市民用)」では，胸骨圧迫による心臓マッサージを重視し，人工呼吸は必須ではないとされている(技術と意思があれば実施する)。呼吸の有無は，傷病者の胸と腹部の動きを見て，10秒以内で判断しなければならない。観察をしても判断に迷う場合や，しゃくりあげるような異常な呼吸(死戦期呼吸)が認められた場合は心停止と判断し，ただちに胸骨圧迫を開始する。胸骨圧迫は負傷者のわきに膝立ての姿勢で位置し，胸の真ん中に，垂直に手を当てて行う。胸骨圧迫を行うことで，体の外から心臓を圧迫し，血液の流れを人工的につくり出すことができる。AEDの使用法も併せて手順を覚えておくこと。

【５】当該学校の教育目標及び学校保健目標などを受け，その具現化を図るために，保健室の経営において達成されるべき目標を立て，計画的・組織的に運営するために作成される計画

〈解説〉「保健室経営計画」は，学校保健計画を踏まえた上で作成する計画で，養護教諭の重要な職務のひとつである。保健室経営計画の作成により，「学校教育目標や学校保健目標の具現化を図るための保健室経営を，計画的，組織的に進めることができる」，「児童生徒の健康課題の解決に向けた保健室経営計画(課題解決型)を立てることによって，児童生徒の健康課題を全教職員で共有することができる」，「保健室経営計画を教職員や保護者に周知することによって，理解と協力が得られやすくなり，効果的な連携ができる」，「保健室経営計画を立てることによって，養護教諭の職務や役割を教職員等に啓発していく機会となる」，「養護教諭が複数配置の場合には，お互いの活動内容の理解を深めることができ，効果的な連携ができる」，「異動による引き継ぎが円滑に行われる」等の効果がある。保健室経営は，学校・家庭・地域の連携のもとで推進していく必要があることから，学校経営の観点に立って取り組むことが大切である。一方，似た名称のものに「学校保健計画」があるが，これは，学校において必要とされる保健に関する具体的な実施計画のことで，すべての教職員が役割分担して組織的に取り組む総合的な計画である。

【6】(1)　2時間以下　　(2)　○　　(3)　カタル期　　(4)　○
〈解説〉麻しんは，医療の進歩した現在でも，発症した場合には死に至る危険性もある重大な疾患である。学校における麻しんの流行を防ぐためには，麻しんの発症が疑われる児童生徒・職員等が1名でも発生したらすぐ対応を開始することが重要である。遅れれば遅れるほど流行が拡大する。麻しん患者，あるいは麻しんの疑いのある者が発生した時には，関係者・関係機関への連絡，感染拡大防止策の策定・決定・実施(情報の収集・児童生徒及び保護者への情報提供・児童生徒の出席停止及び学校の閉鎖措置の決定等)を行い，終息宣言までの間(厳重監視期間)は対応を継続する必要がある。麻しんの潜伏期は約10〜12日で，麻しんと確定診断されるまでにはさらに数日間を要することから，「最後の麻しん患者と児童生徒・職員等との最終接触日から，4週間新

たな麻しん患者の発生が見られていないこと」の要件が満たされたときに，麻しん集団発生の終息を考慮することとし，学校の設置者と校長は学校医・保健所等と協議の上，終息宣言の時期を決定する。

【７】(1) a　学校医　　b　学校歯科医　　c　地域　　d　活用　　e　集計　　f　発育　　g　健康　　h　個人のプライバシー　　i　継続　　(2) a　思春期早発症　　b　甲状腺機能低下症　　c　－2.5　　d　進行性

〈解説〉(1)「保健調査」については，学校保健安全法施行規則の第11条で「法第13条の健康診断を的確かつ円滑に実施するため，当該健康診断を行うに当たつては，小学校，中学校，高等学校及び高等専門学校においては全学年において，幼稚園及び大学においては必要と認めるときに，あらかじめ児童生徒等の発育，健康状態等に関する調査を行うものとする」と規定されている。保健調査票作成上の配慮事項7点とともに，保健調査の法的根拠と意義を確認しておくとよい。なお条文中の「法13条」は，「児童生徒等の健康診断」を規定したものである。　(2)　成長期にある児童生徒等について肥満及びやせの傾向を判定するには，一時点の身長や体重の測定値に基づいて判定するのではなく，成長曲線，並びに肥満度曲線を描いた上で検討しなければならない。Zスコアは，(実測身長－平均身長)÷標準偏差で計測する。「子供の健康管理プログラム」を使うことで，児童生徒等の発育を9つのグループに分類できるが，本問は，9グループのうち，病的状態である可能性が高い5グループについての出題である。詳細については「児童生徒等の健康診断マニュアル」(平成27年8月　日本学校保健会)を参照のこと。

【８】(1)　心理的虐待，性的虐待，ネグレクト　　(2)　a　不信感　　b　恐怖心　　c　自己肯定　　d　受容的　　e　緊張　　f　スクールカウンセラー　　g　スクールソーシャルワーカー　　h　自尊

〈解説〉。児童虐待の早期発見は児童虐待の防止等に関する法律(児童虐待

防止法)第5条，児童虐待に係る通告は同法第6条に規定されており，虐待に関する学校，教職員の役割・責務は次の4点である。「①　虐待の早期発見・対応に努めること(努力義務)，②　市町村(虐待対応担当課)や児童相談所等への通告や情報提供を行うこと(義務)，③　虐待を受けた幼児児童生徒の保護・自立支援に関して，関係機関へ協力すること(努力義務)，④　虐待防止のための教育に努めること(努力義務)」。学校の教職員は，児童虐待を発見しやすい立場にあることを自覚し，児童虐待の早期発見に努めなければならない。虐待を受けた確実な証拠がなくとも，少しでも疑いがあれば早期対応することが重要である。特に，養護教諭は健康観察や健康診断等における児童生徒との関わりの中で虐待を発見しやすい立場にあり，その役割が期待されている。例えば，健康診断では身長や体重測定，内科検診，歯科・眼科検診等を通して児童生徒の健康状況を見ることで，外傷の有無やネグレクト状態であるかどうか等を観察できる。「養護教諭のための児童虐待対応の手引」(平成19年10月　文部科学省)も併せて確認しておくとよいだろう。

【9】a　0.5　　b　17℃以上28℃以下　　　c　室内温度と外気温度
　　d　相対湿度　　e　気流　　f　個人差
〈解説〉①　「学校環境衛生基準」は，学校保健安全法第6条第1項の規定に基づき，環境衛生に関する新たな知見や児童生徒等の学習環境等の変化を踏まえて検討が行われ，一部改正されている(平成30年4月1日施行)。改正の概要は，次の通りである。「1　教室等の環境に係る学校環境衛生基準関係では，(1)　温度の基準について，望ましい温度の基準を『17℃以上，28℃以下』に見直したこと。　(2)　温度，相対湿度及び気流の検査方法について，最低限必要な測定器の精度を示すよう見直したこと。　(3)　浮遊粉じんの検査方法について，検査の結果が著しく基準値を下回る場合には，以後教室等の環境に変化が認められない限り，次回からの検査について省略することができる規定を設けたこと。　(4)　照度の基準について，近年，普通教室においてもコンピ

ュータを利用する授業が行われていることを踏まえ，規定を見直したこと。　2　飲料水等の水質及び施設・設備に係る学校環境衛生基準関係では，有機物等の検査項目から『過マンガン酸カリウム消費量』を削除し，『有機物(全有機炭素(TOC)の量)』のみとしたこと。　3　学校の清潔，ネズミ，衛生害虫等及び教室等の備品の管理に係る学校環境衛生基準関係では，検査項目から，『机，いすの高さ』を削除したこと。　4　水泳プールに係る学校環境衛生基準関係では，総トリハロメタンの検査について，プール水を1週間に1回以上全換水する場合は，検査を省略することができる規定を設けたこと。　5　日常における環境衛生に係る学校環境衛生基準関係では，1の(1)に準じ，温度の基準を見直したこと」。　②　問題文は，温度に関する留意点である。改正により，温度の基準は「17℃以上，28℃以下であることが望ましい」とされたものの，「温熱環境は，温度，相対湿度，気流等によって影響を受けるため，温度のみでなく，相対湿度，気流等も考慮した総合的な対応が求められる。温度の基準は，概ねその基準を遵守することが望ましいものであることに留意すること」と示されている。

【10】a　健康課題　　b　評価　　c　地域社会　　d　貢献
〈解説〉学校歯科保健参考資料「『生きる力』をはぐくむ学校での歯・口の健康づくり」は，歯・口の健康づくりについて，発達の段階や障害に応じた適切な指導や管理ができるような内容として平成16年8月に発行したものを，学校保健法等の改正及び学習指導要領等の改訂を踏まえ，平成23年に改訂したものである。学校における歯・口の健康づくりの目標は，子どもが発達の段階に応じて自分の歯・口の健康課題を見つけ，課題解決のための方法を工夫・実践し，評価できるようにし，生涯にわたって健康な生活を送る基礎を培うとともに，自ら進んで健康な社会の形成に貢献できるような資質や能力を養うことにある。歯・口の健康づくりは，子どもの生活環境や食生活の影響を受けるものであることから，これらの課題に学校が適切に対応するためには，家庭や地域社会との連携が不可欠とされている。

【11】高温環境の指標として労働や運動時の熱中症の予防措置に用いられ
ている指標。

〈解説〉WBGT(Wet Bulb Globe Temperature：湿球黒球温度)は，暑さ指数
とも呼ばれる。人間の熱バランスに影響する気温，湿度，輻射熱の3
つを取り入れた温度の指標で，乾球温度計，湿球温度計，黒球温度計
を使って計算する。算出方法は，屋外と屋内で異なり，「屋外：
WBGT(℃)＝0.7×湿球温度＋0.2×黒球温度＋0.1×乾球温度」，「屋内：
WBGT(℃)＝0.7×湿球温度＋0.3×黒球温度」である。運動に関する指
針として，WBGT31℃以上は「運動は原則禁止」，28℃以上31℃未満
は「厳重警戒」，25℃以上28℃未満は「警戒」，21℃以上25℃未満は
「注意」，21℃未満は「ほぼ安全」とされる。暑さ指数(WBGT)が28℃
(厳重警戒)を超えると熱中症患者が著しく増加する。熱中症について
は「熱中症環境保健マニュアル2018」(環境省)，「スポーツ活動中の熱
中症予防ガイドブック」(令和元年5月　公益財団法人日本スポーツ協
会)等を熟読されたい。

【12】・歯肉からの出血は，圧迫して止血する。　　　・脱落したその場で
すぐに再植できれば再植してみる。脱落直後に整復できないときには，
歯を乾燥させないように歯の保存液(生の卵白・牛乳・生理食塩水)に
浸して速やかに歯科医師の診察を受ける。　　　・脱落歯の取り扱いは，
歯冠部を持ち，歯根部分(付け根の部分)に触れないようにする。

〈解説〉脱臼直後は，知覚が麻痺していることが多いため，脱落した歯が
清潔であれば，整復できることがある。脱臼した歯は歯根の部分をこ
すらないように軽く洗うが，その際によく口をすすがせ，口の中をな
るべく清潔にする。また，歯のけがでは患部を冷やしすぎると口が開
きづらくなり治療の妨げとなるので，冷やさずに医療機関に搬送する。
脱臼した歯の再植には，歯根周辺の組織が重要であるので，歯冠部を
持ち，歯根部には触れないように注意する。あれば歯牙保存液，なけ
れば牛乳や生理食塩水に入れて乾燥させないようにし，歯科医療機関
へ持参する。

2019年度　実施問題

【1】「児童生徒等の健康診断マニュアル」(平成27年度改訂　日本学校保健会)に示されている健康診断時に注意すべき疾病及び異常について，次の(a)〜(e)にあてはまる語句を，(f)・(g)に児童生徒健康診断票(歯・口腔)に記入する記号を書きなさい。

		疾病及び異常
眼科関連	(a)	無調節状態で，網膜より後ろに焦点を結ぶ屈折異常。
	調節緊張	眼の中のピントを合わせる(b)という筋肉が，近くを長くみていると緊張し，屈折度が近視側に傾いた状態。
歯科口腔外科関連	(c)	視診にて明らかなう窩は確認できないが，う蝕の初期病変の徴候（白濁，白斑，褐色斑）が認められ，放置するとむし歯に進行すると考えられている歯である。
	[(f)]	
	歯周疾患要観察者 [(g)]	(d)の付着があり，歯肉に炎症が認められるが歯石沈着の認められない者で，生活習慣の改善と注意深い(e)等によって炎症が改善されるような歯肉の状態の者をいう。

(☆☆☆◎◎◎)

【2】次の(1)〜(5)は，「学校のアレルギー疾患に対する取り組みガイドライン要約版」(平成27年2月　文部科学省・日本学校保健会)に示されている緊急時の対応について述べたものである。下線部について，適切なものには○を，そうでないものには適切な内容を書きなさい。

(1)　緊急性が高いアレルギー症状があるかを15分以内に判断する。

(2)　緊急性が高いアレルギー症状がある場合は救急車を要請する。

(3)　緊急性が高いアレルギー症状がある場合はただちにエピペン®を使用する。

(4)　呼びかけに反応がなく，呼吸がなければ心肺蘇生を行う。

(5)　緊急性が高いアレルギー症状がある場合は安全な場所まで歩かせて，安静にする。

(☆☆☆◎◎◎)

【3】次の(1)・(2)は,「薬物乱用防止教室マニュアル」(平成26年度改訂 日本学校保健会)に示されている,中学校における薬物乱用防止教育と「薬物乱用防止教室」のねらいについて述べたものである。(a)～(e)にあてはまる語句を書きなさい。

(1) 薬物乱用防止についての関心を高め,薬物による(a)や(b)に及ぼす影響について理解できるようにする。

(2) 薬物乱用の危険性が「(c)」にあることを明らかにし,そのために自分の健康や(d)に害があると分かっていても,いったん使用し始めるとやめることが難しいこと,また,「(e)」により,乱用を繰り返すと使用量が増え危険性がより大きくなることを理解できるようにする。

(☆☆☆◎◎◎)

【4】次の(1)～(3)は,「学校環境衛生基準」(平成30年4月1日一部改正施行)で示されている内容について述べたものである。(a)～(i)にあてはまる語句又は数値を書きなさい。

(1) 教室等の環境に係る学校環境衛生基準
 ・一酸化炭素は,(a)ppm以下であること。
 ・教室内の等価騒音レベルは,窓を閉じているときはLAeq(b)dB以下,窓を開けているときは,LAeq(c)dB以下であることが望ましい。

(2) 学校の清潔,ネズミ,(d)等及び教室等の(e)の管理に係る学校環境衛生基準
 ・学校の清潔の検査項目は,(f)の実施,(g)の排水溝等,排水の施設・設備である。

(3) 水泳プールに係る学校環境衛生基準
 ・一般細菌は,1mL中(h)コロニー以下であること。
 ・濁度は,(i)度以下であること。

(☆☆☆◎◎◎)

【5】次の文は，小学校学習指導要領(平成29年3月告示)「第2章　各教科」
「第9節　体育」「第2　各学年の目標及び内容」〔第3学年及び第4学年〕
「2　内容」の一部である。(a)〜(h)にあてはまる語句を書きな
さい。

G　保健
(2)　体の発育・発達について，課題を見付け，その解決を目
　指した活動を通して，次の事項を身に付けることができる
　よう指導する。
ア　体の発育・発達について理解すること。
　(ア)　体は，年齢に伴って(a)すること。また，体の
　　発育・発達には(b)があること。
　(イ)　体は，思春期になると次第に大人の体に近づき，
　　体つきが変わったり，(c)，(d)などが起こった
　　りすること。また，(e)が芽生えること。
　(ウ)　体をよりよく発育・発達させるには，(f)，食
　　事，(g)及び(h)が必要であること。

(☆☆☆◎◎)

【6】「学校において予防すべき感染症の解説」(平成30年3月　日本学校
保健会)に示されている感染症について，次の(1)・(2)の問いに答えな
さい。
(1)　ノロウイルス感染症について，(a)・(b)にあてはまる語
　句又は数値を書きなさい。
　・嘔吐と下痢が突然始まることが特徴の疾患で，潜伏期間は12〜
　　(a)時間である。
　・予防するためには，食器などは熱湯(1分以上)や(b)(0.05〜
　　0.1％)を用いて洗浄することが勧められる。
(2)　水痘の感染経路を3つ書きなさい。

(☆☆☆◎◎◎)

【7】麻しんについて，「学校における麻しん対策ガイドライン第二版」
(平成30年2月　国立感染症研究所感染症疫学センター)に示されている
麻しん発生時の対応について，次の(a)～(d)にあてはまる語句
又は数値を書きなさい。(同じ記号には，同じ語句が入るものとする。)

(1) 麻しんの患者又は疑いの者が発生した場合，学校及びその設置者
は，(a)等の関係者及び所管の(b)と迅速に連絡をとる。

(2) 「最後の麻しん患者と児童生徒・職員等との(c)から，(d)
週間新たな麻しん患者の発生が見られていないこと」の要件が満た
されたときに，麻しん集団発生の終息を考慮することとし，学校の
設置者と校長は(a)・(b)等と協議の上，終息宣言の時期を決
定する。

(☆☆☆◎◎◎)

【8】次の(1)～(9)は，「学校保健安全法施行規則第9条」に示されている
健康診断の事後措置について述べたものである。(a)～(i)にあ
てはまる語句を書きなさい。

(1) 疾病の(a)処置を行うこと。

(2) 必要な(b)を受けるよう指示すること。

(3) 必要な検査，(c)等を受けるよう指示すること。

(4) (d)のため必要な期間学校において学習しないよう指導するこ
と。

(5) (e)への編入について指導及び助言を行うこと。

(6) 学習又は運動・(f)の軽減，停止，変更等を行うこと。

(7) 修学旅行，(g)等への参加を制限すること。

(8) 机又は腰掛の調整，(h)の変更及び学級の編制の適正を図るこ
と。

(9) その他(i)，健康状態等に応じて適当な保健指導を行うこと。

(☆☆☆◎◎◎)

【9】「外部講師を用いたがん教育ガイドライン」(平成28年4月　文部科学省)に示されている，外部講師を活用したがん教育の進め方の基本方針を3つ簡潔に書きなさい。

(☆☆☆◎◎◎)

【10】腎臓とその疾患について，次の(a)～(k)にあてはまる語句又は数値をあとの選択肢より選んで記号で書きなさい。(同じ記号には，同じ語句が入るものとする。)

・腎臓は第12胸椎から第3腰椎の位置で腹腔の(a)側に脊柱をはさんで左右に1個ずつ，合計で2個ある臓器である。

・腎門部には，(b)，腎静脈，(c)が連結され，(b)から腎臓に入った血液は腎静脈から戻り，その間に作られた尿が(c)から(d)に運ばれる。腎臓の重量は体重の(e)%以下である。

・ネフローゼ症候群は，腎臓から大量の(f)が出て，血液中の(g)が減り，(h)が出現する病気である。

腎臓の構造

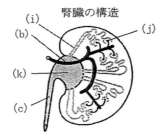

【選択肢】

ア	膀胱	イ	尿管	ウ	尿細管	エ	3
オ	1	カ	腹部	キ	蛋白尿	ク	腎動脈
ケ	腎盂	コ	背中	サ	蛋白	シ	糸球体
ス	血尿	セ	むくみ	ソ	貧血		

(☆☆☆◎◎◎)

74

【11】 次の(1)～(3)は、「学校保健安全法」に示されている健康相談等について述べた一部である。(a)～(i)にあてはまる語句を書きなさい。

(1) 学校においては、児童生徒等の(a)に関し、健康相談を行うものとする。

(2) 養護教諭その他の職員は、相互に連携して、健康相談又は児童生徒等の(b)の(c)により、児童生徒等の(d)を把握し、健康上の問題があると認めるときは、遅滞なく、当該児童生徒等に対して必要な指導を行うとともに、必要に応じ、その(e)に対して必要な(f)を行うものとする。

(3) 学校においては、(g)、健康相談又は(h)を行うに当たっては、必要に応じ、当該学校の所在する地域の(i)その他の関係機関との連携を図るよう努めるものとする。

(☆☆☆◎◎◎)

解答・解説

【1】a　遠視　　b　毛様体　　c　要観察歯　　d　歯垢　　e　ブラッシング　　f　CO　　g　GO

〈解説〉屈折異常は、無調節状態で平行光線が網膜の上で正しく焦点を結ばない場合で、遠視、近視、乱視の3種類がある。遠視は眼球の奥行きが短いか、角膜や水晶体の屈折が弱いことによる。児童生徒はピントを合わせる調節力が強いため、軽度の遠視の場合は視力がよいが、眼精疲労になりやすく、眼鏡を使用した方がよい。歯科で、Cはう歯(未処置のむし歯)、COはう歯の要観察歯、GOは歯周疾患要観察者、Gは歯周疾患り患者である。児童生徒健康診断票(歯・口腔)では、歯式の該当歯の箇所にC、COなどと記入する。

【２】(1)　5分　　(2)　○　　(3)　○　　(4)　○　　(5)　その場で
〈解説〉アレルギー症状で，アナフィラキシーは，非常に短時間のうちに
　　重篤な状態に至ることがある。緊急時に備えてアドレナリンの自己注
　　射薬である「エピペン®」や内服薬等が処方されていることがあるの
　　で，教職員の誰が発見者になった場合でも適切な対応がとれるように
　　教職員全員が情報を共有し，常に準備をしておく必要がある。全身の
　　症状で，ぐったり，意識もうろう，尿や便を漏らす，脈が触れにくい，
　　唇や爪が青白い，など。その他，呼吸器の症状や消化器の症状につい
　　てチェックし，該当する事項があるかを5分以内に判断する。1つでも
　　あれば，緊急性の高いアレルギー症状として対応する。救急車の要請
　　(119番通報)，ただちにエピペン®を使用，反応がなく呼吸がなければ，
　　心肺蘇生(AEDの使用)を行う，など。なお，立たせたり，歩かせたり
　　せず，その場で安静にすることが重要である。

【３】a　健康　　b　自己形成　　c　依存　　d　社会生活　　e　耐性
〈解説〉青少年の覚醒剤事犯及び大麻の事犯の検挙人員は減少傾向にある
　　が，大麻事件での20歳代の検挙人員は全体の45％で，依然として若者
　　を中心に乱用されている状況があることがわかる。薬物乱用防止教室
　　では，自分の心や体を大切にし，自分の健康や行動に責任をもつこと
　　の大切さを理解し，薬物乱用に適切に対応できる意思決定と行動選択
　　能力を育てていくために，豊富な知識をもつ薬物の専門家や子どもの
　　発達心理の専門家など外部講師を学校に招き，効果的な薬物乱用防止
　　教育の推進を図ることが必要である。現行の中学校学習指導要領　第
　　2章　第7節　保健体育の保健分野では，「喫煙，飲酒，薬物乱用など
　　の行為」の心身への急性影響と依存性について取り扱い，薬物は，覚
　　せい剤や大麻等を取り扱うことが示されている。新中学校学習指導要
　　領　第2章　第7節　保健体育　保健分野でも同様である。

【４】a　10　　b　50　　c　55　　d　衛生害虫　　e　備品　　f　大掃
　　除　　g　雨水　　h　200　　i　2

〈解説〉学校環境衛生基準は，学校保健安全法第6条第1項に基づいて定められている。本基準は平成30年の一部改正で，数字，文言などが改正されている。大きな改正点として，教室等の望ましい温度が，「10℃以上，30℃以下」から「17℃以上，28℃以下」となっている。その他にも改正点があるので確認しておくこと。

【5】a　変化　　b　個人差　　c　初経　　d　精通　　e　異性への関心　　f　適切な運動　　g　休養　　h　睡眠

〈解説〉2　内容　G　保健(2)では，体が年齢に伴って変化すること，体の発育・発達には個人差があること，思春期になると体に変化が起こり，異性への関心も芽生えること，体の発育・発達には適切な運動，食事，休養及び睡眠が必要であることなどの知識と体の発育・発達に関する課題を解決するための思考力，判断力，表現力等を中心として構成されている。

【6】(1)　a　48　　b　次亜塩素酸ナトリウム　　(2)　空気感染(飛沫核感染)，飛沫感染，接触感染

〈解説〉(1)　ノロウイルス感染症は，ウイルスによる腸管感染症が多い。便中や吐物に多量のウイルスが含まれ感染源となる。感染力は非常に強い。したがって，その予防のために，吐物や便の処理には十分注意が必要である。便や吐物の基本的な清掃だが，まず近くにいる人を別室に移動させる。汚染された室内を換気し，ゴム手袋，マスク，ビニールエプロン(あればゴーグル，靴カバー)をしてペーパータオルや使い捨ての雑巾で拭き取る。吐物は広範囲に飛散するため，中心部から半径2メートル程度を外側から内側に向かって周囲に拡げないように静かに拭き取る。拭き取ったものはビニール袋に二重に入れて密封し破棄する。便や吐物の付着した箇所は，0.1％(1000ppm)の次亜塩素酸ナトリウム消毒液で消毒する(ペーパータオルを使用して拭き取る場合，木の床を消毒する場合などは，0.2％(2000ppm)以上の濃度とする)。児童生徒の登校については，症状のある間はウイルスの排出期間であ

る。下痢，嘔吐症状が軽減した後全身状態の良い場合は登校可能だが，回復者であっても，数週間にわたって便からウイルスが排出されることもあるので，手洗いなどを励行することが必要である。　(2)　水痘(みずぼうそう)は，微熱，頭痛等に続いて小豆大の浮腫性紅斑が多発し，数時間で小水疱に変わる，感染性の強い感染症である。水疱中には多量のウイルスが存在している。感染期間は発しん出現1～2日前から，全ての発しんがかさぶたになるまで。

【7】a　学校医　　　b　保健所(保健センター)　　　c　最終接触日
　　　d　4
〈解説〉平成19(2007)年に，麻しんの全国流行が発生したため「麻しんに
　　関する特定感染症予防指針」が告示され，これに基づき平成20(2008)
　　年3月に国立感染症研究所感染症疫学センターは「学校における麻し
　　ん対策ガイドラン」(監修：文部科学省，厚生労働省)を作成した。さ
　　らに，平成30(2018)年3月にはその第二版が作成された。「麻しん発生
　　時の対応」で，学校及びその設置者(教育委員会)は，関係者・関係機
　　関(学校医等，所管の保健所あるいは保健センター)と迅速に連絡をと
　　り連携して事態に当たる必要がある。また，麻しんの潜伏期は約10～
　　12日で，麻しんと確定診断されるまでにはさらに数日間を要すること
　　から，「最後の麻しん患者と児童生徒・職員等との最終接触日から，4
　　週間新たな麻しん患者の発生が見られていないこと」の要件が満たさ
　　れたときに，麻しん集団発生の終息を考慮することとし，学校の設置
　　者と校長は学校医・保健所等と協議の上，終息宣言の時期を決定する。
　　学校保健安全法施行規則の第19条・第20条なども確認しておくこと。

【8】(1)　a　予防　　(2)　b　医療　　(3)　c　予防接種　　(4)　d　療
　　養　　(5)　e　特別支援学級　　(6)　f　作業　　(7)　g　対外運動競
　　技　　(8)　h　座席　　(9)　i　発育
〈解説〉(3)の必要な検査とは，健康診断の結果，精密な専門的検査を受
　　ける必要があると認められた者に対して指示する検査である。(4)につ

いては，健康診断の結果，医療機関で治療が必要な場合には，まず治
療を優先するよう指導する。(8)については，児童生徒の身体発育に応
じて机や腰掛を調整し，視力又は聴力に障害のある者等に対しては席
の変更を行うなど，学級の編成時に前述の点に配慮して適正なものに
なるよう努める。

【9】 ・講師の専門性が十分に生かされるよう工夫する。 ・学校教育
活動全体で健康教育の一環として行う。 ・発達段階を踏まえた指導
を行う。

〈解説〉学校におけるがん教育の目標の1つは，がんが身近な病気である
ことや，がんの予防，早期発見・検診等について関心をもち，正しい
知識を身に付け，適切に対処できる実践力を育成する。また，がんを
通じて様々な病気についても理解を深め，健康の保持増進に資する。
2つ目は，がんについて学ぶことや，がんと向き合う人々と触れ合う
ことを通じて，自他の健康と命の大切さに気付き，自己の在り方や生
き方を考え，共に生きる社会づくりを目指す態度を育成する，である
(「学校におけるがん教育の在り方について(報告)」文部科学省　平成
27年7月)。なお，平成29年告示の中学校学習指導要領　第2章　第7節
保健体育では，生活習慣病などの予防でがんを取り扱うことになり，
がん教育が健康教育の一環として行われる。

【10】a　コ　　b　ク　　c　イ　　d　ア　　e　オ　　f　キ　　g　サ
h　セ　　i　ウ　　j　シ　　k　ケ

〈解説〉腎臓は体内の水分や電解質の調節，老廃物の除去以外に，造血ホ
ルモンや，骨を丈夫にする活性型ビタミンDを作ったり血圧の調節な
ども行っている。腎臓病のほとんどは無症状であることが多いので，
これを早期に発見する最も簡単で有効な方法が検尿である。「児童生
徒等の健康診断マニュアル」では，腎臓の疾患として，急性腎炎症候
群，無症候性血尿症候群，無症候性蛋白尿，無症候性蛋白尿・血尿，
慢性腎炎症候群，ネフローゼ症候群，糖尿病などが挙がっているので

確認しておくとよい。

【11】(1)　a　心身の健康　　(2)　b　健康状態　　c　日常的な観察
　　d　心身の状況　　e　保護者　　f　助言　　(3)　g　救急処置
　　h　保健指導　　i　医療機関

〈解説〉(1)は学校保健安全法第8条，(2)は同法第9条，(3)は同法第10条の
　　条文である。養護教諭の行う健康相談は，児童生徒の健康に関して専
　　門的な観点から行われる。児童生徒の心身の健康問題の変化に伴い，
　　従来(1960年代)から養護教諭の重要な役割となっていたが，平成9年の
　　保健体育審議会答申で広く周知され，中央教育審議会答申(平成20年1
　　月)においても，その重要性が述べられている。学校保健安全法に養護
　　教諭を中心として学級担任等が相互に連携して行う健康相談が明確に
　　規定されるなど，個々の心身の健康問題の解決に向けて養護教諭の役
　　割がますます大きくなっている。養護教諭の職務については，中央教
　　育審議会答申で，保健管理，保健教育，健康相談，保健室経営，保健
　　組織活動の5項目に整理されているが，健康相談が特出されているこ
　　とは，単に個々の児童生徒の健康管理に留まらず，自己解決能力を育
　　むなど児童生徒の健全な発育発達に大きく寄与しており，養護教諭の
　　職務の中でも大きな位置を占めているとともに期待されている役割で
　　もあるからである。

2018年度　実施問題

【1】「児童生徒等の健康診断マニュアル」(平成27年度改訂　日本学校保健会)に示されている内容について，次の(1)・(2)の問いに答えなさい。

(1)　脊柱及び胸郭の疾病及び異常の有無並びに四肢の状態の検査方法について(a)～(e)にあてはまる語句を書きなさい。

・保健調査票，学校での日常の(a)等の整理された情報を，健康診断の際に(b)に提供する。

・提供された保健調査等の情報を参考に，(c)の検査を行う。四肢の状態等については，入室時の(d)・(e)の状態に注意を払い，伝えられた保健調査でのチェックの有無等により，必要に応じて検査を行う。

(2)　健康診断時に注意すべき疾病及び異常のうち，次の(f)・(g)の疾患名を書きなさい。

(f)　成長期において，過度な腰椎伸展を繰り返し行うスポーツにより椎骨に力学的ストレスが加わって生じる疲労骨折で，腰椎下位，特に第5腰椎に生じることが多く，成人となっても腰痛の原因となる。さらに悪化するとすべり症が併発する。

(g)　大腿骨頭に栄養を送る血液の流れがなんらかの原因によって悪くなり，骨頭が一時的に壊死を起こす疾患である。股関節の痛みと跛行がみられる。

(☆☆☆◎◎◎)

【2】次の(1)～(5)は，「学校保健安全法施行規則」に示されている就学時の健康診断について述べたものである。(a)～(l)にあてはまる語句を書きなさい。

(1)　栄養状態は，皮膚の(a)，皮下脂肪の(b)，(c)の発達，貧血の有無等について検査し，栄養不良又は(d)で特に注意を要

する者の発見につとめる。

(2)　胸郭の異常の有無は，（　e　）及び（　f　）について検査する。

(3)　視力は，国際標準に準拠した視力表を用いて左右各別に（　g　）を検査し，眼鏡を使用している者については，当該眼鏡を使用している場合の（　h　）についても検査する。

(4)　聴力は，（　i　）を用いて検査し，左右各別に（　j　）の有無を明らかにする。

(5)　歯及び口腔の疾病及び異常の有無は，（　k　），歯周疾患，（　l　）その他の疾病及び異常について検査する。

(☆☆☆◎◎◎)

【3】次の(1)・(2)は，「学校環境衛生基準」(平成21年4月1日施行)で示されたものである。（　a　）～（　f　）にあてはまる数値を書きなさい。

(1)　教室等の環境に係る学校環境衛生基準

・換気の基準として，二酸化炭素は（　a　）ppm以下であることが望ましい。

・相対湿度は（　b　）％以上，（　c　）％以下であることが望ましい。

・ホルムアルデヒドは，（　d　）μg/m³以下であること。

(2)　日常における環境衛生に係る学校環境衛生基準

飲料水の水質は，給水栓水については，遊離残留塩素が（　e　）mg/ℓ以上保持されていること。ただし，水源が病原生物によって著しく汚染されるおそれのある場合には，遊離残留塩素が（　f　）mg/ℓ以上保持されていること。

(☆☆☆◎◎◎)

【4】次の(1)・(2)は，「教職員のための子どもの健康観察の方法と問題への対応」(平成21年3月　文部科学省)に示されている健康観察の機会について述べたものである。（　a　）～（　f　）にあてはまる語句を書きなさい。

(1)　学校における健康観察は，（　a　）や養護教諭が中心となり，教職

員との(b)の下で実施すべきものであることから，(c)が共通
の認識をもつことが重要である。
(2)　中央教育審議会答申でも述べられているように，(a)等により
(d)行われる健康観察は，特に重要である。
　　また，家庭における保護者が行う健康観察も，子どもの(e)の
状況を把握する上で重要な参考となることから，保護者の理解と協
力を得るとともに，保護者にも，子どもの健康観察の(f)等につ
いて周知を図っておくことが重要である。

(☆☆☆◎◎◎)

【5】「学校のアレルギー疾患に対する取り組みガイドライン」(平成20年
3月　日本学校保健会)及び「学校のアレルギー疾患に対する取り組み
ガイドライン要約版」(平成27年2月　文部科学省・日本学校保健会)に
示されている内容について，次の(1)・(2)の問いに答えなさい。
(1)　次の(a)～(f)にあてはまる語句を書きなさい。
　・食物アレルギーとは，一般的には特定の食物を摂取することによ
　　って，皮膚・呼吸器・消化器あるいは(a)性に生じる
　　(b)のことをいう。
　・(b)により，じんましんなどの皮膚症状，腹痛や嘔吐などの消
　　化器症状，ゼーゼー，呼吸困難などの呼吸器症状が，複数同時に
　　かつ(c)に出現した状態をアナフィラキシーと言う。その中で
　　も，血圧が低下して(d)の低下や脱力を来すような場合を，特
　　に(e)と呼び，直ちに対応しないと(f)にかかわる重篤な状
　　態であることを意味する。
(2)　学校におけるアレルギー疾患対応の三つの柱について，(g)～
　(i)にあてはまる語句を書きなさい。
　・アレルギー疾患の理解と正確な情報の把握・(g)
　・日常の取組と(h)
　・(i)の対応

(☆☆☆◎◎◎)

【6】次の(1)・(2)は,「保健室経営計画作成の手引」(平成26年度改訂 日本学校保健会)に示されている学校経営と保健室経営について述べたものである。(a)～(g)にあてはまる語句を書きなさい。

(1)　保健室経営は,児童生徒の健康の保持増進のために(a)に関わることであり,教職員の連携が必要となることから,学校経営の観点に立って保健室経営計画を作成・実施し,児童生徒の心身の健康の保持増進に向けて,ねらいや(b),手立て及び(c)等を外から見えやすく,わかりやすくしていくことが,ひいては教職員,保護者,(d)及び関係機関等の理解と協力を得られることにつながっていく。

(2)　(e)は,学校経営に保健室経営計画を明確に位置付け,(f)が中心となって,計画的・(g)に保健室経営を推進・充実できるようにリーダーシップを発揮していくことが求められる。

(☆☆☆◎◎◎)

【7】次の文は,中学校学習指導要領「第2章　各教科」「第7節　保健体育」「第2　各分野の目標及び内容」[保健分野]「2　内容」と「3　内容の取扱い」の一部である。(a)～(l)にあてはまる語句を書きなさい。

> 「2　内容」
> 　(4)　健康な生活と疾病の予防について理解を深めることができるようにする。
> 　　イ　健康の保持増進には,年齢,(a)等に応じた食事,運動,休養及び睡眠の(b)のとれた生活を続ける必要があること。また,食事の量や質の偏り,運動不足,休養や睡眠の不足などの生活習慣の乱れは,生活習慣病などの(c)となること。
> 　　ウ　(d),(e),(f)などの行為は,心身に様々な影響を与え,(g)を損なう原因となること。また,これらの行為には,個人の心理状態や(h),社会環境が

84

影響することから，それぞれの要因に適切に対処する必
要があること。
「3　内容の取扱い」
　(8)　内容の(4)のウについては，心身への(i)及び(j)に
　　ついて取り扱うこと。また，薬物は，(k)や(l)等を
　　取り扱うものとする。

(☆☆☆◎◎◎)

【8】「学校検尿のすべて」(平成24年3月　日本学校保健会)に示されてい
る1型糖尿病について，次の(1)・(2)の問いに答えなさい。
(1)　(a)～(c)の項目のそれぞれの特徴を選び，記号で書きなさい。

(a)体型	ア　やせ型	イ　太り気味
(b)発病経過	ウ　急激	エ　ゆっくり
(c)家族内の糖尿病	オ　家族内に糖尿病者は少ない	
	カ　家族内に糖尿病者が多い	

(2)　学校において，インスリン治療をしている1型糖尿病の児童生徒
　が，発汗，頻脈，ふるえ，顔面蒼白の症状で意識はあるが低血糖を
　起こした際の対処法について簡潔に書きなさい。

(☆☆☆◎◎◎)

【9】学校において予防すべき感染症について，次の(1)～(3)の問いに答
えなさい。
(1)　「学校において予防すべき感染症の解説」(平成25年3月　文部科
　学省)に示されている第二種の感染症について，次の(a)～
　(d)にあてはまる語句を書きなさい。
　・第二種の感染症は，(a)感染又は(b)感染するもので，児童
　　生徒等のり患が多く，学校において(c)を広げる可能性が高い
　　感染症を規定している。
　・麻しんは，咳やくしゃみなどの呼吸器症状と特有な(d)の出る
　　感染力の強い疾患である。

(2)　次の(e)・(f)の感染症について，出席停止の期間の基準を書きなさい。

(e)　百日咳

(f)　咽頭結膜熱

(3)　学校保健安全法施行規則第20条に示されている出席停止の報告事項を全て書きなさい。

(☆☆☆○○○○)

解答・解説

【1】(1) a　健康観察　　b　学校医　　c　側わん症　　d　姿勢　e　歩行　　(2) f　腰椎分離(症)　　g　ペルテス病

〈解説〉(1)　「児童生徒等の健康診断マニュアル　平成27年度改訂」(平成27年8月，日本学校保健会)では，養護教諭は学校に提出される保健調査票等から得られる情報を事前準備として整理しておくことが望ましいと述べられている。健康診断については，本マニュアルと併せて「就学時の健康診断マニュアル　平成29年度改訂」(日本学校保健会)を熟読し，どのような角度から出題されても解答できるように準備しておこう。　　(2)　子どもによくみられる運動器の症状・ケガ・故障については，十分な知識をもった上で，健康診断等において適切にスクリーニングを行うことが大切である。これらの運動器の症状・ケガ・故障については，「学校の運動器疾患・障害に対する取組の手引き」(平成21年3月，日本学校保健会)及び「児童生徒等の健康診断マニュアル　平成27年度改訂」等を参照し，学習を深めておこう。

【2】a　色沢　　b　充実　　c　筋骨　　d　肥満傾向　　e　形態　f　発育　　g　裸眼視力　　h　矯正視力　　i　オージオメータ　j　聴力障害　　k　う歯　　l　不正咬合

〈解説〉就学時健康診断については，学校保健安全法第11条，第12条及び同法施行令第1条から第4条まで規定があり，本問は，就学時の健康診断の方法及び技術的基準を規定した学校保健安全法施行規則第3条からの出題である。関連する条文は精読のうえ暗記しておくことをお勧めしたい。

【3】a　1500　　b　30　　c　80　　d　100　　e　0.1　　f　0.2

〈解説〉学校環境衛生基準は頻出である。「［改訂版］学校環境衛生管理マニュアル」(平成22年3月，文部科学省)を参照しながら，各検査項目や基準値，事後措置等をよく確認しておくこと。学校環境衛生基準は，第1に教室等の環境，第2に飲料水等の水質及び施設・設備，第3に学校の清潔，ネズミ，衛生害虫及び教室等の備品，第4に水泳プール，第5に日常における環境衛生に係る学校環境衛生基準が定められている。特に注意したいのは，第2，第4，第5に関係する「水質」についての検査である。飲料水と水泳プール用の水とでは用途が異なるため，おのずと検査項目や基準，方法も異なってくる。混同して覚えることがないように，十分に留意しながら学習を進める必要がある。なお，平成30年4月1日より，一部改正された学校環境衛生基準が施行されている。改正前後の数値を比較参照しておきたい。

【4】a　学級担任　　b　連携　　c　全教職員　　d　毎朝　　e　心身　　f　視点

〈解説〉学校における健康観察は，学級担任や養護教諭が中心となり，教職員との連携の下で実施すべきものであることから，全教職員が共通の認識をもつことが重要である。健康観察については，平成20年の中央教育審議会答申において，その重要性が示された。本答申を受けて，学校保健安全法が改正され，健康観察は新たに同法第9条に位置づけられた。目的，法的根拠，機会，評価，実際の手順等を整理して理解を深めておこう。「教職員のための子どもの健康観察の方法と問題への対応」(平成21年，文部科学省)の第1章健康観察及び第2章健康観察

の実際に目を通しておこう。

【５】(1)　a　全身　　b　アレルギー反応　　c　急激　　d　意識
e　アナフィラキシーショック　　f　生命　　(2)　g　共有　　h　事
故予防　i　緊急時
〈解説〉アレルギー疾患をもつ児童生徒は年々増加傾向にあり，まれな疾
患ではなくなっている。「学校のアレルギー疾患に対する取り組みガ
イドライン」(平成20年3月　日本学校保健会)で，緊急時の対応や配慮
事項，それぞれの疾患の症状等について確認しておこう。アナフィラ
キシーは短時間のうちに重篤な状態に至ることがある。そのため，養
護教諭だけでなく，現場に居合わせた教職員が早急に対応できるよう，
教職員への周知や校内連携・医療機関との連携を整えておくことが重
要になる。食物アレルギーには「即時型」「口腔アレルギー症候群」
「食物依存性運動誘発アナフィラキシー」の病型がある。食物アレル
ギーの大部分が「即時型」に分類され，原因食物を食べて2時間以内
に症状が出現する。症状は，じんましんやアナフィラキシーなど様々
である。「口腔アレルギー症候群」は，果物や野菜，木の実類に対す
るアレルギーに多い病型である。運動誘発アナフィラキシーは特定も
しくは不特定の運動で誘発されるアナフィラキシーである。したがっ
て，すべての運動を禁止するわけではない。なお，食物依存性運動誘
発アナフィラキシーの即時型は食後5分から2時間程度，特に30分以内
に生じることが多いことから，原因食物摂取後は少なくとも2時間は
運動を控える必要がある。

【６】a　学校全体　　b　方策　　c　実施状況　　d　地域住民
e　校長　　f　養護教諭　　g　組織的
〈解説〉保健室経営計画は，養護教諭によって立案される。養護教諭は，
教職員や保護者へ周知を図り，協力を得て，組織的に保健室経営を行
っていくことが重要である。児童生徒の心身の健康問題が多様化して
いることを受け，学校保健活動のセンター的役割を果たす保健室経営

の重要性が強調されている。保健室経営計画については，定義の他に，メリット，内容，評価等の出題が考えられるため，入念に学習を深めておこう。学習にあたっては「保健室経営計画作成の手引　平成26年度改訂」(日本学校保健会)を参照したい。

【7】a　生活環境　　b　調和　　c　要因　　d　喫煙　　e　飲酒　f　薬物乱用　　g　健康　　h　人間関係　　i　急性影響　　j　依存性　　k　覚せい剤　　l　大麻

〈解説〉中学校学習指導要領において，「健康な生活と疾病の予防」は第3学年で学習するとされている。本問では健康の成り立ち等，生活行動・生活習慣と健康，喫煙等について出題されているが，他に感染症の予防，保健・医療機関や医薬品の有効利用，個人の健康を守る社会の取り組みについても学習する。飲酒，喫煙，薬物に関する保健教育では，身体に与える影響，未成年への害と規制，法律で禁止されていること，本人の健康だけでなく生活や周りの人々にも影響を与えること，依存性や中毒性があり社会生活に支障をきたすこともあることなどを伝えると同時に，適切な行動選択ができるよう考えさせることも大切である。

【8】(1) (a)　ア　　(b)　ウ　　(c)　オ　　(2)　グルコース錠，グルコースキャンディ，スティックシュガー，ビスケット，ジュースなどを経口的に摂取させ，さらに血糖が低下するのを防ぐ。

〈解説〉1型糖尿病はインスリン分泌能が著しく低下して起こる。治療にはインスリン注射が不可欠で，インスリン注射をしないと，日常生活が困難で命にかかわることがある。1型糖尿病は生活習慣病ではなく，自己免疫疾患と考えられている。膵臓のβ細胞が壊れてしまい，インスリンが非常に不足しているか，または全く分泌されないため，この調整を自然に行うことができない状態である。初期症状は，活気がない，倦怠感，体重減少，喉の渇き，多飲，多尿などである。糖尿病に関しては，「学校保健実務必携　第4次改訂版」(平成29年，学校保健・

安全実務研究会編)に詳述されているので，確認されたい。1型糖尿病と2型糖尿病の違いや，糖尿病をもつ児童生徒の自己管理の支援のために確認すべき事項(病型・症状の有無・主治医の指示内容・学校生活管理指導表など)も確認しておくことが望ましい。

【9】(1)　a　空気　　b　飛沫　　c　流行　　d　発しん
(2)　(e)　特有の咳が消失するまで又は5日間の適正な抗菌性物質製剤による治療が終了するまで　　(f)　主要症状が消退した後2日を経過するまで　　(3)　・学校の名称　　・出席を停止させた理由及び期間・出席停止を指示した年月日　　・出席を停止させた児童生徒等の学年別人員数　　・その他参考となる事項

〈解説〉学校において予防すべき感染症の対象疾病，分類，感染経路，症状，出席停止の期間の基準については一覧にしてまとめておくとよい。第二種感染症とは「児童生徒等のり患が多く，学校において流行を広げる可能性が高い感染症」であり，その出席停止の期間の基準は疾病別に定められている。学校感染症に関する出題は多く，特に第二種感染症であるインフルエンザ，百日咳，麻しん，流行性耳下腺炎，風しん，水痘，咽頭結膜熱，結核，髄膜炎菌性髄膜炎に関しては，どのような問いに対しても答えられるように準備しておくことが望ましい。出席停止の報告事項については，学校保健安全法施行規則第20条を参照のこと。関連事項として学校保健安全法第19条も確認しておきたい。

2017年度　実施問題

【1】次の文は,「児童生徒等の健康診断マニュアル」(平成27年度改訂 日本学校保健会)に示されている学校における健康診断の目的と役割について述べたものである。次の(1)～(6)にあてはまる語句を書きなさい。

> 　学校保健安全法では,学校における児童生徒等の健康の保持増進を図るため,学校における(1)について定めており,学校における健康診断は,この中核に位置する。また,学習指導要領解説特別活動編において(2)行事として例示されており,(3)活動として実施されるという一面も持っている。このことから学校における健康診断は,家庭における(4)を踏まえて,学校生活を送るに当たり支障があるかどうかについて疾病を(5)し,健康状態を把握するという役割と,学校における健康課題を明らかにして(6)に役立てるという,大きく二つの役割がある。

(☆☆☆◎◎◎)

【2】「学校環境衛生管理マニュアル(改訂版)」(平成22年3月　文部科学省)に示されている内容をもとに,次の(1)・(2)の問いに答えなさい。

(1) 教室及びそれに準ずる場所の照度について(a)～(d)にあてはまる数値を,あとのア～ケの中から選び,記号で書きなさい。

（ア） 教室及びそれに準ずる場所の照度の下限値は,(a)lx(ルクス)とする。また,教室及び黒板の照度は,(b)lx以上であることが望ましい。

（イ） 教室及び黒板のそれぞれの最大照度と最小照度の比は,(c)を超えないこと。また,(d)を超えないことが望まし

91

い。

　　ア　100　　　イ　200　　　ウ　300　　　エ　400　　　オ　500

　　カ　5：1　　　キ　10：1　　　ク　20：1　　　ケ　30：1

(2)　臨時検査を行うのはどのような場合があるか，次の(　a　)～
　　(　d　)にあてはまる語句を書きなさい。

　　ア　感染症又は(　a　)の発生のおそれがあり，また，発生したとき。

　　イ　(　b　)により環境が不潔になり又は汚染され，感染症の発生の
　　　　おそれがあるとき。

　　ウ　新築，(　c　)，改修等及び机，いす，コンピュータ等新たな学
　　　　校用備品の搬入等により(　d　)の発生のおそれがあるとき。

　　　　　　　　　　　　　　　　　　　　　　　　　　(☆☆☆◎◎◎)

【3】次の文は，「学校保健安全法施行規則」に示されている学校医の職
　　務執行の準則について述べたものである。次の(　1　)～(　8　)にあて
　　はまる語句を書きなさい。

・　(　1　)及び(　2　)の立案に参与すること。

・　学校の環境衛生の維持及び改善に関し，(　3　)と協力して，
　　必要な指導及び助言を行うこと。

・　学校保健安全法第8条の(　4　)に従事すること。

・　学校保健安全法第9条の(　5　)に従事すること。

・　学校保健安全法第13条の(　6　)に従事すること。

・　学校保健安全法第14条の疾病の(　7　)に従事すること。

・　校長の求めにより，(　8　)に従事すること。

　　　　　　　　　　　　　　　　　　　　　　　　　　(☆☆☆◎◎◎)

【4】「保健室経営計画作成の手引」(平成26年度改訂　日本学校保健会)
に示されている学校保健計画と保健室経営計画に関する内容につい
て，次の(1)～(8)にあてはまる語句を書きなさい。

	学校保健計画	保健室経営計画
推進者	(1) ＊役割分担して組織的に活動を推進	(5)が中心
特　徴	・学校保健活動の年間を見通して，「保健教育」(2)「(3)」の3領域について立てる総合的な基本計画 ・単年度計画 ・(4)の評価に位置付け，評価を実施	・(6)等を踏まえた上で，保健室経営の目標に対して，計画的，(7)に運営するための計画 ・養護教諭の職務（役割）と保健室の(8)を踏まえた計画 ・単年度計画 ・保健室経営目標に対する評価を実施

(☆☆☆◎◎◎)

【5】「学校において予防すべき感染症の解説」(平成25年3月　文部科学
省)及び「学校における結核対策マニュアル」(平成24年3月　文部科学
省)に示されている内容について，次の(1)～(6)にあてはまる
数や語句を書きなさい。

> ・　小・中学校の定期健康診断における結核検診時の問診項目
> は「本人の結核罹患歴」「本人の予防投薬歴」「家族などの結
> 核罹患歴」「　(1)　」「自覚症状」「BCG接種歴」である。
> ・　学校における感染の防止の観点から，(2)週間以上持続
> する(3)・痰がある場合は，早期に医療機関受診を勧め，
> 受診結果を確認することが重要である。
> ・　結核の潜伏期間は，2年以内，特に(4)か月以内に多い。
> ・　結核の感染経路は，主として(5)感染，(6)感染であ
> る。

(☆☆☆◎◎◎)

【6】「養護教諭のための児童虐待対応の手引」(平成19年10月　文部科学省)に示されている児童虐待に関する学校の役割について，(1)～(4)にあてはまる語句を書きなさい。
① 児童虐待の(1)に努めること
② 虐待を受けたと思われる子どもについて，(2)等へ通告すること
③ 虐待を受けた子どもの(3)・自立支援に関し，関係機関への協力を行うこと
④ 虐待防止のための子どもへの(4)に努めること

(☆☆☆◎◎◎)

【7】「子どもの心のケアのために－災害や事件・事故発生時を中心に－」(平成22年7月　文部科学省)に示されている内容について，次の(1)・(2)の問いに答えなさい。
(1) ASD(Acute Stress Disorder)を日本語で書きなさい。
(2) ASDの主な症状について，次の(a)～(c)にあてはまる語句を書きなさい。
ア 持続的な(a)症状
イ 体験を連想させるものからの(b)症状
ウ 感情や緊張が高まる(c)症状

(☆☆☆◎◎◎)

【8】飲酒・薬物乱用防止教育について，次の(1)・(2)の問いに答えなさい。
(1) アルコールの初期代謝段階について，次の(a)・(b)にあてはまる語句を書きなさい。

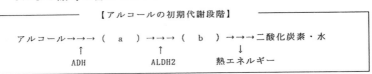

【アルコールの初期代謝段階】
アルコール→→→(a)→→→(b)→→→二酸化炭素・水
　　　　　 ↑　　　　　↑　　　　　↓
　　　　　ADH　　　ALDH2　　熱エネルギー

(2) 次の文は,「薬物乱用防止教育の充実について(通知)」(平成20年9月 文部科学省スポーツ・青少年局長)の内容の一部である。次の(a)~(e)にあてはまる語句を書きなさい。

> 小学校,中学校及び高等学校等においては,児童生徒への(a)の充実のため「体育」,「(b)」,「道徳」,「(c)」における指導に加え,「(d)」の例示として示されている「(e)」に関する横断的・総合的な課題についての学習活動等も活用しながら,学校の教育活動全体を通じて指導すること。

(☆☆☆○○○)

【9】「教職員のための子どもの健康観察の方法と問題への対応」(平成21年3月 文部科学省)に示されている内容について,次の(1)・(2)の問いに答えなさい。

(1) 健康観察の目的を3つ列挙しなさい。

(2) 次の(a)~(i)にあてはまる語句を書きなさい。

> ADHDは①(a)・衝動性,②(b)が基本症状である。①又は②,あるいはその両方があって,その症状が子どもの(c)にそぐわないほど程度が強いこと,7歳以前から症状があること,教室と家庭のように異なる場面で認めることなどを満たすものをいう。ADHDを日本語で(d)という。

> てんかんとは,てんかん発作を繰り返す疾患であるが,発作の症状は(e)や(f)に限らず様々なものが含まれる。てんかん発作は(g)の異常な(h)によるものであり,(i)な原因によるものではない。

(☆☆☆○○○○)

【10】「学校検尿のすべて」(平成23年度改訂　日本学校保健会)に示され
ている学校生活管理指導表の構成について，次の(1)〜(4)にあ
てはまる語句を書きなさい。

　小学生では，(1)によって(2)やそれらへの取り組み方が異な
るため，(1)毎に分けて記載してあります。

　管理指導表では，教科(3)指導要領に記載された(2)を指導表
の左の欄に列挙し，各(2)への具体的な取り組み方を(4)に横列
に示してあります。これらにより学校現場での利用の正確性を高める
ように配慮されています。

(☆☆☆◎◎◎)

解答・解説

【1】1　保健管理　　2　健康安全・体育的　　3　教育　　4　健康観察
　　5　スクリーニング　　6　健康教育
〈解説〉児童生徒の健康診断は，学校教育法(第12条)と学校保健安全法(第
1条・第13条など)に基づいて行われている。健康安全・体育的行事と
して，また教育活動として実施されているのである。本資料の第1章
などで内容を確認し文言を覚えておこう。

【2】(1)　a　ウ　　b　オ　　c　ク　　d　キ　　(2)　a　食中毒
　　b　風水害等　　c　改築　　d　揮発性有機化合物
〈解説〉(1)・(2)　学校環境衛生基準は第2章で6項目に整理されている。
採光・照度に関する基準は「第1　教室等の環境に係る学校環境衛生
基準」に，臨時検査については，「第6　雑則」の臨時検査に示されて
いる。

【3】1　学校保健計画　　2　学校安全計画　　3　学校薬剤師　　4　健康相談　　5　保健指導　　6　健康診断　　7　予防処置　　8　救急処置

〈解説〉本資料は，第4章の学校医，学校歯科医及び学校薬剤師の職務執行の準則の第22条である。学校医は学校の保健計画・安全計画に係わり，学校薬剤師と協力して指導などを行うことが示されている。その他の第1章から第7章も，必ず目を通しておこう。

【4】1　全教職員　　2　保健管理　　3　組織活動　　4　学校経営　5　養護教諭　　6　教育目標　　7　組織的　　8　機能

〈解説〉保健室経営計画は，当該学校の教育目標や学校保健目標を受け，その具現化を図るために，保健室の経営において達成されるべき目標を立て，計画的・組織的に運営するために作成される計画である。学校保健計画は児童生徒の健康課題について全教職員が取り組む総合的な基本計画であるのに対し，保健室経営計画は，学校保健計画を踏まえた上で，養護教諭が中心となって取り組んでいくものなので，「保健室経営計画作成の手引」は必ず確認しておこう。

【5】1　高まん延国での居住歴　　2　2　　3　咳　　4　6　5　空気　　6　飛沫

〈解説〉結核検診時の問診を実施するに当たっては，六つの問診項目が必須である。特に，「家族などの結核罹患歴」「高まん延国での居住歴」の2項目が重要である。「高まん延国」については，世界保健機関(WHO)が示す国などを知っておこう。

【6】1　早期発見　　2　児童相談所　　3　保護　　4　教育

〈解説〉児童虐待防止法においては，学校，教職員に求められる役割が規定されている。学校が，虐待防止に向けた役割を果たしていく上で，教職員が「様々な問題の背景には，児童虐待があるかもしれない」という認識を持って当たることが重要である。①・③・④は努力義務，

②は義務と規定されている。養護教諭は，保健室にやってくる児童生徒と日々対応していくことから，本資料は必ず学習しておこう。

【7】(1)　急性ストレス障害　　(2)　a　再体験　　b　回避　　c　覚せい亢進

〈解説〉子どもは，自分の気持ちを自覚していないことや，言葉でうまく表現できないことが多く，心の問題が行動や態度の変化，頭痛・腹痛などの身体症状となって表れることが多いため，きめ細かな観察が必要である。危機発生時における健康観察のポイントとして，子どもに表れやすいストレス症状(体の健康状態，心の健康状態)の他に，急性ストレス障害(ASD)と外傷後ストレス障害(PTSD)のような強いストレス症状の健康観察を長期にわたって実施することが肝要である。ASDの主な症状は，持続的な再体験症状(体験した出来事を繰り返し思い出すなど)，体験を連想させるものからの回避症状，感情や緊張が高まる覚せい亢進症状(よく眠れない，落ち着かないなど)である。

【8】(1)　a　アセトアルデヒド　　b　酢酸　　(2)　a　薬物乱用防止教育　　b　保健体育　　c　特別活動　　d　総合的な学習の時間　　e　健康

〈解説〉(2)「薬物乱用防止教育の充実について(通知)」には，第三次薬物乱用防止五か年戦略を踏まえて，「薬物乱用防止教室」の開催に努めること，地方公共団体は児童生徒用教材，教師用指導資料等の作成・配布に努めること，関係機関との連携の充実を図ること，児童生徒等の実態調査の実施に努めること，など，問題文を含め8項目が通知されている。保健体育，特別活動の場での指導を求められているので，本通知は読み込んでおこう。

【9】(1)　・子どもの心身の健康問題の早期発見・早期対応を図る。　・感染症や食中毒などの集団発生状況を把握し，感染の拡大防止や予防を図る。　　・日々の継続的な実施によって，子どもに自他の健康に

　興味・関心をもたせ，自己管理能力の育成を図る。　(2)　a　多動
(性)　　b　不注意　　c　発達段階　　d　注意欠陥多動性障害
e　意識喪失　　f　けいれん　　g　大脳　　h　神経活動
i　心理的
〈解説〉「教職員のための子どもの健康観察の方法と問題への対応」から
　の出題は頻出である。健康観察の目的以外に，健康観察の重要性，法
　的根拠，機会，評価，手順，視点など，さらには，主な疾病等の解説
　等も学習して，知識の定着を図っておこう。

【10】1　学年　　2　運動種目　　3　体育　　4　運動強度別
〈解説〉学校生活管理指導表は，小学生用と中学・高校生用がある。小学
　生用は，運動種目とその取り組み方による運動強度区分(軽い運動，中
　等度の運動，強い運動の3区分)などが設定されて記載できるようにな
　っている。運動指導は，疾病の種類を問わずすべての児童生徒の管理
　指導が統一されることを目的に作られている。

2016年度　実施問題

【1】次の文は，小学校学習指導要領「第9節　体育」「第2　各学年の目標及び内容」〔第5学年及び第6学年〕「2　内容」「G　保健」の一部である。次の（　a　）〜（　j　）にあてはまる語句を答えなさい。

(3)　病気の予防について理解できるようにする。

　ア　病気は，（　a　），体の（　b　），（　c　），環境がかかわり合って起こること。

　イ　（　a　）が主な要因となって起こる病気の予防には，（　a　）が体に入るのを防ぐことや（　a　）に対する体の（　b　）を高めることが必要であること。

　ウ　（　d　）など（　c　）が主な要因となって起こる病気の予防には，（　e　）の偏りのない食事をとること，（　f　）の衛生を保つことなど，望ましい生活習慣を身に付ける必要があること。

　エ　（　g　），（　h　），（　i　）などの行為は，健康を損なう原因となること。

　オ　（　j　）では，保健にかかわる様々な活動が行われていること。

（☆☆☆◎◎◎）

【2】次の文は，「保健室経営計画作成の手引」（平成21年4月　日本学校保健会）に示されている「中教審答申（H20.1）及び学校保健安全法において求められている養護教諭の役割」についてである。次の（　a　）〜（　n　）にあてはまる語句を答えなさい。

　ア　学校内及び地域の（　a　）等との連携を推進する上での（　b　）の役割

　イ　学級担任等と連携した（　c　）又は健康状態の日常的な観察（（　d　））による児童生徒等の（　e　）の状況の把握

　ウ　関係教職員と連携した児童生徒等や保護者に対する組織的な

(f)や助言等の充実

エ (g)や(h)など心身の(i)の早期発見，早期対応に果たす
役割

オ (j)における(f)をはじめ，(k)や(l)による体育科，
保健体育科の(m)への参画など保健教育に果たす役割

カ 学校保健活動のセンター的役割を果たしている保健室経営の充実
((n)の作成)

などが挙げられる。

(☆☆◎◎◎)

【3】次の文は，「教職員のための子どもの健康相談及び保健指導の手引」
(平成23年8月　文部科学省)に示されている「発達段階別身体の健康問
題の特徴と理解」の一部である。次の(a)〜(h)にあてはまる数
字や語句を答えなさい。

(1) 肥満，低身長

病気としてとらえられる肥満(肥満度(a)%以上で注意)及びや
せ(肥満度(b)%以下で注意)については(c)に対応すべきであ
る。また低身長の中には(d)療法が必要になる場合もある。

(2) 自律神経失調症

疾患としては(e)を伴う(f)，(g)，ストレスが原因とな
っている(h)などに注意が必要である。

(☆☆☆☆◎◎◎)

【4】次の(1)・(2)の文は，頭蓋内の構造と頭部外傷に関する説明である。
略図を参考に，(a)〜(e)にあてはまる語句をあとの選択肢より
選んで記号で答えなさい。

(1) 脳は頭蓋骨の内側にある(a)，(b)，(c)という3層の膜
に覆われている。

(2) 急性(d)は，頭部や顔面の打撲などによって間接的な加速度が
加わり，(e)と脳とに大きなずれが生じることが原因となる。こ

のずれは通常は問題を生じないが，ずれが大きくなり，ある閾値を超えると，(e)と脳をつなぐ橋渡しの静脈(架橋静脈)が伸展破断し，出血をすることにより，血腫が発生する。

［略図］　頭部の断面

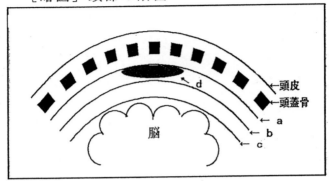

【選択肢】

ア	脈絡膜	イ	軟膜	ウ	硬膜
エ	硬膜下血腫	オ	くも膜下血腫	カ	脳脊髄炎
キ	脳挫傷	ク	硬膜外血腫	ケ	脳脊髄炎
コ	脊髄	サ	頭蓋骨	シ	くも膜

(☆☆☆◎◎◎)

【5】次の(1)・(2)の問いに答えなさい。

(1) セカンドインパクトシンドローム(SIS)とは，どういうことか答えなさい。

(2) 頚部を損傷したと考えられるときの主な観察項目を4つ列挙しなさい。

(☆☆☆☆◎◎)

【6】『「生きる力」をはぐくむ学校での歯・口の健康づくり』(平成23年3月　文部科学省)及び「児童生徒の健康診断マニュアル(改訂版)」(平成18年3月　日本学校保健会)に示されている健康診断に関する内容について，次の(1)〜(3)の問いに答えなさい。

(1)　健康診断結果の集計分析について，(a)〜(d)について説明しなさい。

　　　学校保健で用いられる主な指標の一つである「一人平均DMF歯数」のDMF歯数とは，(a)を表す専門用語で，Dは(b)，Mは(c)，Fは(d)を表す。

(2)　学校で注意すべき難聴について，次の(e)〜(g)にあてはまる言葉を書きなさい。

　　　学校で注意すべき難聴のうち，ヘッドホン難聴などは(e)な音により内耳の(f)細胞に障害が生じて起こる。運動会で使うピストル音を耳元で聞いても起こる場合がある。このような難聴を(g)外傷という。

(3)「栄養状態」の「事後措置にあたっての留意点」に書かれている，発育期にある子どもについて肥満ややせ傾向を判定する際の留意点を書きなさい。

(☆☆☆☆◎◎◎)

【7】次の文は，「学校保健法等の一部を改正する法律の公布について(通知)」(平成20年7月9日　文部科学省)の一部である。次の(a)〜(h)にあてはまる語句を答えなさい。

　　学校医及び学校歯科医は，健康診断及びそれに基づく(a)，改正法において明確化された(b)の実施をはじめ，(c)，(d)，生活習慣病の予防や歯・口の健康つくり等について，また，学校薬剤師は，(e)の維持管理をはじめ，(f)教育等について，それぞれ重要な役割を担っており，さらには，学校と地域の医療機関等との連携の要としての役割も期待されることから，各学校において，児童生徒等の多様な(g)に的確に対応するため，これらの者の有する(h)

の積極的な活用に努められたいこと。

(☆☆☆◎◎◎)

【8】「学校環境衛生管理マニュアル(改訂版)」(平成22年3月　文部科学省)に示されている「日常における環境衛生に係る学校環境衛生基準」について，次の(a)～(f)にあてはまる数値や語句を答えなさい。

(1) 教室等の換気については，外部から教室に入ったとき，不快な(a)や(b)がないこと。

(2) 教室等の温度については，(c)℃以上(d)℃以下であることが望ましい。

(3) 飲料水の水質については，遊離残留塩素が適切に保持されており，(e)，(b)，(f)等に異常がないこと。

(☆☆◎◎◎◎)

【9】「学校において予防すべき感染症の解説」(平成25年3月　文部科学省)及び，「学校保健安全法施行規則の一部改正等について(通知)」(平成27年1月21日　文部科学省)に示されている内容について，次の(1)・(2)の問いに答えなさい。

(1) 感染症の予防には，予防接種の果たす役割が大きいことから，就学時の健康診断票には，予防接種法に規定されている定期の予防接種の接種状況を確認する欄がある。確認するべき定期の予防接種の対象は，平成27年4月1日現在，ポリオ，BCG，3種混合(百日咳，ジフテリア，破傷風)，麻しんⅠ期・Ⅱ期，風しんⅠ期・Ⅱ期，とあと4つ挙げられている。すべて答えなさい。

(2) 風しんについて，次の(a)～(e)にあてはまる語句を答えなさい。

　風しんは，妊娠早期の妊婦がかかると，胎児が，脳，耳，眼，心臓の異常などを有する(a)を発症することがある。風しんの病原体は(b)であり，感染経路は(c)である。発熱は麻しんほど顕著ではないが，バラ色の発しんが全身に出現する。発しんは，3～5

日で消えて治るため(d)とも呼ばれる。(e)まで出席停止とする。

(☆☆☆◎◎◎)

解答・解説

【1】a 病原体　　b 抵抗力　　c 生活行動　　d 生活習慣病
　　e 栄養　　f 口腔　　g 喫煙　　h 飲酒　　i 薬物乱用
　　j 地域

〈解説〉養護教諭は保健教育に関する専門性を有する教職員として，体育科保健領域や家庭科，特別活動といった直接保健学習に関係する教科をはじめ，教育活動全体における保健教育に積極的に参加・協力していくことが求められる。各校種の学習指導要領および学習指導要領解説はよく確認し，目標，指導事項，内容の取扱い，配慮事項などについてしっかりおさえておこう。

【2】a 医療機関　　b コーディネーター　　c 健康相談
　　d 健康観察　　e 心身　　f 保健指導　　g いじめ
　　h 児童虐待　　i 健康課題　　j 学級活動　　k ティーム・ティーチング　　l 兼職発令　　m 保健学習　　n 保健室経営計画

〈解説〉平成21年4月1日施行の学校保健安全法には養護教諭の職名が具体的な職務内容とともに明記された。これにより，健康相談や保健指導の実施に養護教諭が関わることが法律上も明確となった。また，本問で取り上げた中教審答申では，養護教諭は学校保健活動推進の中核的役割を果たしていると明言している。

【3】(1)　a　30　　b　－20　　c　早朝　　d　成長ホルモン

(2)　e　心身症　　f　不登校　　g　起立性調節障害

h　過敏性腸症候群

〈解説〉(1)　肥満は生活習慣やストレス，やせは摂食障害などが背景となっていることがある。学校では日頃から児童生徒の食事量や体格，メンタルヘルスなどに注意を払う必要がある。　(2)　自律神経失調症とは，自律神経系のバランスが崩れたときに起こる症状の総称である。原因にはさまざまなものがあり，現れる症状も多岐にわたる。

【4】(1)　a　ウ　　b　シ　　c　イ　　(2)　d　エ　　e　サ

〈解説〉(1)・(2)　頭蓋骨の構造，頭部外傷についての出題である。頭部外傷の際の観察のポイント，経過観察の際のポイントや救急処置についても確認しよう。救急処置は意識がある場合，ない場合では対応が大きく変わる。意識がない場合には一次救命処置が必要となる場合があるので，心肺蘇生法，AED，気道遺物除去に関しても一緒におさえておこう。その他，歯・歯周組織の図や，骨の作り，皮膚の構造図なども確認しておこう。

【5】(1)　軽症な頭部外傷であっても短時間の内に繰り返されると，二度目の外傷後にはるかに重篤になることがあること。　(2)　・意識の状態　・運動能力(麻痺・筋力低下)　・感覚異常(しびれ・異常感覚)・呼吸の状態

〈解説〉(1)　セカンドインパクトシンドロームに付随して，脳震盪についても対応をおさえておこう。一時的に意識がなくなる，記憶がなくなる，めまい感，バランス感覚がおかしくなる，頭痛，吐気，視界がぼやけるなどの症状の場合，脳震盪を疑う。　(2)　頸部を損傷したと考えられる場合，受傷者を安静にする。ケガの場所を探すためにからだを動かしたり，抱きかかえて歩き回ることは避ける。少しでも神経症状を認めれば，首を固定して，その場所か安全な場所へ複数の人数で移動させる。

【6】(1) a 永久歯のむし歯の経験　b 処置を必要とするむし歯　c むし歯が原因でなくなった歯　d むし歯の処置が済んでいる歯
(2) e 強大　f 感覚　g 音響　(3) 一時点の身長や体重の数値から判定するのではなく，必ず身長や体重の発育曲線を描いたうえで検討する必要がある。
〈解説〉(1) 12歳児の一人平均DMF歯数はWHOによる国際比較の指標になっており，世界的な比較も可能で，相対的評価の材料として有用である。　(2) 音響外傷は，健康教育の観点から日常的な注意喚起による予防が大切である。　(3) 改訂された「児童生徒等の健康診断マニュアル平成27年度改訂版」(平成27年8月　日本学校保健会)では，単に発育曲線を用いるのではなく，「成長曲線，並びに肥満度曲線を描いた上で検討しなければならない」としているので注意する。

【7】a 疾病の予防処置　b 保健指導　c 感染症対策　d 食育　e 学校環境衛生　f 薬物乱用防止　g 健康課題　h 専門的知見
〈解説〉このときの学校保健法等の一部改正は，学校保健および学校安全の充実を図るとともに，学校給食を活用した食に関する指導の充実および学校給食の衛生管理の適切な実施を図るため，国が学校の環境衛生および学校給食の衛生管理等に関する基準を策定するとともに，養護教諭，栄養教諭その他の職員の役割について定める等所要の措置を講ずる趣旨で行われた。またこの際，学校保健法が学校保健安全法に改称された。

【8】a 刺激　b 臭気　c 10　d 30　e 外観　f 味
〈解説〉学校環境衛生検査は頻出であるので，どの項目から出題されてもよいよう，各検査項目，検査回数，基準値，検査方法をしっかりおさえよう。プール指導の際の注意点や対応を問われることもあるので，水泳プールに係る学校環境衛生基準の遊離残留塩素，pH値もよく覚えておく。日常における環境衛生に係る学校環境衛生基準でもプール水

等において基準が出てくる。

【9】(1)　日本脳炎，Hib，肺炎球菌，水痘　　(2)　a　先天性風しん症
候群　　b　風しんウイルス　　c　飛沫感染・接触感染
d　三日はしか　　e　発しんが消失する

〈解説〉(1)　平成25年4月の一部改正予防接種法施行を受けて，平成26年
4月30日より就学時健康診断票の予防接種の欄にHib感染症と肺炎球菌
感染症の予防接種が加えたこともおさえておきたい。　　(2)「学校にお
いて予防すべき感染症の解説」(平成25年3月　文部科学省)に目を通し，
各感染症の症状について理解を深めておこう。出席停止期間の基準が
問われることも多いのでおさえておく。また，感染症が発生した場合
の養護教諭としての対応を答えられるようにしておこう。

2015年度　実施問題

【1】次の文は，中学校学習指導要領(平成20年3月告示)「第7節　保健体育」〔保健分野〕の「2　内容」と「3　内容の取扱い」の一部である。次の(a)～(j)にあてはまる語句を記入しなさい。

「2　内容」

(3)　傷害の防止について理解を深めることができるようにする。

エ　応急手当を適切に行うことによって，(a)を防止することができること。また，応急手当には，(b)等があること。

(4)　健康な生活と疾病の予防について理解を深めることができるようにする。

エ　感染症は，(c)が主な要因となって発生すること。また，感染症の多くは，(d)をなくすこと，(e)を遮断すること，主体の(f)を高めることによって予防できること。

「3　内容の取扱い」

(6)　内容の(3)のエについては，(g)，(h)など傷害時の応急手当も取り扱い，(i)を行うものとする。

(9)　内容の(4)のエについては，(j)及び性感染症についても取り扱うものとする。

(☆☆☆◎◎◎◎)

【2】次の文は，「子どもの心身の健康を守り，安全・安心を確保するために学校全体としての取組を進めるための方策について」(答申)(平成20年1月17日　中央教育審議会)の一部である。次の(a)～(n)にあてはまる語句を答えなさい。

養護教諭の職務は，学校教育法で「(a)」と定められており，昭和47年及び平成9年の保健体育審議会答申において主要な役割が示されている。それらを踏まえて，現在，救急処置，(b)，疾病予防な

どの(c)，(d)，健康相談活動，(e)，(f)などを行っている。

　近年，社会的な問題となっている(g)や(h)などへの対応に当たっては，すべての教職員がそれぞれの立場から連携して組織的に対応するための校内組織体制の充実を図るとともに，家庭や，地域の関係機関等との連携を推進していくことが求められている。養護教諭はその職務の特質から(g)や(h)などの早期発見・早期対応を図ることが期待されており，国においてもこれらの課題を抱える子どもに対する対応や留意点などについて，養護教諭に最新の知見を提供するなど，学校の取組を支援することが求められる。

　(i)は，学校保健と学校全体の活動に関する調整や(j)の作成，学校保健に関する組織活動の推進((k)の運営)など学校保健に関する事項の管理に当たる職員であり，その果たすべき役割はますます大きくなっている。

　(k)は，学校における健康に関する課題を研究協議し，(l)を推進するための組織である。(k)は，校長，養護教諭・栄養教諭・学校栄養職員などの教職員，(m)，学校歯科医，(n)，保護者代表，児童生徒，地域の保健関係機関の代表などを主な委員とし，(i)が中心となって，運営することとされている。

（☆☆☆◎◎◎◎◎）

【３】次の図は，「教職員のための子どもの健康観察の方法と問題への対応」(平成21年3月文部科学省)に示されている「心の健康問題の背景」についての図である(一部略)。図中の(a)～(h)にあてはまる語句をあとの選択肢より選んで記号で答えなさい。

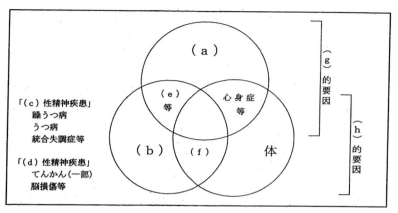

「（c）性精神疾患」
　躁うつ病
　うつ病
　統合失調症等

「（d）性精神疾患」
　てんかん（一部）
　脳損傷等

【選択肢】

ア　機能	イ　心理社会	ウ　発達	エ　胸	オ　化学
カ　生理	キ　器質	ク　PTSD	ケ　頭	コ　脳
サ　心	シ　広汎	ス　生物学	セ　症候性精神病

(☆☆☆◎◎◎)

【4】「児童生徒の健康診断マニュアル(改訂版)」(平成18年3月　日本学校保健会)に示されている健康診断に関する次の(1)・(2)の問いに答えなさい。

(1)　集団検尿を行うにあたっては，子ども及び保護者に，事前に検尿の目的，方法を説明しておくことが大切であるが，正しい検査結果を得るために必要な採尿時の留意点を3つ書きなさい。

(2)　学校検尿で発見される腎臓疾患のうち，次の特徴のある疾患名を書きなさい。

　　学童期から中学生に多く見られる。臥床すると蛋白尿が消失し，起床時，特に腰部で前わん位をとると蛋白尿が増加するのが特徴である。しかし，1日の尿中に失われる蛋白量は少なく血尿もなく，臨床的に問題ない。成長とともに自然に消失する。

(☆☆☆◎◎◎)

【5】「学校において予防すべき感染症の解説」(平成25年3月　日本学校保健会)に示されている内容について，次の(1)・(2)の問いに答えなさい。

(1)　第二種の感染症で，空気感染する感染症とその病原体を3つ答えなさい。

(2)　ノロウイルス感染者の吐物の処理の仕方について，(a)〜(c)に適切な語句や数字，文を書きなさい。なお，(b)・(c)については必要なことを列挙すること。

使用する消毒液と濃度	処理者自身の感染予防策	処理の際の留意点
(a)	(b)	(c)

(☆☆☆◎◎◎◎)

【6】「学校のアレルギー疾患に対する取り組みガイドライン」(平成20年3月　日本学校保健会)に示されている対応をもとに，次の(1)・(2)の問いに答えなさい。

(1)　学校で配慮や管理を要する場合について(a)〜(d)にあてはまる語句を書きなさい。

・保護者に(a)の提出を求め，保護者と(b)と学校で共通理解を持って取り組む。

・「(c)自己注射薬(商品名「エピペン®」)」が処方されている場合には，(d)の初期症状のうちに注射するのが効果的であるとされている。

(2)　(1)の(a)の中の「病型，治療」欄に「食物アレルギー病型」として3つの病型が記載されている。1つは「口腔アレルギー症候群」である。残りの2つの病型を書きなさい。

(☆☆☆◎◎◎◎)

【7】「学校心臓検診の実際　スクリーニングから管理まで　―平成24年度改訂―」(平成25年3月　日本学校保健会)に示されている「突然死を起こす可能性がある疾患」と「心肺蘇生(CPR)」について説明したも

のである。(1)・(2)は疾患名を，(3)の(a)〜(g)には，あてはまる数字や語句を書きなさい。

(1) 心室期外収縮が連続して出現するものをいう。無症状に経過するものから失神発作，突然死などに関連するものまでいろいろある。多形性のもの，運動誘発性のもの，長時間持続するもの，心室拍数の多いものには注意し，また運動制限が必要な症例もある。

(2) リウマチ熱，ウイルス感染，細菌感染などによって起こる。ウイルスによるものがもっとも多い。突然死をきたすことがある。

(3) 胸骨圧迫は，胸の(a)を，成人年長児では深さ(b)cm以上，小児・乳児では胸の厚さの約(c)の深さ，(d)回/分で行う。人工呼吸の準備ができ次第，(e)して1秒かけて(f)回の人工呼吸を行う。二人の救助者がCPRを行う場合には，胸骨圧迫と人工呼吸の比は(g)：2とする。

(☆☆☆◎◎◎)

【8】次の(1)・(2)の問いに答えなさい。

(1) 歯の脱臼(完全脱臼)がみられた場合，とるべき対応を列挙しなさい。

(2) 気管支ぜんそくの発作が起こった場合，重症にならないようにする対処について列挙しなさい。

(☆☆☆◎◎◎)

【9】「学校環境衛生管理マニュアル(改訂版)」(平成22年3月　文部科学省)に示されている「水泳プールに係る学校環境衛生基準」について，次の(a)〜(g)にあてはまる数値や語句を答えなさい。

(1) プール水は，定期的に(a)するとともに，清掃が行われていること。

(2) 屋内プールの空気中の二酸化炭素は(b)ppm以下が望ましい。

(3) プール水のpH値は(c)以上(d)以下であること。

(4) 大腸菌及び一般細菌の検査は，使用日の積算が(e)日以内ごと

に1回行う。

(5)　遊離残留塩素は，（　f　）mg/L以上であること。また，
（　g　）mg/L以下であることが望ましい。

(☆☆☆○○○○○)

解答・解説

【1】a　傷害の悪化　　b　心肺蘇生　　c　病原体　　d　発生源
e　感染経路　　f　抵抗力　　g　包帯法　　h　止血法　　i　実習
j　後天性免疫不全症候群(エイズ)

〈解説〉中学校保健体育の保健分野の指導の工夫として，中学校学習指導
要領解説保健体育編(平成20年9月)「第2章　保健体育科の目標及び内
容　第2節　各分野の目標及び内容」＜保健分野＞の「3　内容の取扱
い」において，「地域や学校の実情に応じて養護教諭や栄養教諭，学
校栄養職員など専門性を有する教職員等の参加・協力を推進する」こ
とがあげられており，養護教諭にも関わりが深いのでよく確認してお
く。また，中学校学習指導要領(平成20年3月告示)の「第1章　総則」
の3にある体育・健康に関する指導についての記述も合わせて読んで
おくとよい。

【2】a　児童生徒の養護をつかさどる　　b　健康診断　　c　保健管理
d　保健教育　　e　保健室経営　　f　保健組織活動　　g　いじめ
h　児童虐待　　i　保健主事　　j　学校保健計画　　k　学校保健委
員会　　l　健康づくり　　m　学校医　　n　学校薬剤師

〈解説〉a　学校教育法第37条第13項に規定されている。　b・h　健康診
断は児童虐待の早期発見にもつながるため，虐待を疑う身体状況など
について確認しておくこと。　e　保健室の設置は従前，学校保健法
の「第6章　雑則」第19条に規定されていたが，学校保健に果たす役

割の重要性から，学校保健法が平成21年に全面改正された学校保健安全法においては「第2章　学校保健　第1節　学校の管理運営等」第7条に規定されている。　ｊ　学校保健計画の策定については学校保健安全法第5条に規定されており，頻出である。「保健主事のための実務ハンドブック」(平成22年3月文部科学省)などで理解を深めておくこと。ｋ　学校保健委員会については，文部省の通知「学校保健法および同法施行令等の施行に伴う実施基準について」(昭和33年6月16日文体保第55号)において，学校保健計画に規定すべき事項として位置づけられている。学校内外の関係機関の連携を図り，学校保健活動を効果的に展開する働きが求められている。

【3】ａ　サ　　ｂ　コ　　ｃ　ア　　ｄ　キ　　ｅ　ク　　ｆ　セ　　ｇ　イ　　ｈ　ス

〈解説〉健康観察は，学校保健安全法第9条に規定される保健指導の一つとして位置づけられる。保健指導は養護教諭の職務のなかでも特に重要なので，しっかり把握しておくこと。　ｃ・ｄ　機能性精神疾患では脳に大きな異常はなく脳波も正常であることが多い。一方，器質性精神疾患では脳画像検査ではっきりわかるような病変により精神症状が表れた場合を指し，てんかんなどでは脳波に異常が見られる。ｅ　心と脳の問題が背景にある疾患にはPTSDの他，強迫性障害などもある。

【4】(1)　・前日の就寝前に排尿しておく。　　・起床直後の尿で・中間尿をとる。　　(2)　体位性蛋白尿(起立性蛋白尿)

〈解説〉(1)　「児童生徒の健康診断マニュアル」(平成18年3月　日本学校保健会)には，健康診断の目的，方法などが細かくまとめられているので，尿検査だけでなく他の検査についても確認しておくとよい。(2)　腎臓疾患については，体位性蛋白尿のほかにも遊走腎，ネフローゼ症候群などがよく出題されるので，定義や症状，学校生活において留意すべき事項を説明できるようにしておこう。

【5】(1)　・感染症…麻しん　病原体…麻しんウイルス　・感染症…水痘　病原体…水痘・帯状疱疹ウイルス　・感染症…結核　病原体…結核菌

(2)　a　次亜塩素酸ナトリウム(塩素系消毒薬)：200ppm　　b　・ビニール手袋，マスクをつける。　・処置後は石けん，流水で手洗いをする。　　c　・使い捨ての布，紙などで，外側から内側へ拭く(周囲に拡げないように)　・汚物等は，ビニール袋に二重に入れ密封する。

〈解説〉(1)　学校において予防すべき感染症の種類については，学校保健安全法施行規則第18条に規定されている。第19条(出席停止の期間の基準)，第20条(出席停止の報告事項)，第21条(感染症の予防に関する細目)と合わせて確認しておくこと。特に第二種の感染症については問われることが多く，中でも麻疹，水痘，結核，風疹は頻出である。疾患ごとに病原体，感染経路，症状，出席停止の期間を正しく理解しておく。　(2)　吐物の処理についてもよく出題されるので要点をおさえ，説明できるようにしておくとよい。ノロウイルスは飛沫，接触，経口(糞口)のいずれの経路でも感染し，ワクチンもないため，ノロウイルス感染者が嘔吐した場合は感染を広げないために速やかに吐物を処理しなければならない。

【6】(1)　a　学校生活管理指導表　b　医師　c　アドレナリン　d　アナフィラキシー　　(2)　・即時型　・食物依存性運動誘発アナフィラキシー

〈解説〉(1)　近年，様々なアレルギーをもつ子どもが多くいるので，アレルギーについてはしっかり勉強しておく必要がある。エピペンの使い方についても必ず確認しておこう。　(2)　即時型は原因食物を食べて2時間以内，口腔アレルギー症候群では食後5分以内に症状が表れる。また，食物依存性運動誘発アナフィラキシーは原因食物を食べて2時間以内に一定量の運動をすることで症状が起こる。原因食物や運動量などの発症条件は児童生徒によって様々であり，場合によってはショック状態から死亡に至ることもあるので注意を要する。

【7】(1) 心室頻拍　　(2) 心筋炎　　(3) a 真ん中　　b 5

c $\frac{1}{3}$　　d 100　　e 気道確保　　f 2　　g 15

〈解説〉(1)・(2)　学童期によく見られる心臓病は他にも，ファロー四徴症や川崎病など様々な疾患がある。運動制限が必要な場合もあるため，よく理解しておきたい。　　(3)　従来は「一人で1分間に少なくとも100回のテンポで胸骨圧迫30回，人工呼吸2回」を繰り返すとされてきたが，改訂された心肺蘇生法のガイドライン「JRC(日本語版)ガイドライン2010」(2010年10月　ガイドライン作成合同委員会)では胸骨圧迫を優先し，人工呼吸は必須ではなくなっているので注意する。

【8】(1)　・本人の気持ちを落ち着かせる。　　・脱臼した歯の歯冠部を持つように注意する。(歯根には手はふれない。こすらない。)　　・乾燥させないように「市販の保存液」「牛乳」に保存する。　　・速やかに歯科医療機関へ連れて行く。　　・保護者へ状況説明，連絡等。

(2)　・安静に楽な姿勢をとらせる。(座位)　　・理学療法(ゆっくり腹式呼吸・排痰)を勧める。　　・急性発作治療薬の吸入，内服(発作時の対応について本人に確認しながら，持参薬等の使用について検討)。　　・医療機関搬送。　　・保護者への状況説明，連絡等。

〈解説〉(1)　抜けた歯を乾燥状態にしてしまうと歯根膜が死んでしまうため，必ず保存液に漬けておく必要がある。また，口に含みだ液に浸すという方法もある。　　(2)　発作をおこさないような予防策(発作を誘発する物質を環境から減らす，長期管理薬の使用，運動療法など)を考えることも大切である。また，重篤な場合は速やかに救急車を要請する必要がある。

【9】a 全換水　　b 1500　　c 5.8　　d 8.6　　e 30　　f 0.4

g 1.0

〈解説〉「学校環境衛生管理マニュアル」からはよく出題されるため，検査項目及び基準，検査方法について暗記しておく必要がある。特に「第1　教室等の環境に係る学校環境衛生基準」，「第2　飲料水等の水

質及び施設・設備に係る学校環境衛生基準」，「第4　水泳プールに係る学校環境衛生基準」についてはよく問われる。また，定期に行う検査以外にも，臨時に必要な検査を行う場合(感染症又は食中毒の発生またはそのおそれがあるとき，新築や改修，新たな学校用備品の搬入などにより揮発性有機化合物の発生のおそれがあるときなど)についてもしっかり覚えておこう。

2014年度　実施問題

【1】「高等学校学習指導要領」第1章総則第1款　教育課程編成の一般方針の3に示されている学校における体育・健康に関する指導について，（　a　）～（　h　）にあてはまる語句を答えなさい。

3　学校における体育・健康に関する指導は，生徒の（　a　）を考慮して，学校の教育活動全体を通じて適切に行うものとする。特に，学校における（　b　）の推進並びに（　c　）に関する指導，（　d　）に関する指導及び（　e　）の保持増進に関する指導については，保健体育科はもとより，家庭科，特別活動などにおいてもそれぞれの特質に応じて適切に行うよう努めることとする。また，それらの指導を通して，（　f　）や（　g　）との連携を図りながら，日常生活において適切な体育・健康に関する活動の実践を促し，（　h　）を通じて健康・安全で活力ある生活を送るための基礎が培われるよう配慮しなければならない。

(☆☆◎◎◎)

【2】「学校保健安全法施行規則」第24条に示されている学校薬剤師の職務執行の準則を5つ挙げなさい。

(☆☆◎◎◎)

【3】文部科学省・独立行政法人日本スポーツ振興センター発行「熱中症を予防しよう」では，熱中症を大きく3つに分類し，応急措置について記載している。次の(1)・(2)の問いに答えなさい。

(1)　次の（　a　）～（　h　）に適切な語句や文を書きなさい。

	発症のしかたと症状	応急措置
熱けいれん	大量の発汗があり，水のみを補給した場合に血液の塩分濃度が低下して起こるもので，筋の興奮性が亢進して，四肢や腹筋の(a)と筋肉痛が起こる。	(b)を補給する。
熱疲労	脱水によるもので，(c)，脱力感，めまい，吐き気，嘔吐，頭痛などの症状が起こる。体温の上昇は顕著ではない。	水分を補給する。(0.2%食塩水あるいはスポーツドリンク等)
熱射病	体温調節が破綻して起こり，(d)と(e)が特徴である。脱水が背景にあることが多く，血液凝固障害，全身の(f)を合併し，(g)が高い。	すぐに救急車を要請し，同時に救急車到着までの間，(h)。

(2)　学校における熱中症予防のための指導のポイントを4つ書きなさい。

(☆☆☆☆◎◎◎)

【4】次の表は，「児童生徒の健康診断マニュアル(改訂版)」(平成18年3月 財団法人日本学校保健会)に示された定期健康診断の検査項目及び実施学年の一部である。(a)～(i)に，ほぼ全員に実施されるものには◎，必要時または必要者に実施されるものには○，検査項目から除くことができるものには△を書きなさい。

項　　目	小学校１年	小学校４年	中学校２年	高等学校１年
保　健　調　査	(a)	○	○	(b)
聴　　　　力	(c)	(d)	(e)	(f)
心　電　図　検　査	(g)	(h)	△	(i)

(☆☆☆◎◎◎)

【5】「学校における薬品管理マニュアル」(平成22年2月　財団法人日本学校保健会)に示されている学校での医薬品取扱いに関する対応について，次の(ア)～(シ)にあてはまる語句を書きなさい。
(1)　学校での一般用医薬品の管理に関する責任者は(ア)である。

(2)　一般用医薬品の購入や保管などの取扱いについては，養護教諭等だけで判断せず，必ず校長に相談し，（　イ　），（　ウ　）又は（　エ　）の指導・助言を受け，決定する。

(3)　一般用医薬品の取扱いについては，教職員の（　オ　）を図る。

(4)　養護教諭は，年度当初に学級担任と協力して（　カ　）や保護者からの連絡などにより，児童生徒の（　キ　）や（　ク　）の有無などの情報を収集し，健康状態について十分把握する。

(5)　学校で医療用医薬品を預かるためには，（　ケ　）の責任のもと，教職員の協力を得ることができる（　コ　）や保護者との（　サ　）の確立などが必要である。

(6)　医療用医薬品を預かる場合は，保護者に対して（　シ　）の提出をお願いする。

(☆☆◎◎◎)

【6】「学校環境衛生マニュアル(改訂版)」(平成22年3月　文部科学省)に示されている教室等の環境に係る学校環境衛生基準について，次の（　a　）～（　i　）にあてはまる数値を書きなさい。

(1)　換気の基準として，二酸化炭素は（　a　）ppm以下であることが望ましい。

(2)　相対湿度は（　b　）％以上，（　c　）％以下であることが望ましい。

(3)　ホルムアルデヒドは（　d　）μg/m^{3}以下であること。

(4)　トルエンは（　e　）μg/m^{3}以下であること。

(5)　ダニ又はダニアレルゲンは（　f　）匹/m^{2}以下又はこれと同等のアレルゲン量以下であること。

(6)　教室及びそれに準ずる場所の照度の下限値は，（　g　）lxとする。

(7)　コンピューター教室等の机上の照度は，（　h　）～（　i　）lx程度が望ましい。

(☆☆◎◎◎◎)

【7】次の(1)～(3)の文は，「教職員のための子どもの健康観察の方法と問題への対応」(平成21年3月　文部科学省)に示されている主な精神疾患について説明したものである。それぞれの疾患名を書きなさい。

(1)　青年期に好発する代表的な精神病であり，幻覚や妄想が主な症状である。約120人に1人という高い割合で発症する。以前は治りにくい疾患と思われていたが，早期治療と適切なケアにより3人に1人は治癒し，完治しなくても治療を受けながら復学できるケースも多い。

(2)　一般に拒食症・やせ症，過食症の通称で知られるが，正式には，前者は「神経性無食欲症」，後者は「神経性大食症」である。神経性無食欲症は，中学生・高校生(まれに小学生)でも発症するが，神経性大食症の発症は20歳代が多い。

(3)　「強迫観念」あるいは「強迫行為」という症状によって生活に支障が生じる疾患である。子どもの場合，自分の症状に対して苦痛や抵抗を感じず，自分から辛いと訴えないことがある。

(☆☆◎◎◎◎)

【8】次の「学校保健安全法」の各条文について，(a)～(f)にあてはまる語句を書きなさい。ただし，同じ記号には同じ語句が入るものとする。

第8条　学校においては，児童生徒等の(a)の健康に関し，(b)を行うものとする。

第9条　養護教諭その他の職員は，相互に(c)して，(b)又は児童生徒等の健康状態の日常的な(d)により，児童生徒等の(a)の状況を把握し，健康上の問題があると認めるときは，遅滞なく，当該児童生徒等に対して必要な(e)を行うとともに，必要に応じ，その保護者(学校教育法第16条に規定する保護者をいう。第24条及び第30条において同じ。)に対して必要な(f)を行うものとする。

(☆☆◎◎◎◎)

【9】次の(1)・(2)の問いに答えなさい。

(1)　PTSDの正式名称を日本語で書きなさい。

(2)　PTSDの主な症状には「再体験症状」,「回避・麻痺症状」,「覚醒亢進症状」がある。それぞれについて具体的な症状を2つずつ書きなさい。

(☆☆☆◎◎◎)

【10】「学校保健安全法施行規則の一部を改正する省令」(平成24年4月1日施行)について，次の(1)・(2)の問いに答えなさい。

(1)　第2種感染症に追加された感染症名と，その感染症の出席停止の期間の基準を答えなさい。

(2)　インフルエンザと流行性耳下腺炎について，改正された出席停止の期間の基準を答えなさい。

(☆☆☆◎◎)

解答・解説

【1】a　発達の段階　　b　食育　　c　体力の向上　　d　安全
　e　心身の健康　　f　家庭　　g　地域社会　　h　生涯
〈解説〉「高等学校学習指導要領」からの出題である。保健学習は心身の健康の保持増進に関して指導を行うことであり，教科として，文部科学省によって全学年で指導する内容，指導時間が定められている。保健学習を行うのは教科担任であることが多いが，健康に関して専門的な知識を有する養護教諭もまた指導にかかわることがある。高等学校だけでなく各校種の学習指導要領にも目を通しておくとよい。その際には学習指導要領解説とあわせて学習すると理解が深まる。

【2】・学校保健計画及び学校安全計画の立案に参与すること。　・環境衛生検査に従事すること。　・学校の環境衛生の維持及び改善に関し，必要な指導及び助言を行うこと。　・健康相談に従事すること。　・保健指導に従事すること。　・学校において使用する医薬品，毒物，劇物並びに保健管理に必要な用具及び材料の管理に関し必要な指導及び助言を行い，及びこれらのものについて必要に応じ試験，検査又は鑑定を行うこと。　・必要に応じ，学校における保健管理に関する専門的事項に関する技術及び指導に従事すること。(これらから5つ)

〈解説〉学校保健安全法施行規則第24条第1項は学校薬剤師の職務執行の準則を定めており，第1号〜第7号の7類型で示されている。他の学校薬剤師に関する規定としては，学校保健安全法第23条で学校医，学校歯科医及び学校薬剤師について定めており，同条第4項において3者は「学校における保健管理に関する専門的事項に関し，技術及び指導に従事する。」とされている。

【3】(1) a　けいれん　　b　生理食塩水　　c　全身倦怠感　　d　高体温(意識障害)　e　意識障害(高体温)　　f　多臓器障害　　g　死亡率　　h　全身を冷やす，太い血管部分を冷やす　　(2)　・直射日光の下で，長時間にわたる運動やスポーツ，作業をさせることは避ける。　・屋外で運動やスポーツ，作業を行うときは，帽子をかぶらせ，できるだけ薄着をさせる。　・屋内外にかかわらず，長時間の練習や作業の際は，こまめに水分(食塩水・スポーツドリンク等)を補給し適宜休憩を入れる。　・常に健康観察を行い，児童生徒等の健康管理に留意する。　・児童生徒等の運動技能や体力の実態，疲労状態等を常に把握するように努め，異状がみられたら，速やかに必要な措置をとる。　・児童生徒が心身に不調を感じたら申し出て休むよう習慣づけ，無理をさせないようにする。(これらから4つ)

〈解説〉近年，学校での熱中症予防への関心が高まっているため，注意したい。文部科学省所管の独立行政法人・日本スポーツ振興センター「学校安全Web」では，熱中症予防のための啓発資料として「熱中症を

予防しよう －知って防ごう熱中症－」が公開されており，熱中症の予防法や応急措置，学校の管理下における事例等をインターネット上で確認することができる。そのほか，熱中症の分類以外にも，熱中症の発生要因や観察項目も確認しておくこと。ホームページでは「熱中症予防のための運動指針」が図式化されている。WBGT(湿球黒球温度)による環境条件の評価についても理解しておくとよい。

【4】(a) ◎　　(b) ○　　(c) ◎　　(d) △　　(e) △　　(f) ◎
　　　(g) ◎　　(h) △　　(i) ◎

〈解説〉健康診断は養護教諭の職務の一つであり，児童生徒の健康管理や健康教育を進めるために重要である。日本学校保健会「児童生徒の健康診断マニュアル(改訂版)」を参照のこと。児童生徒等の健康診断については学校保健安全法第13条と14条，学校保健安全法施行規則第5条から第11条までに定められている。健康診断の方法及び技術的基準について定めた，学校保健安全法施行規則第7条に関する問題は頻出であるため，それぞれの法的根拠，実施期間，実施主体，検査項目をしっかり確認しておくとよい。

【5】ア　校長　　イ　学校医　　ウ　学校歯科医　　エ　学校薬剤師
　　　オ　共通理解　　カ　保健調査票　　キ　既往歴　　ク　薬物アレルギー　　ケ　校長　　コ　校内体制　　サ　連絡体制　　シ　依頼書

〈解説〉学校において医薬品を使用するにあたっては，取扱いの方針や保管・管理・使用について，管理責任者の確認をすることが重要である。役割分担のもと，共通理解を図り，連携体制を整えておく必要がある。日本学校保健会の発行する『学校における薬品管理マニュアル』に目を通しておくこと。そのほか，一般用医薬品管理簿の活用や児童生徒が医薬品を使用する際に保護者の了解を得ることや，宿泊・校外学習等での医薬品の取扱いについても確認しておくこと。

【6】a 1500　　b 30　　c 80　　d 100　　e 260　　f 100
　　g 300　　h 500　　i 1000

〈解説〉学校環境衛生基準や環境衛生検査に関する問題は頻出である。学校環境衛生検査の目的の他，検査項目，検査回数，方法，基準は確認しておくとよい。学校環境衛生については学校保健安全法の他，学校保健安全法施行規則，学校教育法にも法的根拠がある。目を通しておくこと。「[改訂版]学校環境衛生マニュアル『学校環境衛生基準』の理論と実践」は文部科学省のホームページでも見ることができる。教室環境の他，飲料水や備品管理，水泳プールについても述べられている。目を通しておくとよい。

【7】(1)　統合失調症　　(2)　摂食障害　　(3)　強迫性障害

〈解説〉近年，子どものメンタルヘルスに関する関心が高まっている。適切な対応のためには疾患や障害の特性を理解することが求められる。文部科学省によって平成21年に出された「教職員のための子どもの健康観察の方法と問題への対応」には，相談の頻度が高いもの，特に慎重な対応を要する疾患や障害がとりあげられている。それぞれの事例に目を通しておくと理解が深まる。また，対応には学校全体が役割分担を行い組織的に対応していくことが求められている。合わせて確認しておくこと。

【8】a 心身　　b 健康相談　　c 連携　　d 観察　　e 指導
　　f 助言

〈解説〉学校保健安全法第8条は健康相談に関して，第9条は保健指導と健康観察について規定している。平成21年に学校保健安全法が改正され，「健康観察」「養護教諭その他の職員による保健指導」等が追加された。平成23年の文部科学省による「教職員のための子どもの健康相談及び保健指導の手引」には健康相談，保健指導の基本的理解や支援体制について記載されている。よく目を通しておくこと。

【9】(1) a 心的外傷後ストレス障害 (2) 再体験症状: ・悪夢(夢にトラウマ体験が表れる) ・フラッシュバック ・トラウマを連想する場面で苦痛を感じる ・遊びの中でトラウマ場面を再現する(トラウマティックリプレイ) 回避・麻痺症状: ・トラウマを想起させる場所や状況を避ける ・トラウマの中心部分が想い出せない ・周りとの間に隔絶を感じる ・未来がないような感覚を持つ ・現実感が低下する 覚醒亢進症状: ・過剰な警戒心 ・不眠 ・イライラ ・集中困難 ・心理的退行(幼児返り) ・一人になるのを怖がる ・電気を消すのを嫌がる

〈解説〉東日本大震災後,心のケアへのニーズが高まってきたため,災害や事件・事故発生時におけるストレス症状と対応についてはよく確認しておくこと。「再体験症状」,「回避症状」,「覚醒亢進症状」がストレス体験の4週間以内に現れ,2日以上かつ4週間以内の範囲で症状が持続した場合を「急性ストレス障害(ASD)」と呼び,4週間以上持続した場合は「心的外傷後ストレス障害(PTSD)」と呼ぶ。主な症状をそれぞれ確認しておくことが必要である。また,PTSDとあわせてアニバーサリー反応(効果)も確認するとよい。

【10】(1) 髄膜炎菌性髄膜炎,病状により学校医その他の医師において感染のおそれがないと認めるまで (2) インフルエンザ:発症した後5日を経過し,かつ,解熱した後2日(幼児にあっては,3日)を経過するまで 流行性耳下腺炎:耳下腺,顎下腺又は舌下腺の腫脹が発現した後5日を経過し,かつ,全身状態が良好になるまで

〈解説〉平成24年度に学校保健安全法施行規則によって追加された感染症である髄膜炎菌性髄膜炎と,出席停止の期間の基準が改正されたインフルエンザ,百日咳,流行性耳下腺炎からの出題である。学校で予防すべき感染症に関して,学校保健安全法施行規則第18条・第19条に感染症の種類と出席停止の期間の基準が定められている。感染症に関しては平成24年に学校保健安全法施行規則が改正されたことにも留意したい。

2013年度　実施問題

【1】「学校保健法等の一部を改正する法律の公布について(通知)」(平成20年7月9日付)に示されている学校保健計画について，次の(1)・(2)の問いに答えなさい。

(1)　(a)～(h)にあてはまる語句を答えなさい。

(2)　文中の①～③にあてはまる事項を書きなさい。

1　学校保健計画は，学校において必要とされる保健に関する具体的な実施計画であり，毎年度，(a)や前年度の(b)等を踏まえ，作成されるべきものであること。

2　学校保健計画には，法律で規定された[①]，[②]，[③]を必ず盛り込むこととすること。

3　学校保健に関する取組を進めるに当たっては，学校のみならず，(c)や(d)・(e)等と(f)を図っていくことが重要であることから，学校教育法等において(g)に関する情報を積極的に提供するものとされていることも踏まえ，学校保健計画の内容については原則として(c)等の関係者に(h)を図ることとすること。このことは，学校安全計画についても同様であること。

(☆☆☆◎◎◎)

【2】学校安全計画について，次の(1)・(2)の問いに答えなさい。

(1)　学校安全計画の策定と実施については，何という法律に定められていますか。

(2)　(1)の法律の第27条に示されている，学校安全計画に盛り込む事項を3つ答えなさい。

(☆☆☆◎◎◎)

【3】脊柱側わん症の発見に当たって行う視診・触診のスクリーニングの
ポイントを4つ答えなさい。

(☆☆◎◎◎◎)

【4】次の(1)・(2)の問いに答えなさい。

(1) 次の(a)～(g)に入る適切な語句を答えなさい。

川崎病は，主として乳幼児におこる原因不明の疾患であり，正式
名称は(a)である。症状には(b)，発疹，(c)，(d)，
口唇及び口の粘膜の(e)等を認める病気である。後遺症に(f)
を残すことがあり，(g)を招く危険性がある。

(2) 危険性が高い不整脈にはどのようなものがあるか，3つ答えなさ
い。

(☆☆☆☆☆◎◎)

【5】小学校学習指導要領(平成20年6月告示)「体育」の内容について，
次の(1)・(2)の問いに答えなさい。

(1) 次の文は，「第3 指導計画の作成と内容の取扱い」の一部である。
(a)～(i)にあてはまる語句を答えなさい。

2 第2の内容の取扱いについては，次の事項に配慮するものとする。

(5) 保健の内容のうち食事，(a)，休養及び(b)については，
(c)の観点も踏まえつつ健康的な(d)の形成に結び付くよ
う配慮するとともに，保健を除く第(e)学年以上の各領域及び
(f)に関する指導においても関連した指導を行うよう配慮する
こと。

(6) 保健の指導に当たっては，(g)を活用する(h)を取り入
れるなどの(i)の工夫を行うこと。

(2) 各学年の内容と指導学年の組み合わせの正しいものには○を，誤っ
ているものには×を付けなさい。

ア	病気の予防について理解できるようにする。	第3学年
イ	心の発達及び不安,悩みへの対処について理解できるようにする。	第5学年
ウ	体の発育・発達について理解できるようにする。	第6学年
エ	健康の大切さを認識するとともに,健康によい生活について理解できるようにする。	第5学年
オ	けがの防止について理解するとともに,けがなどの簡単な手当ができるようにする。	第5学年

(☆☆☆○○○)

【6】救急処置について次の(1)・(2)の問いに答えなさい。

(1)　脈拍を調べることができる部位のうち,図の(a)～(d)に示す動脈の名前を答えなさい。

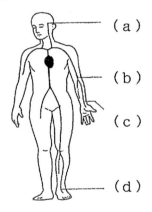

(2)　(a)～(c)にあてはまる語句を答えなさい。
　　AEDは日本語では(a)といいます。突然の心停止は心臓が細かく震える(b)によって生じることが多く,この状態を正常に戻すには電気ショックによる(c)が必要になります。

(☆☆☆☆○○○)

【7】学校保健安全法施行規則に規定される学校歯科医の職務執行の準則にはどのような内容が掲げられているか，5つ答えなさい。

(☆☆☆◎◎◎)

【8】耳鼻咽喉科検診及び聴力検査について，次の(1)・(2)の問いに答えなさい。

(1)　聴力検査について，(a)〜(h)に入る適切な語句や数値を答えなさい。

[検査学年]

　学校保健安全法施行規則では，小学校(a)学年及び(b)学年，中学校及び高等学校の第2学年並びに高等専門学校の第2学年及び第4学年においては，検査の項目から除くことができるとされている。

[選別聴力検査の方法]

　「児童生徒の健康診断マニュアル(改訂版)」(文部科学省スポーツ・青少年局学校健康教育課　監修)には，聴力検査の方法等として，次のような内容が示されている。

　オージオメーターを用いて検査する。検査場は正常聴力者が(c)Hz(d)dBの音を明瞭に聞きうる場所であること。最初に，(e)Hz(f)dBの音を聞かせ，音を継続し，合図が確実であれば(g)Hz(h)dBに切り替え，同様に音を継続し，確実に聞こえたならば反対の耳に移ること。

(2)　聴力検査や耳鼻科検診の際に，滲出性中耳炎が，特に注意し発見すべき疾患であるとされる理由について答えなさい。

(☆☆◎◎◎◎)

【9】「学校における麻しん対策ガイドライン」(国立感染症研究所感染症情報センターH20．3作成)に示されている学校における麻しん対策について次の(1)・(2)の問いに答えなさい。

(1)　児童生徒の保護者あるいは職員から「麻しんまたは麻しんの疑い」と連絡を受けた場合，学校が迅速に連絡しなければならない関係

者・関係機関はどこか。3つ答えなさい。

(2)　麻しん患者発生以降，講じてきた対策を終了する終息宣言はどのような要件が満たされた時なされるか。その要件を答えなさい。

(☆☆☆☆◎◎◎)

解答・解説

【1】(1)　a　学校の状況　　b　学校保健の取組状況　　c　保護者
d　関係機関　　e　関係団体　　f　連携協力　　g　学校運営の状況
h　周知　　(2)　①児童生徒等及び職員の健康診断　　②環境衛生検
査　　③児童生徒等に対する指導に関する事項
〈解説〉本改正により学校保健法は学校保健安全法に名称変更された。
「学校保健計画の策定等」については，学校保健安全法第5条で規定されている。具体的には，児童生徒等及び職員の健康診断，環境衛生検査，児童生徒等に対する指導，その他保健に関する事項についての計画を策定することと，実施することを定めるものである。本改正のポイントを確認しておこう。なお，「学校保健計画」の作成については，作成手順や作成例が「学校保健実務必携」に詳しく記載されている。

【2】(1)　学校保健安全法　　(2)　・学校の施設設備の安全点検
・児童生徒等に対する通学を含めた学校生活その他の日常生活における安全指導　　・教職員に対する研修
〈解説〉学校保健安全法第27条は学校安全計画の策定等に関する規定であり，学校保健法(現学校保健安全法)の改定により新たに新設された条文である。具体的には，学校において，施設及び設備の安全点検，児童生徒等に対する通学を含めた学校生活その他の日常生活における安全に関する指導等について計画を策定し，これを実施しなければならないことを定めるものである。なお，「学校安全計画」の作成につい

ては，「学校保健実務必携」に作成例等が記載されている。

【3】 ・両肩の高さに差があるかどうか　　・両肩甲骨の高さや突き出し
方に差があるかどうか　　・脇線の非対称性があるかどうか
・前屈させての肋骨隆起や腰部隆起の有無やその程度

〈解説〉健康診断についての出題である。学校における健康診断に「脊柱
検診」が加えられたのは1979年で，その目的は脊柱側わん症の早期の
発見にある。早期に治療を開始すれば進行を止められることから，脊
柱の視触診法は重要である。側わん症には「脊柱側わん症」と「突発
性側わん症」があり，特発性側わん症は，発見された年齢により乳児
期側わん症，学童期側わん症，思春期側わん症に分けられる。その
80%以上は思春期側わん症である。女子に多く，男女比は7：1である。
大多数は10〜15歳にかけて発症し，女子は11〜12歳，男子は13歳頃に
急速に進展し，身長の発育が停止するまで進行する。なお，健康診断
の各検査については頻出であるので，「学校保健実務必携」または日
本学校保健会の「児童生徒の健康診断マニュアル」で細部まで覚えて
おくようにしよう。

【4】(1)　a　急性熱性皮膚粘膜リンパ節症候群　　b・c・d　・発熱
・眼の充血　　・頸部リンパ節腫脹　　・いちご舌　　・掌蹠ないし
は指趾先端の紅斑　　・手足の硬性浮腫　　・指先からの膜様落屑
など　e　発赤　f　冠動脈瘤　g　突然死　(2)　・多形性心
室期外収縮　　・多形性期外収縮　　・RonT型心室期外収縮
・心室頻拍　　・発作性頻拍症　　・運動により増加多発する期外収
縮　　・完全房室ブロック　　・高度房室ブロック　　・運動により
悪化する房室ブロック　　・完全左脚ブロック　　・一部のWPW症
候群　　・心室細動　　・洞不全症候群　　・QT延長症候群
・ブルガダ症候群など

〈解説〉疾病については頻出であるので，日本学校保健会の「児童生徒の
健康マニュアル(改訂版)」または「学校保健実務必携(「健康診断時に

注意すべき疾病及び異常」の項)」で，さまざまな疾患の特徴的な症状を確認しておくとよい。　(1)　「川崎病」とは，「急性熱性皮膚粘膜リンパ症候群」のことで，4歳以下の乳幼児に好発する原因不明の急性熱性疾患である。「MCLS」ともいう。　(2)　不整脈は子どもに多くみられるが，不整脈の中には「危険性がほとんどないもの」と「危険があるもの」とがある。危険と思われる不整脈をもつ子どもに対しては，保護者や主治医と連絡をとり，日常生活を管理する必要がある。心臓疾患の中には，突然死を起こす危険性があるものもあるため注意が必要である。なお，「突然死」については，WHOが「発症から24時間以内の予期せぬ内因性の(病)死」と定義している。

【5】(1) a　運動　　b　睡眠　　c　食育　　d　生活習慣　　e　3
f　学校給食　　g　知識　　h　学習活動　　i　指導方法
(2) ア　×　　イ　○　　ウ　×　　エ　×　　オ　○
〈解説〉小学校の「第3学年及び第4学年」の保健領域の内容は「毎日の生活と健康」と「体の発育・発達」であり，「第5学年及び第6学年」の保健領域の内容は「心の健康」「けがの防止」「病気の予防」である。校種を問わず，学習指導要領に関する問題は頻出であるので，目標や指導事項，内容の取扱い(配慮事項)をよく覚えておこう。特に小学校から高等学校までの12年間を見通した体系化という観点から，小学校・中学校・高等学校の内容の関連が問われることも多くなっている。各校種のつながりを意識し，内容項目をとらえておこう。「総則」からの出題も目立つので，忘れずに確認しておきたい。

【6】(1) a　浅側頭動脈　　b　上腕動脈　　c　橈骨動脈　　d　足背動脈　　(2) a　自動体外式除細動器　　b　心室細動　　c　除細動
〈解説〉(1)「脈拍」とは，心臓の収縮に伴って上下する動脈圧のために生じる振動であり，測定部位は，解答のほかに大腿動脈，膝窩動脈，後脛骨動脈などがある。一般的に，脈拍は，示指，中指，薬指の3本を動脈に沿ってかるくあてて測定する。　(2)「心室細動」とは，心臓

の一定の収縮が乱れ，ポンプとしての機能が果たされていない状態のことである。このため，心室は血液を送り出せなくなる。心室細動が起こると心室の筋肉には不規則な細動(電気的興奮)が持続的に生じる。AEDは，心電図を自動で解析して，必要に応じて胸部から直流電気ショックを与えることで心室の細動を止める(除細動を行う)医療機器である。AEDの使用方法や心肺蘇生の手順については，「救命救急法の指針2010(市民用・解説編)」などで確認しておこう。2010年に新しい「心肺蘇生法ガイドライン」が示されているので，特に変更点には注意したい。

【7】・学校保健計画及び学校安全計画の立案に参与すること　・健康相談に従事すること　・保健指導に従事すること　・健康診断のうち歯の検査に従事すること　・疾病の予防処置のうち齲歯その他の歯疾の予防処置に従事すること　・就学時健康診断のうち歯の検査に従事すること　・学校における保健管理に関する専門的事項に関する指導に従事すること(以上のうち5つ)

〈解説〉「学校歯科医の職務執行の準則」は学校保健安全法施行規則第23条で規定された内容である。「学校医，学校歯科医及び学校薬剤師」に関しては学校保健安全法第23条が根拠となっており，第1項で「学校には，学校医を置くものとする」，第2項で「大学以外の学校には，学校歯科医及び学校薬剤師を置くものとする」と規定されている。また，学校保健安全法施行規則第22条には学校医の職務執行の準則について，同法施行規則第24条には学校薬剤師の職務執行の準則についての規定がある。いずれも確認しておこう。

【8】(1)　a　4　　b　6　　c　1000　　d　25　　e　1000　　f　30
　　g　4000　　h　25　　(2)　激しい痛みや耳漏などがなく，ほとんど無
　　症状に経過し，知らない間に難聴になっていることが多い。難聴は軽
　　度であるため，子どもが自ら訴えることは少なく，見逃されている場
　　合があるので，健康診断で発見されることも少なくない。軽度の難聴
　　であっても長時間存続すれば情緒面や言語の発達にも影響を及ぼす場
　　合があるため。

〈解説〉(1)　設問の内容については，学校保健安全法施行規則第6条第4
　　項で規定されている。聴力検査は，気づかれない難聴を見つけたり，
　　すでにわかっている難聴について，その後の変化を見きわめるために
　　必要な検査である。小学校の低学年では，検査に不慣れのために応答
　　が不明確になりやすい。難聴児を見のがさないように，保健調査票等
　　を参考にして検査を慎重に進める必要がある。また，図表から数値を
　　読み取り，平均聴力を算出する問題にも対処できるよう，平均聴力の
　　算出法を覚えておこう。500Hzの閾値をa(dB)，1000Hzの閾値をb(dB)，
　　2000Hzの閾値をc(dB)とした場合の計算式は，$\frac{(a+2b+c)}{4}$である。
　　(2)滲出性中耳炎は，中耳に水がたまっている状態のことをいう。比較
　　的軽度の難聴のため，聞き返すことが多いなどで周囲の者が気づく場
　　合もあるが，健康診断で発見されることも少なくない。

【9】(1)　・学校の設置者　　・学校医　　・保健所(保健センター)
　　(2)　最後の麻しん患者と児童生徒及び職員との最終接触日から，4週
　　間新たな麻しん患者の発生がみられないこと。

〈解説〉麻しんは，主に飛沫感染，空気感染により感染し，カタル期，発
　　疹期，回復期の順に経過をたどる。カタル期には38℃台の発熱やその
　　他風邪に似た症状が4～5日間続き，この時期が最も感染力が強い。カ
　　タル期，発疹期，回復期の特徴をつかんでおこう。また，麻しんの予
　　防接種は，第1期が1歳児，第2期が小学校入学前の1年間の幼児が対象
　　となる。また，これまで1回しか定期接種の機会が与えられていなかっ
　　た世代として，2013年度までは中学1年生と高校1年生が新たに定期接

種の対象者となっている。なお，感染症については，学校保健安全法
施行規則の改正により，学校において予防すべき感染症のうち，第2
種感染症(飛沫感染するもの)に「髄膜炎菌性髄膜炎」が新たに追加さ
れ，インフルエンザ，百日咳，流行性耳下腺炎の出席停止の期間の基
準が改められた。変更点の確認はもちろん，主な感染症の潜伏期間，
症状についても覚えておきたい。

2012年度　実施問題

【1】次の表は学校保健の領域を示したものです。(1)・(2)の問いに答えなさい。

(1)　(a)〜(g)にあてはまる適切な語句を記入しなさい。

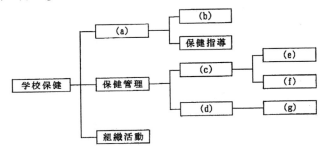

(2)　学校保健における組織活動とはどのようなものですか。2つ書きなさい。

(☆☆☆◎◎)

【2】「学校環境衛生管理マニュアル」(平成22年3月文部科学省)には，学校保健安全法施行規則第1条第2項にある臨時の環境衛生検査が必要な場合の具体例が示されています。この具体例を3つ書きなさい。

(☆☆☆◎◎◎)

【3】健康診断について，次の問いに答えなさい。

(1)　就学時の健康診断について，次の文章の(a)〜(f)に適切な語句を記入しなさい。

就学時の健康診断は，学校教育法施行令第2条の規定により当該市町村の教育委員会において(a)が作成された後翌学年の初めから(b)前までの間に行うものとする。

(c)は就学時の健康診断を行ったときは，文部科学省令で定め

る様式により(d)を作成しなければならない。

(c)は翌学年の初めから(e)前までに，(d)を就学時の健康診断を受けた者の入学する(f)に送付しなければならない。

(2) 児童生徒等の健康診断実施に当たり保健調査を行う意義を3つ書きなさい。

(3) 学校保健安全法施行規則第9条に示される健康診断の事後措置とはどのようなことか，5つ書なさい。

(☆☆☆◎◎◎◎)

【4】次の文中の下線部が正しい場合は○を，間違っている場合は正しい語句を記入しなさい。

(1) 発育期にある青少年の喫煙は，<u>タール</u>による依存が強く現れ，健康に対する影響が大きい。

(2) 薬物を乱用していったん病的な状態になると，単にストレスを感じただけの場合でも薬物を乱用したときと同じような症状が突然現れる場合がある。これを<u>退薬症状</u>という。

(3) 薬物を不正な目的や方法で使用することを薬物乱用と言い，<u>一度の使用でも</u>犯罪となる。

(4) 非喫煙者であっても，たばこを吸っている人の近くにいるだけで，いやおうなしにたばこの煙を吸わされることになる。このことを<u>副流煙</u>という。

(☆☆◎◎◎)

【5】「養護教諭のための児童虐待対応の手引」(平成19年10月文部科学省)について次の(1)・(2)の問いに答えなさい。

(1) 児童虐待の種類を4つ答えなさい。

(2) 学校及び教職員に求められている役割を4つ答えなさい。

(☆☆◎◎◎◎)

【6】肥満と糖尿病について，次の問いに答えなさい。

(1)　肥満度の計算式とその判定について（　a　）～（　g　）にあてはまる適切な語句や数字を書きなさい。

　　肥満度＝[（　a　）kg－（　b　）kg]/（　b　）kg×100(％)

　　上記の式から肥満度を計算して，これが（　c　）であれば肥満傾向，（　d　）であればやせ傾向とする。肥満度の判定は，肥満度が（　e　）を軽度の肥満，（　f　）を中等度の肥満，（　g　）を高度の肥満と判定する。

(2)　糖尿病について次の文中の（　a　）～（　i　）にあてはまる適切な語句や数字を書きなさい。

　　健康な人の血液の中のブドウ糖量は常に（　a　）～（　b　）mg/dℓのレベルに保たれている。この調節を行っているホルモンの中で，最も重要なものが（　c　）から分泌される（　d　）である。（　d　）の分泌量が少なかったり，作用が弱くなったりすると，血中のブドウ糖を利用したり，（　e　）や（　f　）として蓄積することがうまくできなくなり，（　g　）が上昇する。そして，その（　g　）が（　h　）mg/dℓを超えると尿中に（　i　）が排泄される。これが糖尿病である。

(☆☆☆☆◎◎◎)

【7】次の(1)～(6)の感染症の出席停止の期間の基準を答えなさい。

(1)　百日咳

(2)　麻しん

(3)　風しん

(4)　水痘

(5)　流行性耳下腺炎

(6)　咽頭結膜熱

(☆☆◎◎◎◎)

解答・解説

【1】(1) a 保健教育　　b 保健学習　　c 対人管理　　d 対物管理
e 心身の管理　　f 生活の管理　　g 学校環境の管理
(2)　・教職員の組織，協力体制の確立　　・家庭との連携　　・地域
社会の関係機関や団体との連携及び学校間の連携　　・学校保健委員会
以上から2つ

〈解説〉学校保健については，文部科学省設置法第4条第12号で「学校に
おける保健教育および保健管理をいう」，つまり，学校保健は保健教
育と保健管理の2つの領域から成り立つことを述べている。保健教育
は，心身の健康の保持増進のために必要な教育を行う。保健管理は，
対人管理としての心身の管理・生活の管理，対物管理としての学校環
境管理があり，健康診断や健康相談活動，救急処置や感染症予防など
の心身の管理も行う。さらに，個人や集団の健康課題を把握する生活
管理，学校環境衛生検査等による学校環境管理を行う。これらの学校
保健の活動は，組織で活動する必要がある。

【2】・感染症又は食中毒の発生のおそれがあり，また，発生したとき。
　・風水害等により環境が不潔になり又は汚染され，感染症の発生のお
それがあるとき。　　・新築，改築，改修等及び机，いす，コンピュー
タ等新たな学校用備品の搬入等により揮発性有機化合物の発生のおそ
れがあるとき。

〈解説〉学校環境に関する臨時検査は，学校保健安全法施行規則第1条第2
項に規定されている。同法施行規則の第1章は，環境衛生検査等に関
する規定で，第1条は環境衛生検査，第2条は日常における環境衛生に
関する内容である。なお，臨時検査は，定期に行う検査に準じた方法
で行う。

【３】(1) a　学齢簿　　b　4月　　c　市町村の教育委員会　　d　就学
時健康診断票　　e　15日　　f　学校の校長　　(2)　・事前に個々の
子どもの健康情報を得ることができる。　　・健康状態を総合的に評価
する補助資料となる。　　・健康診断がより的確に行われるとともに，
診断の際の参考になるなど，健康診断を円滑に実施することができる。
・子どものライフスタイル等の情報は，学級活動・ホームルーム活動
における保健指導や個別指導をはじめとする日常の保健管理・保健指
導等に活用することができる。　　(3)　・疾病の予防処置を行うこと。
・必要な医療を受けるよう指示すること。　　・必要な検査，予防接種
等を受けるよう指示すること。　　・療養のため必要な期間学校におい
て学習しないように指導すること。　　・特別支援学級への編入につい
て指導及び助言を行うこと。　　・学習又は運動・作業の軽減，停止，
変更等を行うこと。　　・修学旅行，対外運動競技等への参加を制限す
ること。　　・机又は腰掛の調整，座席の変更及び学級の編制の適性を
図ること。　　・その他発育，健康状態等に応じて適当な保健指導を行
うこと。

〈解説〉(1)　健康診断には，就学時の健康診断，児童生徒等の健康診断，
職員の健康診断がある。就学時の健康診断は，学校保健安全法第11条
において「市町村の教育委員会は，学校教育法第17条第1項の規定に
より翌学年の初めから同項に規定する学校に就学させるべき者で，当
該市町村の区域内に住所を有するものの就学に当たつて，その健康診
断を行わなければならない。」と規定されている。また，第12条では
就学時健康診断の事後措置に関して説明している。実施時期に関して
は，同法施行令第1条を確認しよう。　　(2)　児童生徒の保健調査は，
同法施行規則第11条に規定されている。また文部省体育局長通知(平成
6年12月8日文体学第168号)において，保健調査実施時の個人のプライ
バシーの配慮や健康観察，体力・運動能力テストの結果と健康診断の
結果の併用についても述べられているので，あわせてチェックしてお
こう。　　(3)　児童生徒等の健康診断の事後措置に関して，健康診断終
了後21日以内に，本人及び保護者に通知することとされている。また，

同法第14条において，健康診断の結果に基づき，疾病の予防処置，治療の指示，運動及び作業の軽減等の適切な措置を行うことが定められている。

【4】(1)　ニコチン　　(2)　フラッシュバック　　(3)　○　　(4)　受動喫煙

〈解説〉(1)(4)　喫煙依存の原因になるのは，タールではなくニコチンである。発育期にある青少年の喫煙による健康問題には，ニコチンによる強い依存のほかに，体力や運動能力が劣る，咳や痰，息切れなどの出現率が高くなる，がん・虚血性心疾患・慢性閉塞性肺疾患の喫煙関連三大疾患群の発病の危険性が高いことがあげられる。副流煙とは，たばこの点火部から立ち昇る煙のことで，喫煙者が直接吸う主流煙に比べて，多くの有害物質を含んでいる。　(2)(3)　薬物乱用とは，覚せい剤やシンナー等の物質を不正に使用することはもちろん，医薬品を本来の目的や方法から外れて自己使用することも含まれる。主な乱用薬物とその作用については覚えておく必要がある。フラッシュバック現象とは，自然再燃現象のこと。薬物を使用していない状態においても，飲酒や身体的疲労，心理的ストレスなどが刺激となって，薬物使用時の幻覚や妄想等の症状を再体験すること。退薬症状とは，薬物の使用を中断したときに出現する激しい精神・身体症状のことである。

【5】(1)　身体的虐待，心理的虐待，性的虐待，ネグレクト(育児放棄)
(2)　・児童虐待の早期発見に努めること。　・虐待を受けたと思われる子どもについて児童相談所等へ通告すること。　・虐待を受けた子どもの保護・自立支援に関し，関係機関への協力を行うこと。　・虐待防止のための子どもへの教育に努めること。

〈解説〉児童虐待防止法(「児童虐待の防止等に関する法律」)の第2条に，虐待の定義が記されており，身体的虐待，性的虐待，ネグレクト，心理的虐待があげられている。身体的虐待では，服で隠れている部位に外傷がみられたり，ケガの説明が曖昧だったりする。また，捻傷や打

撲傷の色調変化，特徴ある外傷所見も早期発見につながるため，確認
しておこう。心理的虐待では，摂食障害や自傷行為などから発見され
ることもある。性的虐待では，身体接触を異常に怖がったり，年齢に
そぐわない性的発言がみられたりする。ネグレクトでは，衣服や身体
が汚れていたり，空腹を訴えたりする。詳しい対応等は，「養護教諭
のための児童虐待対応の手引き」(文部科学省)を参考にしよう。

【６】(1)　a　実測体重　　b　身長別標準体重　　c　＋20％以上
　d　－20％以下　　e　＋20％以上30％未満　　f　＋30％以上50％未満
　g　＋50％以上　　(2)　a　80　　b　120　　c　膵臓　　d　インスリン
　e　グリコーゲン(脂肪)　　f　脂肪(グリコーゲン)　　g　血糖値
　h　170　　i　糖

〈解説〉(1)　身長別標準体重＝a×実測身長(cm)－b　に数値を当てはめ，
　身長別標準体重を出す。そして，体重肥満度(過体重度)＝[実測体重
　(kg)－身長別標準体重(kg)] / 身長別標準体重(kg)×100(％)の式にあては
　めて計算する。また，＋20％以上は肥満傾向であり，＋20％以上30％
　未満は軽度，＋30％以上50％未満を中等度，＋50％以上を高度と判定
　する。－20％以下をやせ，－30％以下を高度のやせと判定する。
　(2)　糖尿病とは，インスリン作用の不足による慢性高血糖を主徴とし，
　特徴的な代謝異常をともなう症候群である。発症には，遺伝因子と環
　境因子がともに関与し，Ⅰ型とⅡ型に分類される。Ⅰ型糖尿病は，イ
　ンスリンを合成・分解する膵β細胞の破壊消失を原因とし，インスリ
　ンの絶対的欠乏が生じる。Ⅱ型糖尿病は，インスリン分泌低下にイン
　スリン抵抗が加わって発症する。素因には，複数の遺伝子の異常，過
　食，肥満，運動不足，ストレスなどの環境因子および加齢が加わり発
　症する。

【７】(1)　特有の咳が消失するまで　　(2)　解熱した後3日を経過するま
　で　　(3)　発しんが消失するまで　　(4)　すべての発しんが痂皮化す
　るまで　　(5)　耳下腺の腫脹が消失するまで　　(6)　主要症状が消退

した後2日を経過するまで

〈解説〉出席停止の期間の基準は，学校保健安全法施行規則第19条で定められている。第1種の感染症にかかった者は治癒するまで，第2種(結核を除く)の感染症にかかった者の基準は，本解答のとおりである。結核及び第3種の感染症にかかった者は，病状により学校医その他の医師において感染の恐れがないと認めるまで出席停止となる。第2種の感染症は，インフルエンザ，百日咳，麻しん，流行性耳下腺炎，風しん，水痘，咽頭結膜熱，結核の8つである。出席停止させようとするときは，理由及び期間を明らかにして，幼児，児童または生徒にあってはその保護者，高等学校の生徒または学生にあたっては当該生徒または学生に指示しなければならない。

【1】「学校のアレルギー疾患に対する取り組みガイドライン(第2版)」(平成21年4月財団法人日本学校保健会)に示された内容について，次の(1)～(3)の問いに答えなさい。

(1)　次の(a)～(f)に適切な語句を記入しなさい。

　　アレルギー反応により，じんましんなどの(a)症状，腹痛や嘔吐などの(b)症状，ゼーゼー，呼吸困難などの(c)症状が，複数同時にかつ急激に出現した状態をアナフィラキシーと言います。その中でも，(d)が低下して意識の低下や(e)を来すような場合を，特に(f)と呼び，直ちに対応しないと生命にかかわる重篤な状態であることを意味します。

(2)　アナフィラキシーの原因として考えられるものを3つ書きなさい。

(3)　アレルギー疾患に対する取り組みのポイントを3つ書きなさい。

(☆☆☆◎◎◎◎)

【2】養護教諭は，学校における心の健康問題への対応にあたり，中心的な役割を果たすことが求められます。そこで，「教職員のための子どもの健康観察の方法と問題への対応」(平成21年3月文部科学省)に示されている心の健康問題への対応に関する養護教諭の主な役割について，次の①～⑤に適切な語句を記入しなさい。

　　主な役割は，「いじめや虐待等の早期発見，(①)における役割」，「受診の(②)を判断して医療機関へ(③)」，「学校内及び地域の(④)における(⑤)」等がある。

(☆☆☆◎◎◎◎)

【3】次の(1)・(2)の問いに答えなさい。

(1) 「予防接種法」(平成18年12月改正)の第2条にある予防接種について，次のア～ウに適切な語句を記入しなさい。

第2条　この法律において「予防接種」とは，疾病に対して免疫の（　ア　）を得させるため，疾病の予防に有効であることが（　イ　）されている（　ウ　）を，人体に注射し，又は接種することをいう。

(2) 日本で，平成21年12月からワクチンの任意接種が開始された女性特有の疾病のワクチン名と，その主な原因とされるウイルス名を書きなさい。

(☆☆◎◎◎◎)

【4】養護教諭が，保健室経営の充実を図るためには，保健室経営計画を作成することが重要である。そこで，保健室経営計画について，次の(1)・(2)の問いに答えなさい。

(1) 中央教育審議会答申(平成20年1月)にある「保健室経営計画」の定義を書きなさい。

(2) 養護教諭が，保健室経営計画を立てて職務を行うにあたり，期待できるメリットを，箇条書きで5つ書きなさい。

(☆☆☆◎◎◎◎)

【5】次の(1)～(4)の問いに答えなさい。

(1) 歯周炎について説明しなさい。

(2) ヒトの歯数について答えなさい。

(3) むし歯の発生要因を3つ答えなさい。

(4) 歯の脱臼は，早急に歯科医療機関を受診する必要がある。脱落した歯を取り扱う際の注意点を2つ書きなさい。

(☆☆◎◎◎◎)

【6】「学校環境衛生基準」(平成21年4月1日施行)について次の問いに答えなさい。

(1)　定期検査における雑用水(旧基準では「雨水等利用施設における水」と表記)の水質の検査項目を全て答えなさい。

(2)　定期及び臨時に行う検査の結果に関する記録の保存期間を答えなさい。

(☆☆☆◎◎◎◎)

【7】次の(1)～(3)の文は,「児童生徒の健康診断マニュアル(改訂版)」(平成18年3月財団法人日本学校保健会)の一部である。(①)～(⑫)に当てはまる語句を書きなさい。

(1)　口腔の検査に当たっては,顎,顔面の全体を診てから,口唇,(①),舌,(②),口蓋,その他口腔粘膜等の異常についても注意すること。

(2)　歯・口の検診は下記に留意して実施すること。

　　ア　歯の疾病及び異常の有無の検診は,処置及び(③)を要する者の(④)に重点を置くこと。

　　イ　咬合の状態,歯の(⑤),歯周疾患,過剰歯,(⑥)などの疾病及び異常については,特に処置又は(⑦)を要する程度のものを具体的に所定欄に記入すること。

　　ウ　補てつを要する(⑧),処置を要する不適当な(⑨)などのあるときは,その旨「学校歯科医所見」に記入すること。

　　エ　(⑩)のある者が多数発見された場合には,その者の家庭における(⑪)についても注意すること。

(3)　その他,顎顔面全体のバランスを観察し,咬合の状態,開口障害,顎関節雑音,(⑫),発音障害等についても注意すること。

(☆☆◎◎◎◎)

解答・解説

【1】(1)　a　皮膚(または皮膚・粘膜)　　b　消化器　　c　呼吸器
d　血圧　　e　脱力　　f　アナフィラキシーショック　　(2)　食物,
昆虫刺傷(虫さされ・蜂刺されでも可), 医薬品, ラテックス(天然ゴム),
運動による誘発　など　(3)　各アレルギー<u>疾患の特徴</u>を<u>よく知る</u>こ
と／<u>個々の児童生徒の症状等の特徴を把握</u>すること／症状が<u>急速に変
化</u>しうることを理解し, 日頃から<u>緊急時の対応</u>への準備を行っておく
こと

〈解説〉(1)(2)　平成16年の文部科学省調査ではアナフィラキシーの既往
　　を有する児童生徒の割合は, 小学生0.15％, 中学生0.15％, 高校生
　　0.11％であった。具体的な治療は重症度によって異なるが, 意識の障
　　害などがみられる重症の場合には, まず適切な場所に足を頭より高く
　　上げた体位で寝かせ, 嘔吐に備え, 顔を横向きにする。意識状態や呼
　　吸, 心拍の状態, 皮膚色の状態を確認しながら必要に応じ一次救命措
　　置を行い, 医療機関への搬送を急ぐ。　(3)　上記の他に, アレルギー
　　疾患と関連の深い学校での活動として清掃活動やプール, 給食などに
　　配慮することや, 他の児童生徒への説明, 外来受診の際の配慮などが
　　挙げられる。

【2】①　早期対応　　②　必要性の有無　　③　つなぐ役割
　　④　医療機関等との連携　　⑤　コーディネーターの役割
〈解説〉問題文の前の文章は, 次のとおりである。「養護教諭は, 心の健
　　康問題のある子どもを支援していることが多いことに加え, 担任, 保
　　護者からの相談依頼も多いため, 学校における心の健康問題への対応
　　に当たっては, 中心的な役割を果たすことが求められている。」また,
　　問題文の後の文章は, 次のとおり。「また, 問題に応じてスクールカ
　　ウンセラー, ソーシャルワーカー, 心の相談員等の支援員を有効に活
　　用しつつ連携を図っていくことが求められる。養護教諭はこれらの役

割を果たすために，教職員，保護者，関係者との人間関係つくりに努め，信頼関係を築いておくことが大切である。」なお，養護教諭の役割のポイントは，以下の12項目である。これもあわせて覚えておくこと。①子どもの心身の健康問題の解決に向けて中核として校長を助け円滑な対応に努める。②学級担任等と連携した組織的な健康観察，健康相談，保健指導を行う。③子どもの心身の健康状態を日ごろから的確に把握し，問題の早期発見・早期対応に努める。④子どもが相談しやすい保健室の環境づくりに努める。⑤子どもの訴えを受け止め，心身の安定が図れるように配慮する。⑥常に情報収集に心がけ，問題の背景要因の把握に努める。⑦子どもの個別の支援計画作成に参画する。⑧学校ではどこまで対応できるのか見立てを明確にする。⑨校内関係者や関係機関等との連携調整等を行う。⑩医学的な情報を教職員等に提供する。⑪地域の医療機関や相談機関等の情報を提供する。

【3】(1)　ア　効果　　イ　確認　　ウ　ワクチン　　(2)　①　子宮頸がんワクチン　　②　HPV(ヒトパピローマウイルス)

〈解説〉(1)　問題文は第2条第1項の条文である。第2項から第4項は以下のとおりである。第2項　その発生及びまん延を予防することを目的として，この法律の定めるところにより予防接種を行う疾病(以下「一類疾病」という。)は，次に掲げるものとする。一　ジフテリア　二　百日せき　三　急性灰白髄炎　四　麻しん　五　風しん　六　日本脳炎　七　破傷風　八　前各号に掲げる疾病のほか，その発生及びまん延を予防するため特に予防接種を行う必要があると認められる疾病として政令で定める疾病　第3項　個人の発病又はその重症化を防止し，併せてこれによりそのまん延の予防に資することを目的として，この法律に定めるところにより予防接種を行う疾病(以下二類疾病)という。」は，インフルエンザとする。　第4項　この法律において「保護者」とは，親権を行う者又は後見人をいう。　(2)　②　HPVはパピローマウイルス科に属するウイルスの一つ。子宮頸がんの原因は，ほぼ100％がHPVの感染であると言われている。HPVは，皮膚と皮膚(粘膜)

の接触によって感染するウイルスで，多くの場合，性交渉によって感染すると考えられている。

【4】(1)　保健室経営計画とは，当該学校の教育目標及び学校保健の目標などを受け，その具現化を図るために，保健室の経営において達成されるべき目標を立て，計画的・組織的に運営するために作成される計画　(2)「学校教育目標や学校保健目標等に基づく保健室経営を計画的，組織的に進めることができる」「保健室経営計画を教職員や保護者等へ周知を図ることによって，理解や協力が得られやすくなる」「保健室経営計画の評価を行うことにより，課題が明確になり，次年度に活かすことができる」「養護教諭の複数配置の場合には，お互いの活動内容の理解を深めることができ，効果的な連携ができる」「異動による引き継ぎが，円滑(スムーズ)に行える」

〈解説〉(1)(2)　子どもが心身ともに健やかに育つことは，すべての人々の願いであり，教育の目的や目標そのものであるといえる。教育の基礎となる心身の健康・安全の確保と推進には，関係者が相互に連携を深めながら，子どもの心身の健康の保持増進を図ることが必要であり，学校保健活動のセンター的役割を果たしている保健室経営は重要である。中央教育審議会答申(平成20年1月)を確実に理解するとともに，学校保健実務必携の保健室経営の記述を覚えること。

【5】(1)　歯肉炎が進行し，歯槽骨や歯根膜が破壊された状態
(2)　①　乳歯：20本　②　永久歯：32本　(3)　細菌(歯垢)　歯(歯の形，歯質)　糖質(ショ糖)　(4)　歯を乾燥させないよう保存液や牛乳等に浸す／歯冠部を持ち，歯根部には触れない／泥などで汚れた場合はさっと洗う

〈解説〉(1)　歯周炎(病)とは，歯の周りの組織である歯肉，セメント質，歯槽骨および歯根膜(歯根と歯槽骨を結んでいる組織)に病変が起こる疾病の総称で，歯肉の炎症である歯肉炎から始まる。　(2)　②　第3大臼歯(親知らず)が生えていない場合は28本　(3)　むし歯の予防に

は，発生要因の除去の観点から，歯垢の除去(歯みがき)，フッ化物の応用(歯質の耐酸性の向上)，糖質摂取の改善が挙げられる。　(4)　歯を乾燥させると歯の周りについている組織が死んでしまい，再植率が低下する。歯科医院を受診するのは30分以内が望ましい。財団法人日本学校歯科医会の「学校歯科医のための『生きる力』をはぐくむ学校での歯・口の健康つくりクイックマニュアル」が参考になる。

【6】(1)　pH値，臭気，外観，大腸菌，遊離残留塩素　　(2)　(検査の日から)5年間

〈解説〉(1)　pH値の基準は，5.8以上8.6以下であること。臭気の基準は，異常でないこと。外観の基準は，ほとんど無色透明であること。大腸菌の基準は，検出されないこと。遊離残留塩素の基準は，0.1mg/l(結合残留塩素の場合は0.4mg/l)以上であること。　　(2)　学校環境衛生基準の第6雑則の3には「定期及び臨時に行う検査の結果に関する記録は，検査の日から5年間保存するものとする」と定められている。

【7】(1)　①　口角　　②　舌小帯　　(2)　③　観察・指導　　④　選定　　⑤　沈着物　　⑥　エナメル質形成不全　　⑦　矯正　　⑧　欠如歯　　⑨　義歯　　⑩　斑状歯　　⑪　飲料水　　(3)　⑫　疼痛の有無

〈解説〉児童生徒等の健康診断の方法及び技術的基準の補足的事項・実施上の留意点等の記述である。他の検査項目とともに，確実に覚えること。

2010年度　実施問題

【1】次の(1)～(3)は，「学校環境衛生基準」(平成21年4月1日施行)で示されたものである。(a)～(j)に適切な語句を書き入れなさい。

(1) 学校においては，次のような場合，必要があるときは，臨時に必要な検査を行うものとする。

① (a)又は食中毒の発生のおそれがあり，また，発生したとき。

② (b)等により(c)が不潔になり又は(d)され，(a)の発生のおそれがあるとき。

(2) 日常における環境衛生に係る学校環境衛生基準

① 検査項目「換気」の基準は，外部から教室に入ったとき，(e)や臭気がないこと。

② 検査項目「明るさとまぶしさ」の基準は，黒板面や(f)等の(g)，(h)等がよく見える明るさがあること。

(3) 換気及び保温等

揮発性有機化合物の採取は，教室等内の温度が高い時期に行い，(i)では30分間で2回以上，(j)では8時間以上行う。

(☆☆☆◎◎◎◎◎)

【2】文部科学省の「熱中症を予防しよう－知って防ごう熱中症－」(平成15年6月発行)では，熱中症を大きく3つに分類している。3つの症状名と，それぞれの症状の原因及び具体的特徴を書きなさい。

(☆☆☆☆◎◎)

【3】「教職員のための子どもの健康観察の方法と問題への対応」(平成21年3月文部科学省)に示されている，健康観察の主な目的を3つ書きなさい。

(☆☆☆☆◎◎)

【4】次の文は，「非常災害時における子どもの心のケアのために(改訂版)」(平成15年8月文部科学省)に示されている，災害後に子どもに現れる症状について述べたものである。(a)～(c)にあてはまる語句又は数字を書きなさい。

　　(a)後ストレス障害(PTSD)は，災害後(b)か月以降に認められる種々の(c)症状に対して使用される概念である。

（☆☆◎◎◎◎）

【5】次の文は妊娠・出産に関して述べたものである。(a)～(i)にあてはまる語句又は数字を書きなさい。

(1) 受精卵は，細胞分裂を繰り返しながら(a)に到着して，その中にもぐり込む。これが(b)である。このときに妊娠が成立する。妊娠が成立すると，卵巣内の(c)は退化せずに，しばらくの間(d)を分泌し続ける。

(2) 妊娠2か月頃から(a)に(e)がつくられ，へその緒を通して胎児に(f)や(g)を与える。受精卵はその後(h)，胎児期といわれる時期を経て，(i)の第1日目から約40週で出産となる。

（☆☆◎◎◎◎）

【6】次の文は，「学校保健安全法」(平成21年4月1日施行)の条文の一部である。(a)～(l)の中に適切な語句を書きなさい。

第1条　この法律は，学校における児童生徒等及び職員の(a)を図るため，学校における(b)に関し必要な事項を定めるとともに，学校における教育活動が(c)において実施され，児童生徒等の(d)が図られるよう，学校における(e)に関し必要な事項を定め，もって(f)の円滑な実施とその成果の確保に資することを目的とする。

第9条　(g)その他の職員は，相互に連携して，(h)又は児童生徒等の健康状態の(i)により，児童生徒等の心身の状況を把握し，健康上の問題があると認めるときは，(j)，当該児童生徒等に対

して必要な(k)を行うとともに，必要に応じ，その保護者に対して必要な(l)を行うものとする。

(☆☆☆◎◎◎◎◎)

【7】 次の(1)～(4)の問いに答えなさい。
 (1)　小・中学校における結核の検診では，問診及び学校医の診察，結核対策委員会による精密検査対象者の検討が行われる。問診票の質問項目を5つ書きなさい。
 (2)　結核の感染経路を書きなさい。
 (3)　結核の主な症状を5つ書きなさい。
 (4)　結核の出席停止期間の基準について書きなさい。

(☆☆☆☆◎◎◎◎◎)

【8】 健康診断の用語である，「CO」及び「GO」について，用語の意味を書きなさい。

(☆☆☆◎◎◎◎)

【9】 特別支援教育について，次の(1)～(3)の問いに答えなさい。
 (1)　次の文は，「発達障害者支援法」(平成17年4月1日施行)の条文である。(a)～(e)に適切な語句を書きなさい。
　　第2条　この法律において「発達障害」とは，自閉症，(a)その他の(b)，学習障害，(c)その他これに類する(d)の障害であってその症状が通常(e)において発現するものとして政令で定めるものをいう。
 (2)　文部科学省の「今後の特別支援教育の在り方について－最終報告－」(平成15年3月)で高機能自閉症の定義として示されたものの中から，3つを箇条書きにしなさい。
 (3)　平成18年6月に「学校教育法」の一部が改正され，平成19年4月から特別支援教育が推進されるようになった。次の文を読み，内容が正しいものの記号をすべて書きなさい。

(a)　この法改正により，盲学校の対象は視覚障害のみ，聾学校の対象は聴覚障害のみのままであるが，盲学校及び聾学校以外の特別支援学校においては，視覚障害や聴覚障害も対象とすることができるようになった。

(b)　幼稚園，小学校，中学校，高等学校，中等教育学校においても，通常の学級も含め，特別支援教育を行うことが明示された。

(c)　特別支援学校では，専門性を生かして，近隣の学校への教育相談・巡回指導を行い，助言を行うようになった。

(d)　特別支援学校を除く学校の養護教諭は特別な事情がない限り，特別支援教育コーディネーターとして，校内及び関係諸機関との連携を図るよう努めなければならない。

(e)　一人一人の教育的ニーズに応じた支援を効果的に実施するため，「個別の教育支援計画」を，単元や学期，学年ごとに作成する必要がある。

(☆☆☆◎◎)

解答・解説

【1】(1)　a　感染症　　b　風水害　　c　環境　　d　汚染

(2)　e　不快な刺激　　f　机上　　g　文字　　h　図形

(3)　i　吸引方式　　j　拡散方式

〈解説〉学校保健法等の一部を改正する法律により改正された学校保健安全法第6条第1項の規定に基づき，「学校環境衛生基準」が公布され，平成21年4月1日から施行されている。改正により，各学校では，基準に照らして適切な環境の維持に努め，校長は，基準に照らして適正を欠く場合は，遅滞なく改善に必要な措置をとり，改善措置をとれない場合は，学校の設置者にその旨を申し出るものとされた。

【2】症状名：①　熱けいれん　　②　熱疲労　　③　熱射病　　原因及び具体的特徴：〈解答例〉①　大量の発汗があり，水のみを補給した場合に血液の塩分濃度が低下して起こるもので，筋の興奮性が亢進して，四肢や腹筋のけいれんと筋肉痛が起こる。　　②　脱水によるもので，全身倦怠感，脱力感，めまい，吐き気，嘔吐，頭痛などの症状が起こる。体温の上昇は顕著ではない。　　③　体温調節が破綻して起こり，高体温と意識障害が特徴である。意識障害は，周囲の状況が分からなくなる状態から昏睡まで，程度は様々である。脱水が背景にあることが多く，血液凝固障害，脳，肝，腎，心，肺などの全身の多臓器障害を合併し，死亡率が高い。

〈解説〉気温が高いときや運動を行うと体温は上昇するが，通常は体温を下げるように自律神経が働き，発汗作用などで体温をコントロールする。しかし，夏場の高温・多湿という悪条件，体内の水分や塩分(ナトリウムなど)のバランスが崩れたときには思うように体温調整ができず，体がオーバーヒートした状態になり，熱失神・熱射病・熱疲労・熱けいれんなどのさまざまな症状が出てくる。これらの症状を総称して「熱中症」と呼ぶ。熱中症は死に至るおそれもある病態であるが，適切な予防法を知っていれば防ぐことができたり，適切な応急処置により救命することもできる。

【3】〈解答例〉・子どもの心身の健康問題の早期発見・早期対応を図る。・感染症や食中毒などの集団発生状況を把握し，感染の拡大防止や予防を図る。　・日々の継続的な実施によって，子どもに自他の健康に興味・関心をもたせ，自己管理能力の育成を図る。

〈解説〉この資料は，「学校保健安全法」で示された児童生徒の健康観察の重要性や目的，具体的な手順や方法，評価等をまとめたものである。特に増加しつつある心の健康問題については，主な疾患に加え，組織的対応の進め方を提示し，具体例を多数挙げて解説している。学級担任や養護教諭はもちろん，特別支援教育コーディネーター，スクールカウンセラー，学校医などすべての学校関係者が健康観察について共

通理解を図り，健康問題への早期対応を行うための手引きとなるものである。

【4】a　外傷　　b　1　　c　精神
〈解説〉地震などの自然災害や事件・事故，または，いじめや児童虐待などに遭遇した子どもが，心に大きな傷を受けると，成長や発達に重大な障害(心的外傷後ストレス障害等)となることがあり，心のケアが重要な課題となっている。多様化，深刻化している子どもの心身の健康課題の解決を図るためには，組織的な対応が必要であり，校内外の連携体制の充実を図ることが求められている。非常災害時(事件・事故等を含む)の子どもの心のケアについても，危機管理の一環として位置づけ，緊急時においても適切に対応できるようにする必要がある。そのためには，日頃から心身両面から子どもに関わる養護教諭，教職員，スクールカウンセラーなどが情報等の共通理解を図り連携体制を整えておくことが必要である。また，災害時などの緊急時に備え地域の専門機関等との連携体制づくりをしておくことも求められている。

【5】(1)　a　子宮内膜　　b　着床　　c　黄体　　d　黄体ホルモン
　　(2)　e　胎盤　　f　酵素　　g　栄養分　　h　胎芽期　　i　最終月経
〈解説〉養護教諭は，学校の中で唯一の保健の専門家であり，妊娠・出産にまつわる相談は養護教諭の任務の一つ「健康相談」の一内容として位置づけられている。出題率が高い領域である。

【6】a　健康の保持増進　　b　保健管理　　c　安全な環境　　d　安全
の確保　　e　安全管理　　f　学校教育　　g　養護教諭　　h　健康
相談　　i　日常的な観察　　j　遅滞なく　　k　指導　　l　助言
〈解説〉「学校保健法」の名称が「学校保健安全法」に改称され，学校保
健と学校安全に関する法律であることが明確にされた。子どもたちと
職員の健康を保持増進することに加えて，学校における教育が安全な
環境で行われるよう，学校安全についての事項が新たに定められた。
法の改正により，第9条では新たに「保健指導」が加わり，学校で行
われている保健指導が法律上明記された。

【7】(1)〈解答例〉・結核の既往　・結核感染による予防内服の既往
・家族や同居人における結核患者の有無　　・結核が蔓延する国の滞在歴
・結核の症状(2週間以上続く咳)の有無　・BCG接種の有無　(この中
から5つ書けていればよい)　(2)　空気感染　(3)　2週間以上長引
く咳・痰，微熱が続く，体重減少，倦怠感，胸痛等　　(4)　症状によ
り，学校医その他の医師において感染のおそれがないと認めるまで。
〈解説〉日本の結核罹患率は先進諸国に比べると高く，中まん延国で，手
をゆるめず結核対策を行う必要がある。結核患者は，高齢者に多いが，
若者の結核も増加している。

【8】CO：要観察歯　　　GO：歯周疾患要観察者
〈解説〉歯の疾病および異常の有無の検査は，処置および指導を要する者
の選定に重点を置く。小窩・列溝，平滑面ともに，軟化底，軟化壁，
くっさく性病巣が探知できればう歯とする。治療途中の仮封処置歯も，
う歯である。隣接面であっても探針をもって確実にう蝕病巣を探知し
なければならない。

【9】(1)　a　アスペルガー症候群　b　広汎性発達障害　c　注意欠陥多動性障害　d　脳機能　e　低年齢　　(2)〈解答例〉・知的発達の遅れを伴わない　・3歳位までに現れる　・他人との社会的関係の形成の困難さ　・言葉の発達の遅れ　・興味や関心が狭く特定のものにこだわる　　(3)　b, c

〈解説〉養護教諭の試験の中では特別支援教育に関する出題は少ないが，教職教養の特別支援教育の試験でもよく出題される項目であり，学習しておくこと。またLD，ADHD，アスペルガー症候群などの軽度発達障害を持つ児童生徒の指導に関する取り組みが全国的に推進されており，特別支援教育の推進は担任や養護教諭が個別に取り組むものではなく，校内体制の中で実践されるチーム対応によって大きな効果をあげるものである。

2009年度　実施問題

【1】次の(1)～(4)の文は，「学校環境衛生の基準」について述べたものである。a～hで，正しいものには〇を，誤っているものには正しい語句及び数字を書き入れなさい。

(1) プールの遊離残留塩素濃度は，プールの対角線上3点以上を選び，表面及び(a. 下層)の水について測定し，すべての点で(b. 0.2)mg/*l*以上であること。また，(c. 1.0)mg/*l*以下であることが望ましい。

(2) 教室等の空気環境のうち，二酸化炭素は換気の基準として，室内は(d. 100)ppm以下であることが望ましい。

(3) コンピュータ設置の教室やワープロ，ディスプレイ等を使用する教室の机上の照度は(e. 500～1000)ルクス程度が望ましく，画面等に反射や(f. むら)が見られないこと。

(4) 教室内の等価騒音レベルは，窓を閉じているときはLAeq(g. 50)dB(デシベル)以下，窓を開けているときはLAeq(h. 60)dB以下であることが望ましい。

(☆☆〇〇〇)

【2】次の(1)～(4)の文は，財団法人日本学校保健会が平成18年3月に出した文部科学省スポーツ・青少年局学校健康教育課監修の「児童生徒の健康診断マニュアル(改訂版)」をもとにまとめたものである。(a)～(l)に当てはまる語句を書きなさい。

(1) 栄養状態は，(a)の色沢，皮下脂肪の充実，筋骨の発達，(b)の有無等について検査し，(c)又は肥満傾向で特に注意を要する者の発見につとめる。

(2) 耳鼻咽頭疾患の有無は，耳疾患，鼻・(d)疾患，口腔咽喉頭疾患及び(e)等に注意する。

(3) 結核の有無は，(f)，エックス線検査，(g)，聴診，打診その他必要な検査によって検査する。

(4)　脊柱側わん症の発見に当たっては，次の要領で行うこと。

　　ア　被検査者を後向きに直立させ，両上肢は自然に垂れた状態で，(h)の高さの左右不均衡の有無，(i)の高さと位置の左右不均衡の有無及び体の(j)の左右不均衡の有無を観察すること。

　　イ　被検査者に，体の前面で手のひらを合わせさせ，肘と肩の力を抜いて両上肢と頭が自然に垂れ下がるようにしながら上体をゆっくり前屈させた状態で，被検査者の前面及び必要に応じ背面から，(k)及び(l)の左右の高さの不均衡の有無を観察すること。

(☆☆☆○○○)

【３】発熱の熱型は，体温の推移によって分類されている。熱型の名称とその性状を答えなさい。

(☆☆☆○○)

【４】国立感染症研究所感染症情報センターが文部科学省・厚生労働省監修の「学校における麻しん対策ガイドライン」を平成20年3月に作成しました。麻しんに関する次の(1)～(6)の問いに答えなさい。

(1)　平成20年4月から向こう5年間に限り，麻しんの定期予防接種の対象者が追加されました。新たに追加された対象者を2つ答えなさい。

(2)　学校保健法施行規則第20条で定められている麻しんの出席停止の期間の基準を答えなさい。

(3)　麻しんの潜伏期間を，次の中から選びなさい。

　　ア　1～3日間　　イ　5～8日間　　ウ　10～12日間

　　エ　20～24日間

(4)　麻しんの感染経路を2つ答えなさい。

(5)　麻しんに特有の症状に「コプリック斑」がある。この「コプリック斑」について説明しなさい。

(6)　学校で麻しん患者が発生したとき，感染拡大防止のため，情報を収集する必要があるとされているが，どのような情報を収集・把握する必要があるか，箇条書で5つ答えなさい。

(☆☆☆○○○○)

【5】次の食育基本法第5条と，平成19年に改正された学校教育法第81条
の条文中の，（ a ）～（ j ）に当てはまる語句を，下のア～トから
1つ選んで記号で答えなさい。

食育基本法

第5条　食育は，父母その他の保護者にあっては，家庭が食育におい
て（ a ）を有していることを（ b ）するとともに，子どもの教育，
保育等を行う者にあっては，教育，保育等における食育の重要性を
十分自覚し，（ c ）に子どもの食育の推進に関する（ d ）に取り組
むこととなるよう，行われなければならない。

学校教育法

第81条　幼稚園，小学校，中学校，高等学校及び中等教育学校におい
ては，次項各号のいずれかに該当する幼児，児童及び生徒その他教
育上特別の支援を必要とする幼児，児童及び生徒に対し，文部科学
大臣の定めるところにより，障害による（ e ）又は（ f ）の（ g ）
を克服するための教育を行うものとする。

②　小学校，中学校，高等学校及び中等教育学校には，次の各号の
いずれかに該当する児童及び生徒のために，（ h ）学級を置くこと
ができる。

一　知的障害者

二　肢体不自由者

三　（ i ）

四　弱視者

五　難聴者

六　その他障害のある者で，（ h ）学級において教育を行うことが
適当なもの

③　前項に規定する学校においては，疾病により（ j ）の児童及び
生徒に対して，（ h ）学級を設け，又は教員を派遣して，教育を行
うことができる。

ア　特殊		イ　認識		ウ　発達障害		エ　活発
オ　理解		カ　活動		キ　重大な役割		ク　困難

163

ケ	治療中	コ	差違	サ	身体虚弱者	シ	障害児
ス	学習上	セ	積極的	ソ	重要な役割	タ	生活上
チ	療養中	ツ	行動上	テ	特別支援	ト	自閉症

(☆☆○○○)

【６】養護教諭として，各種の検診や検査を通して，児童虐待を早期に発見するために気をつけておくべき視点を，６つ書きなさい。

(☆☆☆○○○○)

【７】次の文は，平成9年に出された保健体育審議会答申の「保健室」についての記述である。(①)～(⑧)に当てはまる語句を書きなさい。

Ⅱ　学校における体育・スポーツ及び健康に関する教育・管理の充実

3　施設設備

(2)　保健室

　いじめ，保健室登校等心身の健康問題で悩む児童生徒への(①)の実施など，保健室の役割の変化に対応する観点から，(②)を見直す必要がある。まず，心の健康問題を抱える児童生徒に対して，プライバシーを保持しつつ(③)ができる相談室を，保健室に整備することが重要である。また，(④)や教材を集積し，(⑤)としての機能を担っていく観点から，例えば，保健室にパソコンを設置して，外部の関係諸機関から(⑥)，健康問題の現況，(⑦)及び指導法などを(⑧)に収集し，活用できるようにすることも必要である。

(☆☆☆○○○○)

解答・解説

【1】a　中層　　b　0.4　　c　○　　d　1500　　e　○　　f　影
　　g　○　　h　55

〈解説〉(1)　飲料水(0.1mg/l以上)と異なるので注意する。　　(3)　テレビ
　　及びディスプレイの画面の垂直面照度(100〜500ルクス程度)と間違え
　　やすいので注意。　　(4)　騒音レベルは教室に児童生徒等がいない状態
　　で教室の廊下側と窓側で測定する。

【2】a　皮膚　　b　貧血　　c　栄養不良　　d　副鼻腔　　e　音声言
　　語異常　　f　問診　　g　喀痰検査　　h　両肩　　i　肩甲骨
　　j　脇線　　k　背部　　l　腰部

〈解説〉健康診断については、学校保健法、同法施行令・同法施行規則を
　　中心に時期、実施主体、検査項目、方法及び技術的基準、事後措置な
　　どを整理しておく必要がある。

【3】①　稽留熱(けいりゅうねつ)：日差1℃以内の高熱が持続する。
　　②　弛張熱(ちちょうねつ・しちょうねつ)：日差1℃以上の高熱が持続
　　する。　　③　間歇熱(かんけつねつ)：高熱期と無熱期が数日の間隔で
　　交替する。

〈解説〉①　肺炎、チフス、髄膜炎等のとき稽留熱となる。　　②　化膿性
　　疾患、敗血症等のとき弛張熱となる。　　③　マラリア、回帰熱等のと
　　き間歇熱となる。

【4】(1)　・中学校1年生(に相当する年齢の者)　　・高校3年生(に相当す
　　る年齢の者)　　(2)　(麻しんにあっては)解熱した後、3日を経過する
　　まで　　(3)　ウ　　(4)　飛沫感染、空気感染　　(5)　(例)　・麻しん
　　の熱がいったん下がる頃に口の中の粘膜にできる白い斑点。
　　・口腔粘膜にできる白い斑点で、これが出た後に発疹が出てくる。

・カタル期から発疹期に移る時期に口腔粘膜に出る白い斑点。

(6)　(例)　・麻しんを発症した児童生徒・職員に関する情報(発症日，症状)　・学校に在籍する児童生徒・職員の健康状態に関する情報(欠席者の把握，その欠席理由)　・当該児童生徒・職員の発症後，教室や体育館など閉鎖空間を共有した可能性のある児童生徒・職員の把握及びその健康状態に関する情報　・近隣地域での麻しん発症に関する情報　・在籍する児童生徒・職員の麻しんに関する情報(罹患歴，予防接種歴)

〈解説〉麻しんは感染力が強いため，予防と発生時の早期発見，早期対応が重要となる。「学校における麻しん対策ガイドライン」は文部科学省のHP等で閲覧できるので，潜伏期間や感染経路，症状，対応を確認しておくとよい。

【5】a　ソ　b　イ　c　セ　d　カ　e　ス　f　タ　g　ク　h　テ　i　サ　j　チ

〈解説〉食育基本法：食育とは，国民一人ひとりが，生涯を通じた健全な食生活の実現，食文化の継承，健康の確保等が図れるよう，自らの食について考える習慣や食に関する様々な知識と食を選択する判断力を楽しく身につけるための学習等の取組をいう。　学校教育法：平成19年度の改正から新たに特別支援教育についての条文が盛り込まれた。養護教諭は特別支援教育における役割も期待されていることを踏まえておくとよい。

【6】(例)・発育不良　・不潔な皮膚　・不自然な傷，あざ　・診察を怖がる　・衣服を脱ぐのをいやがる　・外傷の放置　・心因性視力低下　・心因性難聴　・ひどいう歯　・歯の萌出の遅れ　・口腔内の外傷(歯の破折や粘膜の損傷など)の放置　・口腔内の不衛生　・精密検査を受けさせない　・何度受診勧告をしても受診させない

〈解説〉平成19年に文部科学省より「養護教諭のための児童虐待対応の手引き」が発行されたので目を通しておくと良い。養護教諭は，職務上

けがや身体的不調など心身の多様な健康問題で保健室を訪れる子ども
の対応に当たっていることから，児童虐待を発見しやすい立場にあり，
早期発見・早期対応にその役割が期待されている。

【7】①　カウンセリング　　②　保健室の機能　　③　健康相談活動
④　健康教育に関する資料　　⑤　健康情報センター　　⑥　先進的
な医学的知識　　⑦　適切な処置対応　　⑧　タイムリー
〈解説〉保健室の機能として，健康情報センターとしての機能や健康相談
活動を行う場としての機能がますます重要となってきている。また，
同答申において，養護教諭の新たな役割として健康相談活動(ヘルスカ
ウンセリング)について述べられているので，この部分も注目しておく
必要がある。

2008年度　実施問題

【1】次の(a)～(f)の文は，財団法人日本学校保健会が平成18年3月に出した文部科学省スポーツ・青少年局学校健康教育課監修の「児童生徒の健康診断マニュアル(改訂版)」の一部である。(①)～(⑩)にあてはまる語句を書きなさい。

(a)　座高は背及び(①)を座高計の尺柱に接して腰掛に正座し，両上肢を体側に垂れ，頭部を正位に保たせて測定する。

(b)　脊柱の疾病の有無は，脊柱の(②)及び脊柱における圧痛点の有無について，視診，圧診及び(③)によって検査すること。

(c)　聴力の検査は1，000Hz30dBあるいは(④)の音を両方又は片方いずれでも聴取できない者を選び出すこと。

(d)　歯及び口腔の疾病及び異常の有無は，むし歯，(⑤)，(⑥)その他の疾病及び異常について検査する。

(e)　心臓の疾病及び異常の有無の検査は医師による(⑦)，打診，心電図検査その他の臨床医学的検査によって行うものとすること。

(f)　寄生虫卵の有無は，(⑧)によって検査するものとし，特に(⑨)又は蟯虫(ぎょうちゅう)卵の有無の検査を行う場合は，(⑨)にあっては集卵法により，蟯虫(ぎょうちゅう)卵にあっては(⑩)によるものとする。

(☆☆☆◎◎◎)

【2】次の文は，学校保健法施行規則第22条の2第1項である。(①)～(⑧)にあてはまる語句を書きなさい。

第22条の2　法第2条の環境衛生検査は，他の法令に基づくもののほか，毎学年定期に，次の各号に掲げる項目について行わなければならない。

一　(①)及び水泳プールの水の水質並びに(②)

二　水道及び水泳プール(附属する施設及び設備を含む。)並びに

（　③　）の施設及び設備の衛生状態並びに（　④　）等のためめ設
備の機能

三　教室その他学校における（　⑤　）及び照明

四　教室その他学校における空気，（　⑥　），換気方法及び
（　⑦　）

五　その他（　⑧　）が必要と認める項目

(☆☆◎◎◎◎)

【3】学校保健法施行規則第21条で定められている出席停止の報告事項を
全て書きなさい。

(☆☆☆◎◎◎)

【4】生徒が「階段から落ちて足を捻挫した。」と言って保健室に来た。
養護教諭としての対応を箇条書で5つ書きなさい。

(☆☆☆◎◎◎◎)

【5】次の文は，文部省が平成11年3月に出した「学校における性教育の
考え方，進め方」の一部である。（　①　）～（　⑥　）にあてはまる語句
をあとのア～コから選び，記号で書きなさい。

学校における性教育は，児童生徒等の人格の完成と（　①　）を究極
の目的とし，人間の性を人格の基本的な部分として生理的側面，
（　②　），社会的側面などから総合的にとらえ，（　③　）を与えるとと
もに，児童生徒等が（　④　），人間尊重，男女平等の精神に基づく正
しい異性観をもつことによって，自ら考え，判断し，意志決定の能力
を身に付け，（　⑤　）を取れるようにすることである。

この場合，人間尊重，男女平等の精神は，学校の（　⑥　）を通じて
徹底を図らなければならないが，人間の生命や男女の在り方，生き方
などを直接扱う性教育では特に重要であり，性教育の基本目標のそれ
ぞれを貫く精神として認識されていなければならない。(以下省略)

ア　科学的知識　　　イ　全教育活動　　　ウ　豊かな人間形成
エ　望ましい行動　　オ　心理的側面　　　カ　医学的知識
キ　特別活動　　　　ク　生命尊重　　　　ケ　自律的態度
コ　身体的側面

(☆☆◎◎)

【６】次の(1)・(2)の問いに答えなさい。

(1)　次の文は健康増進法第25条の条文である。(a)～(i)に当てはまる語句を書きなさい。

第25条　(a),体育館,(b),劇場,観覧場,集会場,展示場,百貨店,事務所,官公庁施設,(c)その他の(d)の者が利用する(e)を管理する者は,これらを(f)する者について,受動喫煙(室内又はこれに準ずる(g)において,(h)の(i)を吸わされることをいう。)を防止するために必要な措置を講ずるように努めなければならない。

(2)　次の(a)～(f)の文は,受動喫煙による健康への影響について述べたものである。その内容が正しいものには○印を,誤っているものには×印をつけなさい。

(a)　小児では慢性の呼吸症状やぜん息の悪化につながる。

(b)　低体重児の出産や早産の危険性はない。

(c)　肺ガンなどの発ガンの危険性を高める。

(d)　呼吸器への影響はあるが,目や鼻の症状はない。

(e)　便秘や下痢などの消化器官の症状が起こりやすくなる。

(f)　虚血性心疾患の発症が起こりやすくなる。

(☆☆☆◎◎◎◎)

【７】保健室登校の児童生徒がいる場合に,養護教諭としてどのように対応すればよいか,5つ書きなさい。

(☆☆☆◎◎◎)

【8】次の文は，中学校学習指導要領の「第1章　総則」の一部である。
（　a　）～（　h　）にあてはまる語句を書きなさい。

3　学校における体育・健康に関する指導は，学校の教育活動全体を通じて適切に行うものとする。特に，（　a　）の向上及び（　b　）の保持増進に関する指導については，①保健体育科の時間はもとより，②特別活動などにおいても，それぞれの（　c　）に応じて適切に行うよう努めることとする。また，それらの指導を通して，家庭や（　d　）との連携を図りながら，（　e　）において適切な体育・健康に関する（　f　）を促し，（　g　）を通じて健康・安全で活力ある生活を送るための（　h　）が培われるよう配慮しなければならない。

〈注〉

※①については，小学校学習指導要領では体育科，高等学校学習指導要領では「体育」及び「保健」，盲学校，聾学校及び養護学校学習指導要領では小学部の体育科及び中学部の保健体育科となっている。

※②については，盲学校，聾学校及び養護学校学習指導要領では特別活動，自立活動となっている。

(☆☆☆◎◎◎◎)

解答・解説

【1】①　臀部　　②　可動性　　③　打診　　④　4,000Hz25dB
　　　⑤　歯周疾患　　⑥　不正咬合　　⑦　聴診　　⑧　直接塗沫法
　　　⑨　十二指腸虫卵　　⑩　セロハンテープ法

〈解説〉この問題文は学校保健法施行規則第5条に記載されているものである。今回出題されなかった項目についても確認しておくことが望ましい。

【２】① 飲料水　② 排水の状況　③ 学校給食用　④ 浄化消毒
　　⑤ 採光　⑥ 暖房　⑦ 騒音　⑧ 校長
〈解説〉学校環境衛生については学校保健法のほか，学校環境衛生の基準
　も頻出なので，項目や基準値について目を通しておくことが望ましい。

【３】・学校の名称　　・出席を停止させた理由及び期間　・出席停止
　　を指示した年月日　　・出席を停止させた児童，生徒，学生又は幼児
　　の学年別人員数　　・その他参考となる事項
〈解説〉学校保健法施行令第6条には，出席停止の報告について記載され
　ているので一緒に確認しておこう。また，同法施行規則第20条には出
　席停止の期間の基準について記載されているので，合わせて目を通し
　ておきたい。

【４】・事故がいつ，どこで，何をしていて起きたのか聞く。　・全身を
　　観察し，ショック等があれば骨折等を疑う。　・関節周囲の確認。痛
　　みの程度，腫れや変形がないか，動かせるか。　・けがの手当(冷却，
　　安静，固定，高挙)　・軽い捻挫以外は(骨折や脱臼等の疑いも考え
　　て)整形外科を受診させる。　・保健指導(入浴時に温めない，腫れが
　　強くなったら受診する等の注意点)　・けがの予防についての指導
　　(部活動の際の注意点等)　・その日は受診しなくても，翌日も経過
　　観察をして，腫れが強くなっていれば受診　などから5つ
〈解説〉救急処置についてはほかにも頭部打撲や腹部打撲，骨折の所見，
　熱中症，熱傷，ショック症状等が出題されやすい。問診内容や観察の
　ポイント等も押さえておこう。

【５】① ウ　② オ　③ ア　④ ク　⑤ エ　⑥ イ
〈解説〉問題文に挙げられた文章は，学校における性教育の基本的な目標
　であるので覚えておきたい。具体的な目標や指導計画については，
　「学校における性教育の考え方，進め方」(文部省)に記載されているの
　で，目を通しておこう。

【6】(1) (a) 学校　　(b) 病院　　(c) 飲食店　　(d) 多数
　　　(e) 施設　　(f) 利用　　(g) 環境　　(h) 他人　　(i) たばこの煙
　　(2) (a) ○　　(b) ×　　(c) ○　　(d) ×　　(e) ×　　(f) ○
〈解説〉健康増進法第25条はぜひ覚えておきたい条文の1つであり，受動
　　喫煙の防止について規定されている。　(2) (a) タバコの煙に含まれ
　　るシアン化物は，慢性気管支炎や肺気腫を引き起こす原因となる。
　　(d) 受動喫煙の原因となる副流煙は，目や鼻の粘膜を刺激し，目のか
　　ゆみや痛み，涙目，鼻の違和感やアレルギー性鼻炎の悪化などの症状
　　を引き起こす。

【7】1. 本人が安心できる場をつくり，よく話を聞き，本人との信頼関
　　係を築く。　2. 保護者の悩みを聞き共感的に対応するとともに，保
　　護者の了解を得て，関係機関との連携を行う。　3. 学校全体の共通
　　理解と協力体制をつくるとともに，養護教諭1人の対応でなく支援計
　　画を作成して対応する。　4. 保健室にいるだけでなく保健室での他
　　の人との関わりを通して，対人関係のあり方を学ぶ場にするなど，自
　　信をもたせ，自立と成長を促す。　5. 予防的な対応のための保健室
　　の場づくりや相談できることを伝えるとともに，日頃から子どものサ
　　インを読み取る判断力やカウンセリング対応力を高める。
〈解説〉保健室登校とは，常時保健室にいるか，特定の授業には出席でき
　　ても，学校にいる間は主として保健室にいる状態と定義されている。
　　養護教諭の対応のほか，保健室登校の経過(初期・中期・後期)につい
　　ても押さえておくと良いだろう。

【8】(a) 体力　　(b) 心身の健康　　(c) 特質　　(d) 地域社会
　　　(e) 日常生活　　(f) 活動の実践　　(g) 生涯　　(h) 基礎
〈解説〉中学校学習指導要領の第1章総則，第1教育課程編成の一般方針，
　　3からの出題である。学習指導要領はこのほかにも保健体育科の学習
　　指導要領からも出題されることがある。両方に目を通しておきたい。

2007年度　実施問題

【１】学校保健法第6条において定められている健康診断について，次の(1)～(3)の問いに答えなさい。

(1)　健康診断は，学習指導要領のどこに位置付けられるか，書きなさい。

(2)　学校保健法施行規則第7条について，次の(①)～(⑫)にあてはまる語句または数字を書きなさい。ただし，条文の一部を省略してある。

第7条　学校においては，法第6条第1項の健康診断を行ったときは，(①)にその結果を児童，生徒又は幼児にあっては当該児童，生徒又は幼児及びその保護者に，学生にあっては当該学生に通知するとともに，次の各号に定める基準により，法第7条の措置をとらなければならない。

1　疾病の(②)を行うこと。

2　必要な(③)を受けるよう指示すること。

3　必要な(④)，予防接種等を受けるよう指示すること。

4　療養のため必要な期間学校において(⑤)しないよう指導すること。

5　特殊学級への(⑥)について指導と助言を行うこと。

6　学習又は運動・(⑦)の軽減，(⑧)，変更等を行うこと。

7　修学旅行，対外運動競技等への参加を(⑨)すること。

8　机又は腰掛の(⑩)，座席の変更及び(⑪)の適正を図ること。

9　その他発育，健康状態等に応じて適当な(⑫)を行うこと。

(3)　学校保健法第6条第2項に示されている臨時の健康診断が行われる場合を5つ書きなさい。

(☆○○○○○)

【2】学校では，常に事故や災害が発生する危険性がある。そのために，
養護教諭として日頃から留意しておくことを4つ書きなさい。

(☆☆☆◎◎◎)

【3】持久走の途中で，児童・生徒が倒れ，心肺蘇生を行う必要が生じた。
次の(1)～(3)の問いに答えなさい。
(1) 倒れている児童・生徒の身体状況に関して確認すべきことを3つ
書きなさい。
(2) 器具を使わずに行う気道確保の方法を2つ書きなさい。
(3) 児童・生徒にAEDを装着した後，電気ショックを与えるボタンを
押す際に注意すべきことを書きなさい。

(☆☆☆◎◎◎)

【4】平成17年6月に公布された食育基本法の第20条は，「学校，保育所等
における食育の推進」について述べている。次の(ア)～(カ)のうち，そ
の内容にあてはまるものに○印を，あてはまらないものに×印をつけ
なさい。
(ア) 食育に関する指導体制の整備
(イ) 学校，保育所等又は地域の特色を生かした学校給食等の実施
(ウ) 食事についての望ましい習慣を学びながら食を楽しむ機会の提
供
(エ) 様々な体験活動を通じた子どもの食に関する理解の促進
(オ) 過度の痩身又は肥満の心身の健康に及ぼす影響等についての知
識の啓発
(カ) 健康美に関する知識の啓発

(☆☆☆◎◎◎)

【5】次の(1)～(5)は「学校環境衛生の基準」について述べたものである。
(①)～(⑭)に最も適切な語句または数字を書きなさい。
(1) ダニまたはダニアレルゲンの検査時期は，(①)が望ましい。

検査は保健室の（　②　），（　③　）の教室等，ダニの発生しやすい場所において（　④　）㎡を（　⑤　）分間，電気掃除機で吸引し，ダニを捕獲する。ダニ数は（　⑥　）匹以下，又はこれと同等のアレルゲン量以下であること。

(2)　プールの水質検査において，（　⑦　）は，pH値5.8以上8.6以下であること。また，総トリハロメタンについては，使用期間中に（　⑧　）回以上，適切な時期に行い，おおむね（　⑨　）mg/l以下が望ましい。

(3)　教室の温度は，冬期（　⑩　）℃以上，夏期（　⑪　）℃以下であることが望ましい。

(4)　教室及びそれに準ずる場所の照度の下限値は（　⑫　）ルクスとする。さらに教室及び黒板の照度は，（　⑬　）ルクス以上であることが望ましい。

(5)　教室内のホルムアルデヒドは（　⑭　）ppm以下であること。

(☆○○○○○)

【６】次の(1)・(2)の問いに答えなさい

(1)　次の文は，学校保健法の条文である。（　①　）～（　③　）にあてはまる語句を書きなさい。

　　　第12条　校長は，伝染病にかかっており，かかっておる疑があり，又はかかるおそれのある児童，生徒，学生又は幼児があるときは，政令で定めるところにより，（　①　）させることができる。

　　　第13条　（　②　）は，伝染病予防上必要があるときは，臨時に，学校の全部又は一部の（　③　）を行うことができる。

(2)　伝染病予防の三原則を書きなさい。

(☆○○○○○)

【７】アレルギーについて，次の(1)～(3)の問いに答えなさい。

(1)　アレルギーによって起こるアナフィラキシー症状とはどのようなものか，書きなさい。

(2)　アナフィラキシー症状を起こす原因として考えられるもののうち

176

3つ書きなさい。

(3) 食物アレルギーのある児童・生徒がいる場合，養護教諭としてどのような対応をするか，2つ書きなさい。

(☆☆☆◎◎◎)

【8】次の(1)～(6)の文を読み，下線部の語句が正しい場合には○を，誤っている場合には正しい語句に書きかえなさい。

(1) 咽頭結膜熱の病原体は<u>アデノウイルス</u>で，潜伏期は5～6日とされており，集団発生することもある。

(2) インフルエンザは<u>第三種</u>の伝染病で，急激に発熱し短期間に爆発的に流行する。

(3) 麻疹は第二種伝染病で，全身に発疹を生じ高熱を発する疾患である。かかった場合は<u>発疹が消失するまで</u>出席停止となる。

(4) 風疹は，発疹，発熱，リンパ節の腫脹と圧痛を主症状とし，妊娠<u>後期</u>に罹患すると出生児に先天性風疹症候群がみられることがある。

(5) 性器クラミジア感染症は，女性では自覚症状がない場合が多く，<u>不妊症</u>になることがある。

(6) 腸管出血性大腸菌感染症にかかった場合，患者を隔離する<u>必要はない</u>。

(☆◎◎◎◎◎)

【9】虐待を受けたと思われる児童・生徒を発見した場合，養護教諭としてどのような対応をするか，書きなさい。

(☆☆☆◎◎◎)

解答・解説

【1】(1)　「特別活動」の健康安全・体育的行事に位置付けられている。

(2)　①　21日以内　②　予防処置　③　医療　④　検査
⑤　学習　⑥　編入　⑦　作業　⑧　停止　⑨　制限
⑩　調整　⑪　学級の編制　⑫　保健指導　(3)　・伝染病又は
食中毒の発生した時。　・風水害等により伝染病の発生のおそれのあ
るとき。　・夏期における休業日の直前又は直後。　・結核，寄生虫
病その他の疾病の有無について検査を行う必要のあるとき。　・卒業
の時。

〈解説〉学校における健康診断は，単なる検査に止めることなく，その結
果に基づいて，問題の見出された者については治療の勧告，学校生活
についての指導などを行う。また，健康相談などを活用し，個別の保
健指導を行うとともに，広く学校保健活動の一環として捉え，健康教
育へと発展させていくことが大切である。

【2】(正答例)　①　応急処置の技術の向上を図る。(事例を聞き対応を学
ぶ。)　②　全職員の協力が得られるように校内体制を確立する。(組
織作りを進める。)　③　教職員・保護者・関係機関・学校医との連
絡・報告を密にする。(関係者との連携を図る。)　④　これまでの事
故等の実態を把握し予防のための働きかけ(環境の改善や保健指導)を
する。　⑤　避難経路の確認と点検をする。　⑥　必要な器具等の準
備と点検をする。

〈解説〉学校生活の中にいる児童生徒は，教室や運動場の施設，用具，薬
品等危険をともなう環境に囲まれ，集団生活の特性から，事故発生の
原因が生じやすい状況に置かれていることを意識していなければなら
ない。

【3】(1) (正答例) 呼吸の有無，意識の有無，循環のサインの有無，脈拍の有無，出血の有無，外傷の有無 (2) 頭部後屈顎先挙上法，下顎挙上法(下顎押し出し法) (3) (正答例) 安全のため，<u>傷病者にだれも触れていないことを確認</u>してから通電ボタンを押す。

〈解説〉生命に危険がある児童生徒への対応を最優先に考える必要がある。パニック状態にある児童生徒はまず落ち着かせ，心理的安定をはかることが重要である。

　　AEDはAutomated External Defibrillatorsの略語で，厚生労働省では平成16年7月にAEDの使用について，非医療従事者(一般人)であっても以下4つの条件のもとで取り扱いが可能となったことを認めた。①医師を探す努力をしても見つからないなど，医師等による速やかな対応をえることが困難であること。②使用者が，対象者の意識，呼吸がないことを確認していること。③使用者が，AED使用に必要な講習を受けていること。④使用されるAEDが医療器具として薬事法上の承認を得ていること。

【4】ア ○　イ ○　ウ ×　エ ○　オ ○　カ ×

〈解説〉(学校，保育所等における食育の推進) 第二十条　国及び地方公共団体は，学校，保育所等において魅力ある食育の推進に関する活動を効果的に促進することにより子どもの健全な食生活の実現及び健全な心身の成長が図られるよう，学校，保育所等における食育の推進のための指針の作成に関する支援，食育の指導にふさわしい教職員の設置及び指導的立場にある者の食育の推進において果たすべき役割についての意識の啓発その他の食育に関する指導体制の整備，学校，保育所等又は地域の特色を生かした学校給食等の実施，教育の一環として行われる農場等における実習，食品の調理，食品廃棄物の再生利用等様々な体験活動を通じた子どもの食に関する理解の促進，過度の痩身又は肥満の心身の健康に及ぼす影響等についての知識の啓発その他必要な施策を講ずるものとする。

【５】(1)　①　夏期　　②　寝具　　③　カーペット敷き　　④　1
　　　⑤　1　　⑥　100　　(2)　⑦　水素イオン濃度　　⑧　1　　⑨　0.2
　　　(3)　⑩　10　　⑪　30　　(4)　⑫　300　　⑬　500　　(5)　⑭　0.08

〈解説〉近年の社会環境の変化等を踏まえ，学校環境衛生の基準が平成16
　　年に改訂された。学校において児童生徒の生命を守る上で，定期環境
　　衛生検査，臨時環境衛生検査，日常点検及びそれらに基づく事後措置
　　の徹底を図るため，検査事項や検査方法等の改定について確実に把握
　　しておくことが重要である。

【６】(1)　①　出席を停止　　②　学校の設置者　　③　休業
　　(2)　病原体をなくす(感染源対策)，感染経路を断つ(感染経路対策)，
　　抵抗力を高める(感受性者対策)

〈解説〉(1)　校長は学校医の助言に基づき，学校保健法第12条の規定に
　　よる出席停止の措置をとることができる。また，出席停止の措置をと
　　った時，校長は教育委員会に報告する。区市町村教育委員会は，当該
　　学校の欠席状況，登校している児童生徒の罹患状況，学校医の意見，
　　地域の流行状況，保健所の助言などを参考にし，必要があると認めら
　　れた時は学級閉鎖や学校閉鎖といった臨時休業の措置をとる。出席停
　　止や臨時休業の主体者に加え，学校伝染病の種類や潜伏期間，出席停
　　止の期間等を整理しておくとよい。　(2)　これら3つの対策に加えて
　　最近では，個人の感染症を他者に広げない対策，即ち二次感染予防対
　　策(院内感染の予防対策)が重要視されている。適切な感染予防策とと
　　もに，清掃，消毒，滅菌方法を駆使して清潔な環境を整え，児童生徒
　　に手洗いを励行させ，規則正しい生活習慣を身に付けるよう指導する
　　ことが大切である。

【７】(1)　(正答例)　・全身性の<u>急性アレルギー反応</u>で，急激な症状の悪
　　化から<u>死に至る可能性</u>もある重篤なアレルギー反応。　・全身性の急
　　性アレルギー反応で，<u>ショック症状を起こす</u>。　(2)　食物，薬物，天
　　然ゴム，蜂刺され，運動など　(3)　(正答例)　・主治医や救急病院

を確認しておく。　・給食において除去食等で対応する。　・全教職員に周知しておく。　・保護者や学校医と情報交換を行っておく。

〈解説〉(3)　食物アレルギー反応がおこるしくみはまずアレルゲンとなる食物を摂取すると，腸管粘膜の肥満細胞にあるIgE抗体に食物が結合する。その結果，肥満細胞からヒスタミンなどの化学物質が放出され，発疹・喘鳴・血圧降下・呼吸困難などの症状を引き起こす。

　　2002年4月より，食品衛生法施行規則によってアレルギー物質を含む食品の表示が義務づけられた。この中でアレルギーを引き起こす食品として24品目があげられている。そのうち5品目が特定原材料として表示が義務付けられている。

【8】(1)　○　　(2)　第二種　　(3)　解熱後3日を過ぎるまで
　　(4)　早期(初期)　　(5)　○　　(6)　○

〈解説〉伝染病の予防に関しては学校保健法施行規則第19条の伝染病の種類と第20条の出席停止の期間の基準が頻出であるため，確実に理解しておく必要がある。特に学校伝染病第二種は最頻出であるため，病名・出席停止期間に加えて潜伏期間も理解しておく必要がある。また感染症新法の制定に伴い，学校保健法施行規則第19条の一部改正が行われた。このように，一般公衆衛生法規と連動する形で，学校保健法の規定が変わることがある。学校における保健管理は独自の目的をもち，特有の問題も多いが，とりわけ学校においては，一般公衆衛生法規の要求する以上に伝染病に留意しなければならないことが多い。学校においては，従来から，学校保健法等に基づく臨時健康診断，出席停止・臨時休業，その他の伝染病予防対策が行われているが，公衆衛生部局との連携を強化しつつ，保健管理や保健教育の充実が求められる。

【9】(正答例)　・管理職を通じて児童相談所等に通告　　・状況の把握
　　・担任・学年団との連携　　・定期的・継続的な観察　　・児童相談
　　所等関係機関との連携　　・対応記録を残しておく
〈解説〉「児童虐待の防止等に関する法律」には，身体的虐待，性的虐待，
　　ネグレクト，心理的虐待が虐待として定められている。また，同法は
　　2005年に改正され，配偶者への暴力も虐待に含まれると定められた。
　　そのほかに，虐待を受けていると思われる児童も通告の対象となった。
　　　養護教諭は，保健室等で子どもたちの変化に気づきやすい立場にあ
　　ることを自覚し，早期発見に努めていかなければならない。

2006年度　実施問題

【1】次の(1)～(5)は学校保健法に基づく健康診断の方法及び技術的基準について書いたものである。(a)～(l)に当てはまる語句または数字を書きなさい。

(1)　身長の測定に当たっては，被検査者の頭を正面に向かせて(a)が水平になるようにすること。

(2)　視力の検査に当たっては，検査は，検査場に被検査者を入れてから(b)以上経過した後，検査を開始すること。

　　視力表は，原則として(c)を指標とするものを使用する。汚損したもの，変色したもの，しわのあるものなどは使用しないこと。また，視力表を掲げる高さは，その指標(d)を被検査者の(e)の高さにすること。視力表の照度の基準は，おおむね(f)ルクスから(g)ルクスとすること。

(3)　尿の検査で，採尿は，(h)の尿について行うものとすること。蛋白尿は，陰転ずることがあるので，検尿は採尿後およそ(i)以内に行うことが望ましい。

(4)　聴力の検査に当たっては，検査場は，正常聴力者が(j)Hz，(k)dbの音を明瞭に聞きうる場所であること。

(5)　心電図検査に当たっては，児童・生徒に，検査の目的や方法について説明し，検査に対する不安や(l)を取り除くこと。

(☆☆☆◎◎◎)

【2】生活習慣病の一次予防，二次予防の考え方について書きなさい。

(☆☆☆◎◎◎)

【3】小学校3年生の児童が，休憩時間に鉄棒で遊んでいて手を滑らし地面に落ちた。その際に前歯が1本抜けた。抜けた歯及び口腔内の救急処置を書きなさい。

(☆☆◎◎◎◎)

【４】プールで感染しやすい病気について，次の表の(a)～(i)に
当てはまる語句や数字を書きなさい。

病　名	咽頭結膜熱	流行性角結膜炎	急性出血性結膜炎
学校における伝染病の分類	(a)	第三種	(b)
病原体	アデノウイルス3型・7型	(c)	(d)
感染経路	プール水，飛沫感染	プール水，手指タオル等	プール水，タオル等
潜伏期間	(e)日	1週間以上	(f)時間
主な症状	(g)	結膜炎，耳前腺腫脹，角膜の混濁，眼瞼及び眼の周囲の浮腫	眼瞼腫脹，結膜充血，耳前リンパ節炎，球結膜出血
出席停止の基準	(h)	(i)	流行性角結膜炎と同様

(☆☆☆◎◎◎)

【５】腹痛を訴えて来室した児童生徒への対応の仕方について，次の(1)
～(3)の問いに答えなさい。
(1) 保健室に入ってから椅子に座るまでの間に，観察すべきことを2
つ書きなさい。
(2) 椅子に座らせてからの対応を2つ書きなさい。
(3) 急性虫垂炎を疑う場合の判断基準を2つ書きなさい。

(☆☆☆◎◎◎)

【６】平成9年9月に出された保健体育審議会答申「生涯にわたる心身の健
康の保持増進のための今後の健康に関する教育及びスポーツの振興の
在り方について」の中には，保健室の新たな機能が示されている。こ
こに示されている内容を2つ書きなさい。

(☆☆☆☆◎◎◎)

【７】次の(1)～(3)の問いに答えなさい。
(1) カーラーの救命曲線について説明しなさい。
(2) ショック症状を5つ書きなさい。

(3) SARSの日本語の病名を書きなさい。また，SARSを引き起こすウイルスを書きなさい。

(☆☆☆☆◎◎◎◎)

【8】身体測定の結果，短期間に急激な体重減少が見られる児童生徒がいる場合，どのような対応をするか書きなさい。

(☆☆☆☆◎◎◎◎)

【9】平成14年2月に「学校環境衛生の基準」が改訂され，教室等の空気の検査事項として新たに4つの物質の濃度が加えられた。その物質の名称とそれらが基準値を超えた場合の事後措置を3つ書きなさい。

(☆☆☆☆◎◎◎◎)

【10】傷病者の発見から医師または救急隊員が到着するまでの心肺蘇生法の手順について次のa～eに当てはまる語句や数字を書きなさい。

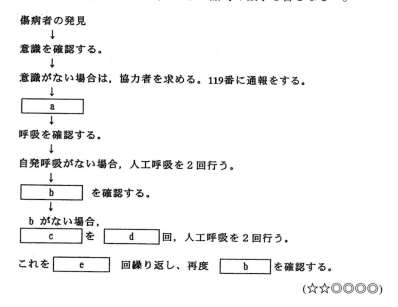

解答・解説

【１】(1)　(a)　眼耳線　　(b)　2分　　(c)　ランドルト環　　(d)　1.0
　　(e)　目　　(f)　300　　(g)　700　　(h)　起床直後　　(i)　5時間
　　(j)　1000　　(k)　25　　(l)　緊張感
〈解説〉健康診断時の検査方法等については，教員採用試験で頻出であるので，確実に押さえておきたい。

【２】一次予防…疾病予防・健康増進(日常の生活習慣を健康的なものにし，生活習慣病にならにようにすること。)　　二次予防…早期発見・早期治療(早く発見して早く治療ができるよう，定期的に健康診断を受けるなど)
〈解説〉生活習慣病は，主に生活習慣が病気の一員となるため，多くは予防することができる。早い段階から生活習慣を見直し予防を心がけることで，発症を未然に防ぐことができるので，学校においても早い段階から指導していく必要があるといえるだろう。

【３】抜けた歯の救急処置…抜けた歯を歯の保存液又は生理食塩水に入れて病院に持っていく。ない場合は牛乳可。　　口腔内の救急処置…口は土や砂が入っていたり出血があれば，軽くうがいをする。(何度もうがいをさせない)ぐらぐらしている歯があれば，動かないようにする。口を閉じさせて冷たいタオルで冷やす。
〈解説〉歯が抜けたときの救急処置のポイントは，①できるだけ早く歯科医へ②歯根膜を傷つけない③乾燥させない，の3つである。抜けた歯を乾燥状態においたり，水道水につけたりすると，歯根膜細胞は浸透圧の差によって変性してしまう。牛乳は感染予防，体液に近い，身近にあるという理由から保存液として適当である。

【4】　(a)　第2種　　(b)　第3種　　(c)　アデノウイルス8型
　(d)　エンテロウイルス70型　　(e)　5～6　　(f)　24～36　　(g)　高
熱，結膜炎，咽頭炎　　(h)　主要症状が消退した後2日を経過するま
で。　(i)　医師が伝染のおそれがないと認めるまで。
〈解説〉プールの前は児童生徒の健康観察を徹底するとともに，洗眼やタ
　オルを共有しないなどの指導が大切である。

【5】(1)　表情，姿勢，歩き方等　　(2)　バイタルサイン(体温，脈拍，
　呼吸)の測定，いつから・どこが・どのように痛むか聞く，食事・排
　便・吐き気等の有無。　　(3)　上腹部やへその周囲の腹痛，吐き気・嘔
　吐，右下腹部痛の有無。
〈解説〉児童生徒が腹痛を訴えてきたとき，養護教諭はまず緊急かどうか
　を判断する。まず，疾病を疑って対応するのが原則である。疾病要因
　の疑いが否定された場合，次に予測しなければならない要因は生理・
　生活的要因である。これらには便秘，下痢，過食，空腹があげられる。
　次に予測されるのは環境要因である。これには冷えや薄着が考えられ
　る。さらに精神的な要因が予測される場合では，心理的ストレスによ
　って身体の不調を起こす心因性の腹痛が考えられる。その他の要因が
　予測される場合としては月経痛があげられる。腹痛の要因を把握し，
　適切な対応ができるようにしておくことが大切である。

【6】心の健康問題を抱える児童生徒に対して，プライバシーを保持しつ
　つ健康相談活動ができる相談室を，保健室に整備すること，健康教育
　に関する資料や教材を集積し，健康情報センターとしての機能を図っ
　ていくこと。
〈解説〉保健体育審議会答申(平成9年9月)に関する問題は頻出であるので，
　それぞれ覚えておくこと。

【7】(1)　心臓が止まってから，又は呼吸が止まってから，何分くらい経つと命が助からないかが曲線で示されている。　(2)　目がうつろ，呼吸は速く浅くなる，脈拍は弱く速い，冷汗が出る，表情がぼんやりしている(無欲状態)，唇は紫色か白っぽい(チアノーゼ)，体がこきざみに震える，皮膚は青白く冷たい　(3)　病名：重症急性呼吸器症候群　ウイルス名：SARSコロナウイルス

〈解説〉(1)　心停止又は呼吸停止すると，何分もしないうちに命が助からなくなってしまう。救急車を呼んでも，救急車が現場に到着する時間は，全国平均6分である。速やかな救急車の要請と迅速な救命処置がいかに大事かがよくわかる曲線である。　(2)(3)　基本的・時事的な問題である。話題になっている疾患をおさえておく一方で，基本的な事項もしっかりとおさえておきたい。

【8】〈解答例〉個別に呼んで，体調や食事状況を聞く。　・担任と連携し，給食の摂取状況などの情報交換をする。　・保護者と連携し，早期に病院受診を勧める。　・関係機関と連携する。

〈解説〉摂食障害の患者は，自分が病気であることを自覚していないことが多い。そのため，学校の身体測定などで病気に気付ける存在である養護教諭の役割は大きい。摂食障害は，患者本人の持つ何らかの葛藤が症状として現れていることが多い。しかし大切なのは，その原因に目を向けることよりも，早い段階で医療機関の治療を受けることである。だが患者が心療内科にかかるまでの道のりは困難である。専門家だけに治療を任せるのではなく，本人と家族・周囲の人々が病気の正しい知識を持ち，焦らずにじっくりとこの病気に取り組み，本人の意思や成長を見守ることが大切である。

【9】物質…ホルムアルデヒド，トルエン，キシレン，パラジクロロゼン　事後措置…換気の励行，発生原因の究明，発生抑制装置(汚染物質の発生を低くする)

〈解説〉学校環境衛生基準の改訂に関する問題は，全国的に見ても頻出で

ある。大抵は，新しく加えられた最新の(現在では平成16年改訂)検査事項やその基準値について問われるのだが，この問題では，平成14年の改訂について問うている。何年に何が追加または削除されたか，という所までおさえておく必要がある。

【10】a　気道を確保する　　b　循環のサイン　　c　心臓マッサージ
　　　d　15　　e　4

〈解説〉人工呼吸と心臓マッサージの回数や2回目の循環サインをいつ行うか，というポイントが問われている。ほかに，1人で心肺蘇生をする場合と2人で行う場合の違いについて問われることもあるのでよくおさえておきたい。また，傷病者を発見してから，2次災害の危険の有無(救助者の安全)を確認し，傷病者の大きな変形・大出血の有無を確認してから心肺蘇生に入る方法もある。119番通報してから救急車が現場に到着するまでの時間は，全国平均6分である。傷病者の発見から119番通報・心肺蘇生までの手順を迅速に行うことが大切である。

2005年度　実施問題

【1】次の文を読んで，(1)〜(7)の問いに答えなさい。

(1) エイズという名称は，ある病名の頭文字を取ってつけられている
が，その病名を日本語で書きなさい。

(2) 定期健康診断における視力検査の結果が，右（0.7）左（0.3）で
あった。健康診断票にどのように記入するか書きなさい。

(3) 咽頭結膜熱の病原体であるウイルスの名称を書きなさい。

(4) 定期健康診断における聴力検査はオージオメーターを用いて行う
が，検査音の高さと音量を書きなさい。

(5) 急性出血性結膜炎の病原体であるウイルスの名称を書きなさい。

(6) 結核及び第3種の伝染病にかかった者について，学校保健法施行
規則第20条に定められている出席停止の期間の基準を書きなさい。

(7) 児童生徒の定期健康診断における結核の精密検査の結果，指導区
分の欄にB2と書かれていた。そのとるべき措置について，生活規正
の面及び医療の面から書きなさい。

(☆◎◎◎◎)

【2】事故者を発見した場合，事故者の状況で対応の仕方が変わってくる。
次の(1)〜(3)の状態の場合，どのように対応すればよいか書きなさい。

(1) 意識がないが，呼吸もあり心臓も動いている。

(2) 意識がなく，呼吸もないが心臓は動いている。

(3) 呼吸もなく，心臓も動いていない。

(☆◎◎◎◎)

【3】学校における定期健康診断で心臓の精密検査を指示され，その結果，
「学校生活管理指導表」が提出された児童生徒にどのように対応すれ
ばよいか，4つ書きなさい。

(☆☆◎◎◎)

【4】 次の文の（　　）の中にあてはまる語句を書きなさい。

　　熱中症とは，暑さの中で起こる障害の総称であり，大きく分けると
（　a　）（　b　）熱射病の3つに分けることができる。

　　気温が高いと熱中症の危険が高まるが，それほど高くない気温
（25℃～30℃）でも（　c　）が高いときや体が（　d　）に慣れてい
ない場合にも多く発生する。

　　学校の管理下で起きている熱中症の事故は，運動部の活動中におき
ているものがほとんどである。こまめに休憩をとったり（　e　）を
補給するなど，児童生徒の健康管理等に留意して，熱中症を予防する
ことが大切である。

(☆☆○○○)

【5】 重症の熱射病の徴候と応急措置について書きなさい。

(☆☆○○○)

【6】 健康相談活動は，養護教諭の職務の特質や保健室の機能を生かして
行う教育活動のひとつである。そのプロセスはおおよそ次の5段階に
分けて考えられる。（　a　）～（　d　）の段階におけるそれぞれの主
な内容を書きなさい。

(1)　身体的症状の訴え
　　　　　↓
(2)　背景要因の分析　　　（　　　　　　（　a　）　　　　　　　）
　　　　　↓
(3)　心因の具体的要因の分析，支援者の決定
　　　　　↓　　　　　　　（　　　　　　（　b　）　　　　　　　）
(4)　支援活動　　　　　　（　　　　　　（　c　）　　　　　　　）
　　　　　↓
(5)　フォローアップ　　　（　　　　　　（　d　）　　　　　　　）

(☆☆☆○○○)

191

【７】次の(1)・(2)の問いに答えなさい。

(1)　次の(a)～(d)の問いについて該当するものを，ア～エから選び記号で答えなさい。

　　なお，該当するものが複数ある場合には，すべての記号を答えること。

(a)　精神的にも身体的にも薬物に頼ってしまい，薬物をやめられない状態

　　ア　渇望　　イ　依存　　ウ　急性中毒　　エ　耐性

(b)　覚せい剤と似たような中枢神経刺激作用と，LSDのような幻覚作用のある薬物

　　ア　あへん　　イ　大麻　　ウ　コカイン　　エ　MDMA

(c)　災害が発生した日が近づいた時に，子どもが不安定になったり，種々の反応をすること

　　ア　PTSD　　　　イ　摂食障害　　　ウ　アニバーサリー反応

　　エ　引きこもり

(d)　学校保健法施行規則第20条により出席停止を行った場合に設置者に報告する内容

　　ア　学校の名称　　　　　　　　イ　停止の理由及び期間

　　ウ　停止させた児童生徒の氏名　　エ　指示した年月日

(2)　薬物乱用に関する次の語句について，簡単に説明しなさい。

(a)　薬物探索行動

(b)　フラッシュバック

(☆☆◎◎◎)

【８】学校環境衛生について，次の(1)・(2)の問いに答えなさい。

(1)　学校保健法施行規則第22条の2第3項に，「学校においては，必要があるときは，臨時に，環境衛生検査を行うものとする。」とある。これはどんな時か，4つ書きなさい。

(2)　次の（　a　）～（　f　）にあてはまる語句または数字を書きなさい。

・　学校保健法第（　a　）条に「学校においては，換気，採光，
（　b　）及び保温を適切に行い，（　c　）を保つ等環境衛生の維
持に努め，必要に応じてその（　d　）を図らなければならない。」
と示されている。
・　学校給食従事者の健康診断は年（　e　）回，検便は月（　f　）
回以上実施されることが望ましい。

（☆◎◎◎◎）

【9】学校保健法施行規則第4条に示されている検査の項目のうち，次の
項目以外のものを5つ書きなさい。
○　身長，体重及び座高
○　脊柱及び胸郭の疾病及び異常の有無
○　眼の疾病及び異常の有無
○　耳鼻咽頭疾患及び皮膚疾患の有無
○　心臓の疾病及び異常の有無
○　寄生虫卵の有無
○　その他の疾病及び異常の有無

（☆◎◎◎◎◎）

【10】学校保健計画については，昭和33年に文部省から出された通達「学
校保健法および同法施行令等の施行について」に，「学校においては，
児童，生徒，学生または幼児ならびに職員の健康診断その他その保健
に関する事項について，法，令および規則の規定に従いながらその地
域その学校の実情に応じた具体的な実施計画を立て，これを実施しな
ければならないものであること。」とある。
　　この通達に従って月間計画を立てるときの項目を，3つ書きなさい。

（☆☆◎◎）

【11】発熱の定型的な3つの熱型について説明しなさい。
(1)　稽留熱　　　(2)　弛張熱　　　(3)　間歇熱

（☆☆◎◎）

解答・解説

【1】(1)　後天性免疫不全症候群　　(2)　B・C　　(3)　アデノウイルス
3型　　(4)　1000HZ30db，4000HZ25db　　(5)　エンテロウイルス70型
(6)　症状により学校医その他の医師において伝染のおそれがないと認
めるまで　　(7)　B：要軽業　（授業に制限をくわえる必要があるも
の）　　2：要観察（定期的に医師の観察指導を必要とするもの）

〈解説〉学校保健法施行規則第19条の学校において予防すべき伝染病につ
いてはしっかりおさえておきたい。出席停止の期間はもちろんのこと，
それぞれの伝染病の症状や病原体，その潜伏期間などについて理解し
ておくこと。

【2】(1)　回復体位にする（気道確保し，呼吸をずっと観察する）
(2)　気道確保と人工呼吸（毎分，循環のサインを観察する）
(3)　気道確保と人工呼吸，心臓マッサージの順に開始して，人工呼吸
と心臓マッサージを交互に行う

〈解説〉

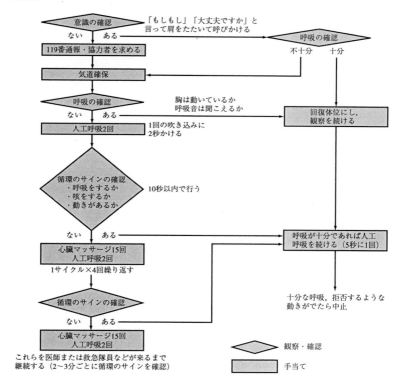

　　心肺蘇生法の手順を示す。傷病者の発生からの流れをしっかりおさ
　えておくこと。（日本赤十字社編集「救急法講習教本」より抜粋）

【3】①　養護教諭，担任が中心となり，学校管理指導表の細部について，
　　家庭と連絡をとり，具体的な対応を確認する。　　②　必要に応じて，
　　主治医や学校と相談　　③　学校生活や家庭生活での注意事項を確認
　　するとともに，特に運動については，具体的な活動内容を示し，学
　　校・家庭との間で共通理解を図る。　　④　児童生徒のプライバシー保
　　護という観点から，守秘義務の徹底を図る。

〈解説〉現在使用されている「学校生活管理指導表」は平成14年に，新しい学習指導要領に基づいて改訂されたものである。

改訂の要点としては以下の4つがあげられる。

① 1枚だった指導表を，小学生用と中・高校占用に分割

② 運動種目とその取り組み方による運動強度区分を明確化

③ 生活指導区分を「A」から「E」の5段階に

④ 医療区分の廃止

【４】(a)　熱疲労　　(b)　熱けいれん　　(c)　湿度　　(d)　暑さ
(e)　水分

〈解説〉熱疲労・熱けいれん・熱射病のそれぞれの状態（症状）と処置について理解しておきたい。また，熱中症予防法の原則としては，① 環境条件に応じて運動する，② こまめに水分を補給する，③ 暑さに慣らす，④ できるだけ薄着にし，直射日光は帽子で避ける，⑤ 肥満など暑さに弱い人には特に注意する，があげられる。平成15年にスポーツ振興センターから「熱中症を予防しよう―知って防ごう熱中症―」が発行されたので参考にするとよい。

【５】徴候：意識障害，足がもつれる，ふらつく，転倒する，突然座り込む，立ち上がれない，応答が鈍い，意識がもうろうとしている，言動が不自然

応急措置：① 救急車の要請し，同時に応急手当　② 日陰で風通しのよい涼しい場所に運ぶ　③ 全身を冷やす。（体温を下げる）服をゆるめたり脱がせたりして，水をかけたり濡れタオルを当てて扇ぐ。氷やアイスパックを頸部，腋下，大腿の内外に当てて冷やす。

〈解説〉熱射病（重症）は体温調節が破綻して起こり，高体温で種々の程度の意識障害が起こる。暑熱環境下で，応答が鈍い，言動がおかしいなど少しでも意識障害がある場合には，重症の熱射病を疑って対処するとよい。

【6】(a) ① <u>心身の健康観察</u>（問診・視診・触診等）

（日常における情報収集）

（健康観察結果や来室データを踏まえた判断）

（保健調査の活用）

② <u>必要に応じた医師の診察</u>（器質性要因は医療機関へ，受診指導

③ 必要に応じたスクールカウンセラーの相談

(b) ① <u>具体的要因の明確化</u>

（保護者との面接，担任等との情報交換）

（収集データの分析）（症状の見極め）

② 支援者の決定

（養護教諭が自ら支援）

（相談機関・カウンセラーへの橋渡し）

<u>（症状の程度に応じた適切な支援者の判断）</u>

(c) ① カウンセリングによる対処

（校内体制の確立，役割分担，保健室の環境づくり，事例研究，

手当と休養）

② 担任等への連絡・助言

③ 校内連携への推進と課題の共有

④ 保護者との相談

⑤ 地域の諸機関との連携

⑥ 医療機関や相談機関との連携

(d) ① 継続支援

② 日常の健康観察

③ 担任，保護者との連携

〈解説〉健康相談活動は，平成9年の保健体育審議会答申で「養護教諭の
新たな役割」として述べられた。そこで養護教諭に求められる資質と
しては，①保健室を訪れた児童生徒に接した時に必要な「心の健康問
題と身体症状」に関する知識理解，これらの観察の仕方や受け止め方
等についての確かな判断力と対応力（カウンセリング能力），②健康
に関する現代的課題の解決のために個人又は集団の児童生徒の情報を

収集し，健康課題をとらえる力量や解決のための指導力である。

【7】(1) (a) イ　　(b) エ　　(c) ウ　　(d) ア　イ　エ

(2) (a) どのような方法を用いても薬物を手に入れようとすること

(b) 薬物をやめていても，少量の薬物や飲酒・ストレス等ごく小さな刺激によって突然幻覚・妄想等の薬物精神病が再発すること

〈解説〉(1) (b)のMDMAは合成麻薬である。　　(d)の出席停止を行った場合に報告する内容は，①学校の名称，②出席を停止させた理由及び期間，③出席停止を指示した年月日，④出席を停止させた児童，生徒，学生又は幼児の学年別人員数，⑤その他参考となる事項である。

【8】(1) ① 伝染病又は食中毒の発生のおそれがあり，また発生したとき　② 風水害等により環境が不潔になり又は汚染され，伝染病の発生のおそれがあるとき　③ 机・いす・コンピュータ等新たな学校用備品の搬入によりホルムアルデヒド及び揮発性有機化合物の発生のおそれがあるとき　④ その他必要なとき　　(2) (a) 3

(b) 照明　　(c) 清潔　　(d) 改善　　(e) 3　　(f) 2

〈解説〉学校環境衛生については頻出問題である。学校環境衛生に関しては，学校保健法第3条と学校保健法施行規則第22条の2から第22条の4までに定められている。学校環境衛生の目的，「学校環境衛生の基準」においてはその目的と項目，検査内容，判断基準，事後措置などについて理解しておきたい。

【9】(1) 栄養状態　　視力及び聴力　　歯及び口腔の疾病及び異常の有無　　結核の有無　　尿

〈解説〉学校保健法第6条に定められている健康診断の項目である。これと合わせて，職員の健康診断の項目（学校保健法施行規則第10条）と就学時の健康診断の項目（学校保健法施行令第2条）についてもおさえておきたい。

	児童，生徒，学生及び幼児の健康診断	職員の健康診断	就学時の健康診断
項目	1. 身長，体重及び座高 2. 栄養状態 3. 脊柱及び胸郭の疾病及び異常の有無 4. 視力及び聴力 5. 眼の疾病及び異常の有無 6. 耳鼻咽頭疾患及び皮膚疾患の有無 7. 歯及び口腔の疾病及び異常の有無 8. 結核の有無 9. 心臓の疾病及び異常の有無 10. 尿 11. 寄生虫卵の有無 12. その他の疾病及び異常の有無 （学校保健法施行規則第4条）	1. 身長及び体重 2. 視力及び聴力 3. 結核の有無 4. 血圧 5. 尿 6. 胃の疾病及び異常の有無 7. 貧血検査 8. 肝機能検査 9. 血中脂質検査 10. 血糖検査 11. 心電図検査 12. その他の疾病及び異常の有無 （学校保健法施行規則第10条）	1. 栄養状況 2. 脊柱及び胸郭の疾病及び異常の有無 3. 視力及び聴力 4. 眼の疾病及び異常の有無 5. 耳鼻咽頭疾患及び皮膚疾患の有無 6. 歯及び口腔の疾病及び異常の有無 7. その他の疾病及び異常の有無 （学校保健法施行令第2条）

【10】 ① 学校保健法第11条の健康相談 ② 学校内の清潔検査 ③ 児童，生徒または幼児の身体及び衣服の清潔検査 ④ 体重の検査 ⑤ 学校保健委員会などの開催および運営 ⑥ その他必要な事項

〈解説〉月間計画の項目については，昭和33年に文部省から出された通達「学校保健法および同法施行令等の施行にともなう実施基準について」にある。また，年間計画の項目についてもあるので，以下に述べる。

（年間計画の項目）

① 法第6条の児童，生徒，学生および幼児の定期または臨時の健康診断

② 法第7条の健康診断の結果に基く事後措置

③ 学校における伝染病および食中毒の予防措置

④ 学校の環境衛生検査

⑤　学校の施設および設備の衛生的改善

⑥　大掃除

⑦　夏季保健施設の開催

⑧　その他必要な事項

【11】(1)　体温が持続して高く，1日中の体温の差（日差）が1℃以下であるもの。　(2)　体温の日差が1℃以上で，低いときでも正常の体温にならないもの。　(3)　高熱が数時間続き，一定時間後に急に解熱する。この高温と平熱が間歇的に起こるもので，日差は1℃以上である。

〈解説〉それぞれの熱型を示す病気は以下のものである。

稽留熱…肺炎，腸チフス，栗粒結核など

弛張熱…急性呼吸器感染症，マイコプラズマ肺炎，細菌性肺炎，敗血症，悪性腫瘍など

間歇熱…マラリア，回帰熱など

a.稽留熱　　b.弛張熱　　c.間歇熱

（系統看護学講座　専門基礎1人体の構造と機能［1］解剖生理学　P.454　図125より抜粋）

2004年度　実施問題

【1】次の(1)〜(5)の各文の(　　)に，あてはまる語句または数字を書きなさい。

(1) 小学校及び中学校における結核対策については，これまで，ツベルクリン反応検査及びBCG接種が実施されてきたが，(　ア　)からは，全学年児童生徒を対象に，(　イ　)により行うものと改められた。

(2) 身長153.2cm，体重62kgである女性の肥満度は(　ウ　)％で(　エ　)肥満である。なお，この場合の標準体重は46.3kgとし，肥満度は小数第2位を四捨五入するものとする。

(3) 平成10年7月1日，教育職員免許法の一部を改正する法律(平成10年法律第98号)が施行され，現職の養護教諭で，養護教諭として(　オ　)年以上の勤務経験を有する者は，当分の間，その勤務校において，(　カ　)の教科の領域に係る事項の教授を担任する教諭等になることができるようになった。

(4) 定期健康診断における聴力検査は，(　キ　)を用いて行っている。その対象学年については，小学校では，少なくとも(　ク　)において，また，中学校及び高等学校では，少なくとも(　ケ　)において，必ず検査を行うこととされる。

(5) 平成14年に(　コ　)が制定され，受動喫煙防止に係る努力義務が規定された。

(☆☆☆◎◎◎◎)

【2】次の(1)・(2)の問いに答えなさい。

(1) 学校保健法施行規則第19条に定められている伝染病について，第1種の伝染病を5つあげなさい。また，第2種及び第3種の伝染病について，次にあげられたもの以外のすべての伝染病を書きなさい。

第2種　インフルエンザ，百日咳，風疹，結核

第3種　流行性角結膜炎

(2)　次の①～③の文は，学校保健法施行規則第20条に定められている
出席停止の期間の基準について説明したものです。(　　)にあては
まる語句または数字を書きなさい。

①　第1種の伝染病にかかった者については，(　ア　)。

②　インフルエンザにあっては，(　イ　)。

③　結核及び第3種の伝染病にかかった者については，病状により
(　ウ　)その他の医師において(　エ　)のおそれがないと認めるま
で。

(☆☆☆○○○○○)

【3】歯科検診の判定結果について，次の(1)・(2)の問いに答えなさい。

(1)　ある歯科検診の判定結果について，児童生徒健康診断票に「GO」
や「G」の記録があった。この「GO」や「G」の意味をそれぞれ説
明しなさい。

(2)　歯垢の状態を表す「0」，「1」，「2」についてそれぞれ説明しなさ
い。

(☆☆☆○○○)

【4】日本蘇生学会による成人(8歳以上)の心肺蘇生法の手順について，
次の(1)～(5)の問いに答えなさい。

(1)　傷病者を発見した後，意識があるかどうかを，どのようにして確
かめるか，書きなさい。

(2)　気道確保の方法を2つ書きなさい。

(3)　十分な呼吸をしているかどうかを確認する方法を2つ書きなさい。

(4)　循環のサインを3つ書きなさい。

(5)　循環のサインが認められない場合に行う措置を，2つ書きなさい。

(☆☆☆○○○○○)

【5】 平成14年9月の中央教育審議会答申(「子どもの体力向上のための総合的な方策について」)において，子どもの生活習慣の改善のための「健康3原則」として掲げられている3つの事項を書きなさい。

(☆☆☆◎◎◎)

【6】 エイズについて，次の(1)〜(3)の問いに答えなさい。
 (1) 『みんなで生きるために－エイズ教育参考資料』(日本学校保健会編)に示されているエイズ教育の目標を書きなさい。
 (2) HIV(エイズウイルス)の感染経路を3つ書きなさい。
 (3) ウインドウ・ピリオドについて説明しなさい。

(☆☆☆☆◎◎◎)

【7】 次の(1)〜(5)の文を読み，下線部が正しいものに○を付け，誤っているものには×を付けて訂正しなさい。
 (1) コンピュータ設置の教室やワープロ，ディスプレイ等を使用する教室の机上の照度は500〜1000ルクス程度が望ましい。
 (2) 教室内の二酸化炭素の濃度は1,000ppm以下であることが望ましい。
 (3) 教室内の一酸化炭素の濃度は10ppm以下であることが望ましい。
 (4) 学校給食設備及びその取扱い状況の検査は毎学年2回定期に行う。
 (5) 窓を開けているときの教室内の騒音レベルは，中央値60dB以下であることが望ましい。

(☆☆◎◎◎◎)

【8】 シックハウス症候群について，次の(1)〜(3)の問いに答えなさい。
 (1) 室内を汚染しているといわれている主な化学物質を4つ書きなさい。
 (2) (1)の物質が，人体に影響を与えることにより起こるとされている主な症状を5つ書きなさい。
 (3) シックハウス症候群を予防するために，日常生活で留意すべき点

を2つ書きなさい。

(☆☆☆☆◎◎◎◎)

【9】平成9年9月に保健体育審議会答申「生涯にわたる心身の健康の保持増進のための今後の健康に関する教育及びスポーツの振興のあり方について」が出されました。

　次の文章は，この答申中，「養護教諭の新たな役割」についての提言の抜粋です。(　　)にあてはまる言葉を書きなさい。

　近年の心の(　ア　)等の深刻化に伴い，学校における(　イ　)等の機能の充実が求められるようになってきている。この中で，養護教諭は，児童生徒の(　ウ　)不調の背景に，(　エ　)などの心の(　ア　)がかかわっていること等のサインにいち早く気付くことのできる立場にあり，養護教諭のヘルスカウンセリング(健康相談活動)が一層重要な役割を持ってきている。養護教諭の行うヘルスカウンセリングは，養護教諭の(　オ　)の特質や(　カ　)の機能を十分に生かし，児童生徒の様々な訴えに対して，常に(　キ　)な要因や背景を念頭に置いて，心身の観察，問題の(　ク　)の分析，解決のための支援，関係者との連携など，心や体の両面への対応を行う健康相談活動である。

(☆☆☆◎◎◎◎◎)

【10】次の(1)～(3)の問いに答えなさい。
　(1)　学校保健法施行規則第8条の2に定められている保健調査の意義を4つ書きなさい。
　(2)　学校保健法施行規則第13条第2項は，職員の健康診断において医師が行った指導区分に基づき，学校の設置者が職員に対してとるべき事後措置の基準を定めている。この基準の下，指導区分「A」「1」に該当するものとされた職員に対しては，どのような事後措置をとるべきか，書きなさい。
　(3)　現在，子どもの虐待が深刻な社会問題となっています。児童虐待の種類を4つ書きなさい。

(☆☆☆☆☆◎◎◎)

【11】捻挫，打撲，肉離れ等のけがをしたときの救急処置を4つの英単語の頭文字を取り，「ライス＝RICE」と呼んでいますが，それぞれの英単語の意味と，具体的な方法を書きなさい。

(☆☆☆◎◎◎◎)

解答・解説

【1】ア　平成15年度　イ　問診　ウ　33.9　エ　高度　オ　3
カ　保健　キ　オージオメータ　ク　1，2，3，5学年
ケ　1，3学年　コ　健康増進法

〈解説〉(1)　結核検診については方法について理解を深めておきたい。
(2)　式は$\frac{62-46.3}{46.3}\times100=33.9\cdots$となる。　(3)　教育職員免許法の附則18を参照。あわせて学習指導要領についても学習しておくこと。
(5)　健康増進法第25条に規定されているので参照しておく。養護教諭は健康増進法の第6条にあるように，学校における健康増進事業を行う者に位置づけられている。

【2】(1)　○第1種→エボラ出血熱，クリミア・コンゴ出血熱，ペスト，マールブルグ病，ラッサ熱，急性灰白髄炎，コレラ，細菌性赤痢，ジフテリア，腸チフス，パラチフス重症急性呼吸器症候群，痘そうの中から5つ。　○第2種→麻疹，流行性耳下腺炎，水痘，咽頭結膜熱
○第3種→腸管出血性大腸菌感染症，急性出血性結膜炎
(2)　ア　治癒するまで　イ　解熱した後2日を経過するまで
ウ　学校医　エ　伝染

〈解説〉伝染病については学校保健法施行規則第19条から22条までをしっかり学習しておく。特に事後措置や出席停止については学校保健法とあわせて覚えておきたい。

【3】(1)　GO：歯周疾患要観察者のことで，歯肉に軽度の炎症症候が認められているが，歯石沈着は認められず，注意深いブラッシングを行うことによって炎症症候が消退するような歯肉の保有者をいう。

G：歯科医による診断と治療が必要な歯周疾患者をいう。

(2)　0：ほとんど付着なし　　1：若干の付着あり　　2：相当の付着あり

〈解説〉(1)　歯周疾患者は増加しており，う歯よりも治療率が悪いのが現状である。正しいブラッシング指導や歯周疾患の知識を保健だよりなどで提供していくことが必要である。　(2)　歯垢の状態は，前歯唇面の歯垢の付着状態を観察する。

【4】(1)　「大丈夫ですか」「もしもし」と言って，肩を軽くたたいて呼びかける。　(2)　頭部後屈顎先挙上法，下顎挙上法(下顎押し出し法)

(3)　胸の動きは十分か，呼吸音ははっきり聞こえるか　(4)　呼吸をするか，咳をするか，動きがあるか　(5)　心臓マッサージ，人工呼吸

〈解説〉心肺蘇生法の手順についてはしっかりと覚えておきたい。特に循環のサインについては問われやすいので，学習しておく必要がある。

【5】調和のとれた食事，適切な運動，十分な休養・睡眠

〈解説〉体を動かすことと心身の発達は密接に関係しており，心身ともにバランスのとれた発達を促していくことが重要である。「健康三原則」が子ども自身に徹底されるためには，家庭や学校，地域における連携の上での取組みが必須であることがいえる。

【6】(1)　エイズの疾病概念，感染経路及び予防方法を正しく理解させ，エイズを予防する能力や態度を育てるとともに，エイズに対するいたずらな不安や偏見・差別を払拭する。　(2)　性行為による感染，血液による感染，母子感染，麻薬などの注射針の共用による感染　から3つ。

(3)　ウイルスに感染した場合，感染してすぐに抗体検査をしても抗体ができていずに，ウイルスの存在も検出することのできない期間のこ

とをいう。

〈解説〉(3)　この期間はウイルスによって異なる。おおよそ11～34日間とされているが，HIVの場合，もっと長い日数になることも考えられる。

【7】(1)　○　　　(2)　×→1500ppm　　　(3)　○　　　(4)　×→1回
(5)　×→55dB

〈解説〉学校環境衛生検査の項目と基準値はしっかりと把握しておくこと。また，「教室等の空気」にホルムアルデヒド及び揮発性有機化合物が加わったので，注意しておきたい。

【8】(1)　ホルムアルデヒド，トルエン，キシレン，パラジクロロベンゼン　　　(2)　目や喉の痛み，倦怠感，吐き気，頭痛，咳，めまい，知覚異常，集中力・記憶力の低下，疲労のしやすさなどから5つ。
(3)　・外部から教室に入ったとき，不快な刺激や臭気がないか注意する。　　・換気を適切に行うこと。　　・健康観察や保健室来室記録に注意深く目を通す。など，2つ。

〈解説〉シックハウス症候群とは，建材や塗料，家具などに使われている化学物質に汚染された室内空気の暴露によって体調不良を起こすものである。原因となる建築物を離れるとその症状は和らぐという特徴がある。シックハウス症候群が原因となる不登校児童・生徒もあらわれると考えられるため，定期環境衛生検査は重要となってくる。

【9】ア　健康問題　　イ　カウンセリング　　ウ　身体的　　エ　いじめ
オ　職務　　カ　保健室　　キ　心的　　ク　背景

〈解説〉養護教諭は，専門的立場から実態を把握し，心身の健康に問題を有する子どもたちや健康な子どもたちへの指導を行う役割がある。答申にもあるように，養護教諭の役割は幅広いものとなっていく。保健の授業への参加も多くなっており，知識も幅広いものが要求されているといえる。

【10】(1)　・事前に個々の児童生徒等の健康情報を得ることができる。
・健康状態を総合的に評価する補助資料となる。　　・健康診断がより
的確に行われるとともに診断の際の参考になるなど，健康診断を円滑
に実施することができる。　　・児童生徒等のライフスタイル等の情報
は学級活動・ホームルーム活動における保健指導や個別指導をはじめ
とする日常の保健管理・保健指導等に活用することができる。
(2)　療養のために必要な期間勤務を休み，医師による直接の医療行為
を受けるようにする。　　(3)　身体的虐待，精神的虐待，性的虐待，ネ
グレクト

〈解説〉(1)　定期健康診断の事前準備における健康実態の把握において，
保健調査は大切なものである。保健調査の主な内容としては，成育歴
などの健康基礎調査や既往歴，本人の自覚症状，家族の健康状態等が
あり，個人のプライバシーに十分配慮した管理が必要となる。
(2)　アルファベットは生活規正の面，数字は医療の面での区分を示し
ている。「A」は休暇又は休職等の方法で療養のため必要な期間勤務さ
せないこと。「I」は必要な医療を受けるよう指示すること。
(3)　虐待の報告件数は増加している。養護教諭は子どもたちの心身と
直接関わる職業であり，わずかなサインに気づいたり，身体の異常を
発見できる立場にある。学校から児童相談所への通告義務もあること
も学習しておきたい。

【11】R…RESTの頭文字で「安静」の意味。副子，包帯，三角巾などで固
定し，安静にする。　　I…ICINGの頭文字で「冷却」の意味。氷をビニー
ル袋に入れるなどしてタオルにくるんで冷やす。　　C…COMPRESSION
の頭文字で「圧迫」の意味。スポンジなどを当てて包帯で圧迫する。
E…ELEVATIONの頭文字で「高挙」の意味。毛布をまるめるなどして
その上に患部をおき，高くする。

〈解説〉骨折は腫れ，変形，変色，骨折部にさわった時の激痛が症状とし
てみられる。学校でも多いけがなので，正しい検査や処置の方法を身
につけておきたい。

2003年度　　実施問題

【1】視力検査について，次の問いに答えよ。

(1)　検査は，被検査者を教室に入れてから何分以上たってから始めるか。

(2)　右0.6，左0.9の被検査者の評価は何か。

(☆◎◎◎◎)

【2】学校保健法第17条の政令で定める疾病をすべて書け。

(☆☆☆◎◎)

【3】次の表は，定期健康診断の検査項目及び実施学年である。表の中に，ほぼ全員に実施される項目には◎，必要時または必要者に実施されるものには○，検査項目から除くことができる項目には△を書き，表を完成させなさい。

検査項目 ＼ 実施学年	幼稚園	小学校 1年	2年	3年	4年	5年	6年	中学校 1年	2年	3年	高学校 1年	2年	3年	大学
身長，体重，座高														
栄養状態														
聴力														
歯及び口腔														
視力　裸眼の者														
視力　眼鏡等使用者の裸眼														
心臓　臨床医学的検査														
心臓　心電図検査														
尿														
寄生虫卵														

(☆☆◎◎◎◎)

【４】次の語句を説明せよ。

(1)　NIDDM

(2)　BMI

(3)　DMF

(4)　O-157

(5)　蘇生法ABC

(☆☆☆◎◎)

【５】飲料水の管理について次の問いに答えよ。

(1)　(　　)の中に適語を入れよ。

　　給水栓水について残留塩素は，遊離残留塩素(　①　)mg/l以上保持されていること。ただし，原水が病原生物によって著しく汚染されるおそれのある場合は，遊離残留塩素は(　②　)mg/l以上とすること。

　　給水栓水について(　③　)・(　④　)・(　⑤　)等に異常がないこと。

(2)　異常が見られたときの事後措置を述べよ。

(☆☆☆☆◎◎◎)

【６】次の文は，学校伝染病第2種の出席停止の期間である。(　　)の中に適語を入れて文を完成させよ。

・インフルエンザにあっては，解熱したあと(　①　)日を経過するまで

・百日咳にあっては(　②　)が消失するまで

・麻疹にあっては，解熱後(　③　)日を経過するまで

・流行性耳下腺炎にあっては，(　④　)の(　⑤　)が消失するまで

・風疹にあっては，(　⑥　)が消失するまで

・水痘にあっては，(　⑦　)が(　⑧　)するまで

・咽頭結膜熱にあっては，主要症状が消退した後(　⑨　)日を経過するまで

(☆◎◎◎◎)

【7】 サッカーをしていた生徒が,「気持ち悪い」を訴えた後，意識を失った(日中2時間くらいサッカーをしていた)。考えられる疾病名を一つあげ，救急処置を書け。

(☆☆◎◎◎)

【8】 ヘルスプロモーションの定義について述べよ。

(☆☆☆☆◎◎)

【9】 STDといわれる疾患を2つ挙げ，潜伏期間，症状，感染経路等を含めて説明せよ。

(☆☆☆☆◎◎◎)

【10】 担任からA子さんを保健室登校させて欲しいと言われた。この時，確認すべき事項と，支援方法を書け。

(☆☆☆☆◎◎◎)

解答・解説

【1】 (1) 2分　(2) 右→C　左→B

【2】 トラコーマ及び結膜炎・白癬，疥癬及び膿痂疹・中耳炎・慢性副鼻腔炎及びアデノイド・う歯・寄生虫病
〈解説〉
学校保健法施行令第7条

【3】

検査項目 ＼ 実施学年	幼稚園	小学校						中学校			高学校			大学
		1年	2年	3年	4年	5年	6年	1年	2年	3年	1年	2年	3年	
身長，体重，座高	◎	◎	◎	◎	◎	◎	◎	◎	◎	◎	◎	◎	◎	◎（座高）
栄養状態	◎	◎	◎	◎	◎	◎	◎	◎	◎	◎	◎	◎	◎	
聴力	◎	◎	◎	◎	◎	◎	△	◎	◎	△	◎	◎	△	
歯及び口腔	◎	◎	◎	◎	◎	◎	◎	◎	◎	◎	◎	◎	◎	
視力 裸眼の者	◎	◎	◎	◎	◎	◎	◎	◎	◎	◎	◎	◎	◎	△
視力 眼鏡等使用者の裸眼	△	△	△	△	△	△	△	△	△	△	△	△	△	△
心臓 臨床医学的検査	◎	◎	◎	◎	◎	◎	◎	◎	◎	◎	◎	◎	◎	◎
心臓 心電図検査	△	△	△	△	△	△	△	△	△	△	△	△	△	△
尿	◎	◎	◎	◎	◎	◎	◎	◎	◎	◎	◎	◎	◎	
寄生虫卵	◎	◎	◎	◎	△	△	△	△	△	△	△	△	△	△

【4】(1)　インスリン非依存型糖尿病のこと。40歳以後に発症することが多く，また肥満を伴うことが多い。食事・運動療法などにより治療。近年，子どもにも増えている。

(2)　身長と体重から算出する体格指数・肥満の診断基準である。

$$\frac{体重(kg)}{身長(m)^2} \text{で求める。}$$

(3)　健全歯の割合を知るための指標。

$$\frac{D数＋M数＋F数}{現在歯数} \times 100 \text{で求める。}$$

(D→う歯　M→喪失歯　F→処置歯)

(4)　腸管出血性大腸菌の一種で，ベロ毒素を出す細菌。これに感染すると，腹痛，下痢，血便などの症状があらわれ，まれに腎臓・脳に障害をもたらすHUSを引き起こす。抵抗力の弱い小児・高齢者は特に注意を要する。

(5)　英語の頭文字からとり，Aは気道確保，Bは人工呼吸，Cは心臓マッサージを意味する。心肺蘇生法を構成しているものである。

【5】(1) ① 0.1 ② 0.2 ③ 外観 ④ 臭気 ⑤ 味
(2)・井戸その他を給水源とする場合には，水源の環境をよく調べ，原水が汚染を受けるおそれがある場合は，速やかに適切な措置を講ずる。・施設・設備の構造が汚染を受けるおそれがある場合は，速やかに補修，改造するなど適切な措置を講ずる。・施設・設備を構成する材料，塗装が不良であるか，老朽している場合は，速やかに補修，改造するなど適切な措置を講ずる。・施設・設備に故障，破損，老朽及び漏水などがある場合は，速やかに補修，改造するなど適切な措置を講ずる。（・養教としては，校長へ報告，学校薬剤師への相談等)

【6】① 2 ② 特有の咳 ③ 3 ④ 耳下腺 ⑤ 腫脹
⑥ 発疹 ⑦ すべての発疹 ⑧ 痂疲化 ⑨ 2

【7】日射病(熱射病) ・日陰で，風通しのよい涼しい場所に運び，仰臥位にし，顔が赤いときは上半身をやや高くする。・体温が高い場合は，頭部，頸部，腋窩，大腿等を氷のうで冷やし，体温を下げる。・口渇を訴えたときは薄い食塩水を与える。

【8】人が自らの健康をコントロールし，改善することができるようにするプロセス。健康上の問題を解決していくには，個人に対する指導や教育だけでなく，個人を取り巻く社会環境に働きかけていくことが不可欠という新しい考え方。

【9】〈解答例〉・性器クラミジア感染症：最も患者が多い性感染症。尿道炎や子宮頸管炎にかかっていることに気付かなかったり，症状が現れないまま経過することが多い。性交により感染する。潜伏期間は1〜3週間。・性器ヘルペス感染症：男女とも外陰部に多数の水ぶくれができて，痛みや発熱を伴う。なかには症状が現れないこともある。潜伏期間は2〜12日。
〈解説〉他にも，淋菌感染症，尖圭コンジローマ，梅毒，性器カンジダ症，

エイズ等がある。

【10】〈確認事項〉・本人(B子)が保健室登校を望んでいるか。　・保護者が保健室登校を理解し，協力してくれるか。　・教職員の共通理解・協力が得られるか。　・保健室で受け入れる環境条件が整っているか。・養護教諭として，保健室登校に対しての協力体制・支援計画があるか。

〈支援方法〉

初期：信頼と安心感を確立する対応をする。

　　　　話を受容・共感的に聴く。

　　　　安心できる居場所づくり。

　　　　校内・校外との連携。

　　　　支援方針を立てる。

中期：人間関係を深める。

　　　　自己を表現する支援をする。

　　　　話を受容・共感的に，かつ時間・場所を設定して聴く。

後期：意図的に保健室以外の場所へ行くことができるようにする。

　　　　規則を認識させる。

　　　　自分の気持ちを認識し，コントロールさせる。

〈解説〉養護教諭が一人でかかえ込まずに，保護者，教職員，その他関係機関と連携して支援していく必要がある。

　　保健室登校の問題では他に，意義について問われることも多い。

〈意義〉・心の居場所を得て，心と身体の安定が図れる。・養護教諭との信頼関係を図り，安心して自己を表現することができる。・個別の支援計画に基づき，養護教諭や教職員が個別に対応することができる。　・他の児童・生徒や教職員とのコミュニケーションを通し，人間関係をはぐくむなど社会性が身に付くよう支援できる。など。

第3部

チェックテスト

過去の全国各県の教員採用試験において出題された問題を分析し作成しています。実力診断のためのチェックテストとしてご使用ください。

養護教諭

【1】 学校保健について，次の文中の各空欄に適する語句を答えよ。

（各2点　計10点）

　　学校保健は学校における（　①　）と保健管理をいう。（　①　）の目的は，自らが健康な行動を選択し，決定し，実践していくことのできる主体の育成にある。また，（　①　）は保健学習と（　②　）に大別され，保健学習は教科の体育及び保健体育を中心に，（　②　）は特別活動の（　③　）・ホームルーム活動を中心に教育活動全体を通じて行われる。このため，保健学習は，小学校では体育科の（　④　）で，中学校では保健体育科の（　⑤　）で，高等学校では保健体育科の科目保健で，学習指導要領に示された内容と授業時数で行われるようになっている。また，関連教科や総合的な学習の時間においても，健康や安全に関する学習が行われる。

【2】 学校安全について，次の各問いに答えよ。

（(1) 各2点，(2) 4点　計10点）

(1)　学校安全における3領域を答えよ。

(2)　危機管理対策の一環として心のケアを位置づける必要性がある理由を答えよ。

【3】 学校環境衛生基準(平成30年4月)について，(1)～(8)の文中にある①～⑱に適切な語句や数値をあとのア～ネから1つずつ選び，記号で答えよ。

（各1点　計18点）

(1)　机面の高さは（　①　）に座高の（　②　）を加えたもの，いすの高さは（　①　）であるものが望ましい。

(2)　教室の温度は，（　③　）℃以上，（　④　）℃以下であることが望

ましい。

(3)　教室内の(　⑤　)は，0.06ppm以下であることが望ましい。

(4)　ダニ又はダニアレルゲンについては，(　⑥　)/m²以下又はこれと同等の(　⑦　)以下であること。

(5)　コンピュータ教室等の机上の照度は，(　⑧　)～(　⑨　)lx程度が望ましい。

(6)　日常点検は毎授業日に教職員が実施するものだが，教室の換気については，外部から教室に入ったとき，不快な刺激や(　⑩　)がないか，換気が(　⑪　)に行われているかを点検する。

(7)　まぶしさは，児童生徒等から見て，(　⑫　)の外側15°以内の範囲に輝きの強い光源(昼光の場合は(　⑬　))がないこと。

(8)　次のような場合，臨時に必要な検査を行うものとする。

ア　感染症又は(　⑭　)の発生のおそれがある場合や，発生したとき

イ　(　⑮　)等により環境が不潔になり又は汚染され，感染症の発生のおそれがあるとき

ウ　新築，(　⑯　)，改修等及び机，いす，(　⑰　)等新たな学校用備品の搬入等により(　⑱　)の発生のおそれがあるとき，その他必要なとき

ア	風水害	イ	500	ウ	コンピュータ
エ	300	オ	適切	カ	下腿長
キ	食中毒	ク	100匹	ケ	揮発性有機化合物
コ	二分の一	サ	24	シ	1500
ス	臭気	セ	三分の一	ソ	二酸化炭素
タ	1000	チ	黒板	ツ	アレルゲン量
テ	改築	ト	17	ナ	二酸化窒素
ニ	200匹	ヌ	28	ネ	窓

【4】養護教諭の行う健康相談活動の定義について，文中の各空欄に適する語句を答えよ。

(各2点　計12点)

健康相談活動の定義　～平成9年保健体育審議会答申～

　養護教諭の(　①　)や(　②　)を十分に生かし，児童生徒の様々な訴えに対して，常に心的な要因や背景を念頭に置いて，(　③　)，(　④　)，(　⑤　)，(　⑥　)など，心や体の両面への対応を行う活動です。

【5】次の文は，平成27年12月21日に中央教育審議会から出された「チームとしての学校の在り方と今後の改善方策について」(答申)の中の「3.「チームとしての学校」を実現するための具体的な改善方策」で，養護教諭の現状について述べたものである。文中の各空欄に適する語句を答えよ。

(各2点　計10点)

　養護教諭は，児童生徒等の「養護をつかさどる」教員(学校教育法第37条第12項等)として，児童生徒等の保健及び(　①　)の実態を的確に把握し，心身の健康に問題を持つ児童生徒等の指導に当たるとともに，健康な児童生徒等についても健康の増進に関する指導を行うこととされている。

　また，養護教諭は，児童生徒等の身体的不調の背景に，や虐待などの問題がかかわっていること等の(　②　)にいち早く気付くことのできる立場にあることから，近年，児童生徒等の(　③　)においても重要な役割を担っている。

　特に，養護教諭は，主として保健室において，教諭とは異なる(　④　)に基づき，心身の健康に問題を持つ児童生徒等に対して指導を行っており，健康面だけでなく(　⑤　)面でも大きな役割を担っている。

【6】次の各文は，児童生徒の健康診断について述べたものである。文中の各空欄に適する語句を答えよ。

(各1点　計14点)

(1)　特発性側わん症は発見された年齢により乳児期側わん症，学童期側わん症，思春期側わん症の3つに分けられるが，(　①　)%以上が(　②　)側わん症で占められ，7対1の割合で(　③　)に多い。

(2)　視力検査において，視力表の視標は (　④　)m用が望ましいが，(　⑤　)m用を使用してもよい。また視標面の照度は (　⑥　)～(　⑦　)ルクスとする。

(3)　就学時健康診断あるいは，定期健康診断において栄養状態が悪いと思われる子どもの場合は，「子どもの(　⑧　)」を心にとめておく必要がある。

(4)　心臓検診の目的は，心疾患の(　⑨　)と心疾患児に日常生活の適切な指導を行い子どもの(　⑩　)を高め，生涯を通じて，できるだけ健康な生活を送ることができるように子どもを援助することである。

(5)　聴力検査は，正常の聴力の人が(　⑪　)Hz(　⑫　)dBの音をはっきり聞きとれるくらいの静かな場所で行う。検査学年は，小学校(　⑬　)，6学年及び中・高等学校(　⑭　)学年は除くことができる。

【7】次の文は，ある疾病及び用語について説明したものである。それぞれの疾病名又は用語を答えよ。

(各2点　計20点)

(1)　あごの関節痛，関節雑音，開口障害が主な症状で，心理的ストレス，そしゃく機能の低下，歯列，咬合異常などが原因とされる。

(2)　心疾患の1つで特徴のあるデルタ波を生じる不整脈で，ケント束という副伝導があり，発作性上室性頻脈を伴うことがある。発作時は，動悸や呼吸困難がある。

(3)　医療機能が制約される中で，一人でも多くの傷病者に対して最善の治療を行うため，傷病者の緊急度や重症度によって処置の優先順位を決めること。

(4)　「化学物質過敏症」の1つで建材や家具に使用されているホルムアルデヒドや有機溶剤などが原因となり，頭痛，目・鼻の刺激症状，せき，呼吸困難などを感じたり発疹が出たりする。

(5)　神経性習癖の1つで，繰り返し体の一部を無意識的にかつ無目的に急に動かす(例えば顔をしかめたり，まばたきしたり，首を振っ

たりするなど)。何らかの心理的な悩みが続き，その結果生じた不安や心の緊張が習癖となって現れる。学童期の男子に多く，ほとんどの症例は，一過性である。

(6) 10〜15歳の男子に多く認められる。急激な骨の成長による筋，腱の成長のアンバランスから，腱に対する牽引力，負荷増大によって起こる。膝の下部が前方にとび出していて，エックス線写真で見ると成長軟骨の一部が不規則な状態になっている。

(7) 事件・事故や自然災害等に遭遇すると，恐怖や喪失体験などにより心に傷を受け，その時のできごとを繰り返し思い出し，情緒不安定や睡眠障害などが現れ，生活に大きな支障をきたすことがある。この状態が1か月以上長引くような症状。

(8) 不安感・緊張感や意識されない心理的な葛藤など，さまざまな原因によって，発作的に呼吸が頻回になり，二酸化炭素の濃度が正常より低くなる。特徴的な症状として，手足のしびれ感やけいれんが起こったり，重症のときには意識障害が起こることもある。

(9) 青年期に好発する代表的な精神疾患であり，幻覚や妄想が主な症状である。約120人に1人という高い割合で発症する。以前は治りにくい疾患と思われていたが，早期治療と適切なケアにより3人に1人は治癒し，完治しなくても日常の生活を送ることができる。

(10) アレルギー反応や運動，物理的な刺激などにより，じんましんなどの皮膚症状，腹痛や嘔吐などの消化器症状，呼吸困難などの呼吸器症状が，複数同時にかつ急激に出現し，なおかつ血圧や意識の低下，脱力状態が見られる。

【8】食物アレルギーについて，文中の各空欄に適する語句を答えよ。

(各2点　計12点)

食物アレルギーとは，一般的に特定の食物を摂取することによって，(①)，呼吸器，(②)，あるいは全身性に生じるアレルギー反応のことをいう。

原因食物は多岐にわたり，学童期では(③)，(④)だけで全体

の約半数を占めるが，実際に学校の給食で起きたアレルギー発症事例
の原因食物は(⑤)類，(⑥)類が多くなっている。

【9】熱中症について，次の各問いに答えよ。

（(1) 各2点，(2) 4点　計10点）

(1) 熱中症は，症状により分類される。その名称を3つ答えよ。

(2) WBGTについて説明せよ。

【10】次の図の①〜⑦に当てはまる臓器の名称を答えよ。

（各2点　計14点）

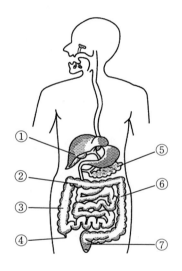

【11】次の文章は心の健康問題への対応について養護教諭の役割のポイントが述べられている。文中の各空欄に適する語句を答えよ。ただし，同じ番号には同じ語句が入る。

（各2点　計20点）

(1) 子どもの心の健康問題の解決に向けて中核として(①)を助け
円滑な対応に努める。

(2) 学級担任等と連携した組織的な(②)，健康相談，(③)を

　行う。

(3)　子どもの心身の健康状態を日ごろから的確に把握し，問題の早期発見・早期対応に努める。

(4)　受診等の必要性の有無を判断する。

(5)　子どもが相談しやすい保健室の(　④　)つくりに努める。

(6)　子どもの(　⑤　)を受け止め，心の安定が図れるように配慮する。

(7)　常に(　⑥　)に心がけ，問題の背景要因の把握に努める。

(8)　子どもの(　⑦　)の教育支援計画作成に参画する。

(9)　学校ではどこまで対応できるのか(　⑧　)を明確にする。

(10)　校内関係者や(　⑨　)等との連携調整等を行う。

(11)　医学的な情報を教職員等に(　⑩　)する。

(12)　地域の医療機関や相談機関等の情報を教職員等へ(　⑩　)する。

【12】**保健室経営計画について，次の各問いに答えよ。**

　　　　　　　　　　　　　　　　　　　((1) 4点，(2) 各2点　計14点)

(1)　中央教育審議会答申(平成20年1月)にある「保健室経営計画」の定義を書け。

(2)　養護教諭が，保健室経営計画を立てて職務を行うにあたり，期待できるメリットを，箇条書きで5つ書け。

【13】**養護教諭の職務について，次の各問いに答えよ。**

　　　　　　　　　　　　　　　　　　　　　　(各2点　計20点)

(1)　中央教育審議会答申(平成20年1月17日)に示されている養護教諭の職務を5つ答えよ。

(2)　養護教諭は児童生徒の心身の健康問題を発見しやすい立場にある。その職務の特質を5つ簡潔に述べよ。

【14】**次の各文は学校保健安全法の条文の一部である。文中の各空欄に適する語句を答えよ。**

　　　　　　　　　　　　　　　　　　　　　　(各2点　計16点)

222

第6条　文部科学大臣は，学校における換気，（　①　），照明，保温，清潔保持その他（　②　）に係る事項について，児童生徒等及び職員の健康を保護する上で維持されることが望ましい基準を定めるものとする。

第9条　養護教諭その他の職員は，相互に連携して，（　③　）又は児童生徒等の健康状態の（　④　）な観察により，児童生徒等の心身の状況を把握し，健康上の問題があると認めるときは，遅滞なく，当該児童生徒等に対して必要な指導を行うとともに，必要に応じ，その保護者に対して必要な助言を行うものとする。

第10条　学校においては，救急処置，健康相談又は（　⑤　）を行うに当たつては，必要に応じ，当該学校の所在する地域の（　⑥　）その他の関係機関との連携を図るよう努めるものとする。

第29条　学校においては，児童生徒等の（　⑦　）の確保を図るため，当該学校の実情に応じて，危険等発生時において当該学校の職員がとるべき措置の具体的内容及び手順を定めた（　⑧　）を作成するものとする。

解答・解説

【1】① 保健教育　　② 保健指導　　③ 学級活動　　④ 保健領域
　　⑤ 保健分野
　解説　学校保健の構成については，図表化して整理しておくとよい。

【2】(1)　生活安全，交通安全，災害安全(防災)　　(2)　強い恐怖や衝撃を受けた場合，不安や不眠などのストレス症状が現れることが多い。こうした反応は，誰にでも起こりうることであり，場合によっては長引き，生活に支障をきたすなどして，その後の成長や発達に大きな障害となることもあるため，適切な対応を図り，支援していくことが必要であるため。

解説 (1) 学校安全は安全教育と安全管理からなり，学校における安全教育の領域として生活安全，交通安全，災害安全の3つに分けられている。 (2) 災害発生時の心の健康問題としてPTSDが考えられる。不安や恐怖が持続し，たとえ一時的に症状が消失しても，再び睡眠障害や集中困難などの症状が出現することもあるため，長期的に支援する必要がある。日常生活だけでなく，その後の子どもの成長や発達に重大な障害を残すこともあるため，適切な対応を図ることが大切である。

【3】 ① カ ② セ ③ ト ④ ヌ ⑤ ナ ⑥ ク
⑦ ツ ⑧ イ ⑨ タ ⑩ ス ⑪ オ ⑫ チ
⑬ ネ ⑭ キ ⑮ ア ⑯ テ ⑰ ウ ⑱ ケ

解説 学校環境衛生基準は，学校保健安全法第6条で規定されている。また，平成21年4月1日施行の「学校環境衛生基準」には，詳しい基準等が記載されている。新しい基準は今後，出題される可能性が高いので数値等については，確実に覚えておこう。

【4】 ① 職務の特質 ② 保健室の機能 ③ 心身の観察
④ 問題の背景の分析 ⑤ 解決のための支援
⑥ 関係者との連携 (③，④，⑤，⑥は順不同)

解説 本答申は頻出である。身体的症状の訴えに対して，健康観察や器質性疾患の有無の確認等を通して心因性の疑いを判断していく。養護教諭に関する答申として，中央教育審議会答申「子どもの心身の健康を守り，安全・安心を確保するために学校全体としての取組を進めるための方策について」(平成20年1月17日)も目を通しておきたい。

【5】 ① 環境衛生 ② サイン ③ 健康相談 ④ 専門性
⑤ 生徒指導

解説 出題の答申では，チームとしての学校が求められる背景として，「学校において子供が成長していく上で，教員に加えて，多様な価値観や経験を持った大人と接したり，議論したりすることで，より厚み

のある経験を積むことができ，本当の意味での「生きる力」を定着さ
せることにつながる。そのために，「チームとしての学校」が求めら
れている」としている。また同答申では，「国は，養護教諭が専門性
と保健室の機能を最大限に生かすことができるよう，大規模校を中心
に，養護教諭の複数配置を進める」という考えが示されていることを
併せて確認しておこう。

【6】(1) ① 80 ② 思春期 ③ 女子 (2) ④ 5 ⑤ 3
⑥ 500 ⑦ 1,000 (3) ⑧ 虐待 (4) ⑨ 早期発見
⑩ QOL(生活の質，クオリティ・オブ・ライフも可)
(5) ⑪ 1000 ⑫ 25 ⑬ 4 ⑭ 2

解説 (3) 養護教諭は，職務上けがや身体的不調など心身の多様な健康
問題で保健室を訪れる子どもの対応に当たっていることから，身体
的・心理的な虐待などを発見しやすい立場にあり，児童虐待の早期発
見・早期対応にその役割が期待されている。 (4) 先天性心疾患とし
ては大血管転位症，単心室，ファロー四徴症等がある。手術後も突然
死の可能性が有りうるので，学校・家庭・主治医間で連携し，健康状
態の把握をすることが大切である。

【7】(1) <ruby>顎関節症<rt>がくかんせつしょう</rt></ruby> (2) WPW症候群 (3) トリアージ (4) シ
ックハウス症候群 (5) チックまたはチック症またはチック障害
(6) オスグートシュラッター病(オスグッド・シュラッター病)
(7) 心的外傷後ストレス障害(PTSD) (8) 過換気症候群 (9) 統
合失調症 (10) アナフィラキシーショック

解説 (1) 『学校保健実務必携』第1部 学校保健 第2編学校における
保健管理「第9章 健康診断時に注意すべき疾病及び異常」顎関節の状
態を確認するとよい。子どもの顎関節症患者が最近増えている。顎関
節症の主な症状として，①あごが痛い，②口を大きく開けられない，
③耳の近くでカクカクと音がする，④かみ合わせに違和感がある，⑤
口を完全に閉じられない，がある。 (2) 健康診断時に注意すべき心

臓疾患の1つ。WPW症候群とは，心臓自体には何らの異常がない人が，特有の心電図所見を示し，しばしば発作性心頻拍症を起こし，またこれらの心電図異常が突然正常化する興味深い例があることが1915年頃から知られている。1930年，Wolff, Parkinson, Whiteという3人の心臓病研究者が，このような例を12例集め，その臨床所見，心電図などについて詳しく報告して以来，この疾患は3人の頭文字をとってWPW症候群と呼ばれるようになった。WPW症候群の臨床像の特徴は次の3点に要約される。①特有のWPW型心電図を示す。②このWPW型心電図が，自然に，または何らかの操作により突然正常化する。③発作性心頻拍，心房細動(粗動)などの頻脈発作を高率に合併する。しかし，中にはWPW型心電図のみを示し，頻脈発作を伴わない例や，いろいろな操作によっても正常化しないような例もある。WPW型心電図のみを示し，なんら頻脈発作を伴わない例は，学校の身体検査や人間ドックで偶然発見される。　(3)　トリアージ(Triage)は，治療(Treatment)，搬送(Transport)とともに，災害時医療で最も重要な3つの要素(3T)の1つである。多数の傷病者が一度に発生する特殊な状況下において，現存する限られた医療資源の中で，まず助かる可能性のある傷病者を救命し，社会復帰へと結びつけることに，トリアージの意義がある。負傷者を重症度，緊急度などによって分類し，治療や搬送の優先順位を決めることであり，救助，応急処置，搬送，病院での治療の際に行う。(4)　『学校保健実務必携』第1部　学校保健　第2編学校における保健管理「第3章 学校環境衛生」第2節Ⅲの8 揮発性有機化合物の項目を確認するとよい。シックハウス症候群とは住宅の高気密化や化学物質を放散する建材・内装材の使用等により，新築・改築後の住宅やビルにおいて，化学物質による室内空気汚染等により，居住者の様々な体調不良が生じている状態を指す。症状が多様で，症状の仕組みをはじめ，未解明な部分が多く，また様々な複合要因が考えられることから，シックハウス症候群と呼ばれる。　(5)　「教職員のための健康観察の方法と問題への対応」(文部科学省，平成21年3月)第6章 主な疾患と解説を参照すること。チック障害の原因は，家族の育て方や子どもの性格

の問題では決してなく，「その児童がもともとチック障害になりやすい脳の働きを有している」という理解に基づいて，本人と一緒にチックとうまく付き合っていくことが治療の基本である。学校での対応としては，チックを無理にやめさせようと叱らないと同時に，子どもの特徴の1つとして受け入れて自然体で接することが望ましい。不必要な不安や緊張は，かえってチックを悪化させることに注意する。生活に支障をきたす場合には，児童精神科を受診する必要がある。

(6)　不適切なトレーニングや身体の使い過ぎなどで発生する慢性期の疾患をスポーツ障害という。小学校高学年から中学校にかけては成長が著しい時期であり，骨端症と総称されるオスグートシュラッター病，リトルリーグショルダー，セーバー病が発症しやすい時期でもある。リトルリーグショルダーとは，間違った投球練習などにより，上腕骨骨頭の骨端部(肩)にねじれの負荷がかかり，軟骨部が損傷される(骨端線の離開)疾患である。セーバー病とは，踵骨骨端部の骨化が完成する発育期に，ジャンプ，ダッシュ，ランニングなどの激しい運動をすることにより，踵骨骨端部にアキレス腱や足底腱膜の引っ張る力が加わり，炎症と痛みが生じる疾患である。　(7)　心的外傷後ストレス障害の主な症状には，再体験症状，回避・麻痺症状，覚醒・亢進症状があり，フラッシュバックがみられることもある。災害があった数年後の同日が近付いた際に，不安など様々な反応を示すことがあり，これをアニバーサリー反応という。災害発生後の時間経過に伴う症状と対応について整理しておこう。　(8)　血液や体液がアルカリ性に傾いた状態をアルカロージス(アルカリ血症)という。処置としては，ゆっくり浅く呼吸させる呼吸調整法や紙袋呼吸法を行う。　(9)　統合失調症は，10代後半から20代での発症が多く，以前は精神分裂病と呼ばれていた。神経系に障害がみられ，幻覚や幻聴，意欲減退などの症状が見られる。(10)　アナフィラキシーの対応に関し，エピペンの使用についてもおさえておくこと。「学校のアレルギー疾患に対する取り組みガイドライン」((財)日本学校保健会)を参考にし，食物アレルギーや喘息，アトピー性皮膚炎の特徴や学校での対応を確認するとよい。

【8】 ① 皮膚　　② 消化器　　③ 乳製品　　④ 鶏卵　　⑤ 甲殻
⑥ 果物 (①②，③④，⑤⑥はそれぞれ順不同)

解説 特定の食物を摂取することによって，(1)皮膚症状：全身の熱感，掻痒感に引き続き，紅斑，じんましん，血管性浮腫など，(2)消化器症状：腹痛，下痢，嘔吐など，(3)重症例では，呼吸困難，喘鳴，血圧低下，意識消失など生命の危険を伴うこともある。それらを予防するためには，①原因と考えられる食物を摂取しないこと，②食事摂取直後，特に2〜4時間以内の運動を制限すること，③運動中に熱感，皮膚掻痒感，紅斑，じんましんなどの初期症状を認めたときは直ちに運動を中止すること，④万一，初期症状が出た場合は，早めに医療機関を受診して治療を受けること。アナフィラキシーの症状を経験する頻度は，中学生で6000人に1人程度とまれである。

【9】 (1)　熱けいれん，熱疲労，熱射病，熱失神から3つ　　(2)　湿球黒球温度のこと。人体の熱収支に影響の大きい気温，湿度，輻射熱の3つを取り入れた指標で，乾球温度，湿球温度，黒球温度の値を使って計算する。

解説 (1)　熱中症は総称であり，Ⅰ度が熱けいれん，熱失神，Ⅱ度が熱疲労，Ⅲ度が熱射病である。それぞれの発症機序と応急処置をまとめておくとよい。熱中症の応急処置の基本は，安静，冷却，水分補給である。　　(2)　算出方法は，屋外と屋内で異なる。屋外：WBGT＝0.7×湿球温度＋0.2×黒球温度＋0.1×乾球温度，屋内：WBGT＝0.7×湿球温度＋0.3×黒球温度である。WBGT31℃以上は「運動は原則禁止」，28℃〜31℃は「厳重警戒」，25℃〜28℃は「警戒」，21℃〜25℃は「注意」，21℃以下は「ほぼ安全」とされる。

【10】 ① 肝臓　　② 横行結腸　　③ 上行結腸　　④ 虫垂
⑤ 膵臓　　⑥ 下行結腸　　⑦ 直腸

解説 体の部位は漢字で正確な表記ができるようにしておくこと。

【11】① 校長　② 健康観察　③ 保健指導　④ (例) 環境(場)　⑤ (例) 訴え(悩み，声，叫び)　⑥ 情報収集　⑦ 個別　⑧ 見立て　⑨ 関係機関　⑩ (例) 提供(発信，伝達)

解説 学校保健安全法第9条(保健指導)では，「養護教諭その他の職員は，相互に連携して，健康相談又は児童生徒等の健康状態の日常的な観察により，児童生徒等の心身の状況を把握し，健康上の問題があると認めるときは，遅滞なく，当該児童生徒等に対して必要な指導を行うとともに，必要に応じ，その保護者に対して必要な助言を行うものとする。」と示されている。また，健康相談活動は養護教諭の新たな役割として，平成9年保健体育審議会答申により提言された。養護教諭は，専門性と保健室の機能を最大限に生かして，心の健康問題にも対応した健康の保持増進を実践できる資質の向上を図る必要がある。

【12】(1) 保健室経営計画とは，当該学校の教育目標及び学校保健の目標などを受け，その具現化を図るために，保健室の経営において達成されるべき目標を立て，計画的・組織的に運営するために作成される計画である。　(2) ① 学校教育目標や学校保健目標等に基づく保健室経営を計画的，組織的に進めることができる。　② 保健室経営計画を教職員や保護者等へ周知を図ることによって，理解や協力が得られやすくなる。　③ 保健室経営計画の評価を行うことにより，課題が明確になり，次年度に活かすことができる。　④ 養護教諭の複数配置の場合には，お互いの活動内容の理解を深めることができ，効果的な連携ができる。　⑤ 異動による引き継ぎが，円滑(スムーズ)に行える。

解説 (1)(2) 子どもが心身ともに健やかに育つことは，すべての人々の願いであり，教育の目的や目標そのものであるといえる。教育の基礎となる心身の健康・安全の確保と推進には，関係者が相互に連携を深めながら，子どもの心身の健康の保持増進を図ることが必要であり，学校保健活動のセンター的役割を果たしている保健室経営は重要である。中央教育審議会答申(平成20年1月)を確実に理解するとともに，学

校保健実務必携の保健室経営の記述を覚えること。

【13】(1)　救急処置，健康診断，疾病予防などの保健管理，保健教育，健康相談活動，保健室経営，保健組織活動 (以上から5点)

(2)　①　全校の児童生徒を対象としており，入学時から経年的に児童生徒の成長・発達を見ることができる。　②　活動の中心となる保健室は，誰でもいつでも利用でき安心して話ができるところである。
③　健康診断(身長や体重測定，内科検診，歯科検診等)，救急処置，健康相談等を通して，子どもの健康状態を把握することによって，虐待等を早期に発見しやすい。　④　子どもは，心の問題は言葉に表すことが難しく，身体症状として現れやすいので，問題を早期に発見しやすい。　⑤　保健室頻回来室者，不登校傾向者，非行や性に関する問題など様々な問題を抱えている児童生徒と保健室でかかわる機会が多い。　⑥　職務の多くは学級担任をはじめとする教職員，学校医，保護者等との連携の下に遂行される。(以上から5点)

|解|説| (1)　中央教育審議会答申「子どもの心身の健康を守り，安全・安心を確保するために学校全体としての取組を進めるための方策について」に関する出題。同答申では，養護教諭の役割として7項目があげられており，そのうち5つを答えればよい。本答申は今後も出題が予想されるので熟読し，特に養護教諭の項目は暗記するとよいだろう。

【14】①　採光　　②　環境衛生　　③　健康相談　　④　日常的
⑤　保健指導　　⑥　医療機関　　⑦　安全　　⑧　対処要領

|解|説| 学校保健安全法からの出題は全国的に頻出である。旧法(学校保健法)と比べ，「学校保健計画」と「学校安全計画」を独立させて策定することとなった点や，健康相談の実施者の拡大等の改正点をしっかりと押さえておくとよい。また，各条文のキーワードは暗記しておきたい。なお，その他保健室や養護教諭に関わる法律や答申については文科省ホームページを確認し目を通しておきたい。

第4部

養護教諭マスター

養護教諭マスター　学校保健の構造・学校保健計画

　学校保健安全法(2009年4月施行)は，学校における保健管理と安全管理に関し，必要な事項を定めたものである。その目的は「学校教育の円滑な実施とその成果の確保に資すること」とされている。いずれも，児童生徒等及び職員が健康な状態で，安全な環境の中で教育活動がなされるために，学校の教職員，校長，学校の設置者および国・地方自治体などのなすべきことが定められている。

　学校保健は，全教職員が共通理解のもとに，組織的・計画的に行うものであり，学校保健安全法で規定している保健管理面だけではなく，学習指導要領などで規定されている保健教育について，あるいは学校経営的視点からの組織活動についても視野に置く必要がある。この三者がうまく連動できるような調整が重要となる。

問題演習

【1】学校保健活動に関する次の各問いに答えよ。

(1)　学校保健活動は，学校保健計画に基づいて実施されるが，学校保健計画の実施にあたって，養護教諭に求められている役割を3つ記せ。

(2)　学校保健に関する組織活動を円滑に推進するために留意すべき点を5つ記せ。

(3)　学校における保健管理について，その内容を記せ。

【2】次の文を読み，あとの各問いに答えよ。

　学校保健は，組織的・計画的な推進が大切である。そのためには，学校保健目標を設定し，学校保健計画を策定することが必要である。

学校保健安全法第5条では,「学校においては,児童生徒等及び職員の心身の健康の保持増進を図るため,児童生徒等及び職員の(ア),(イ),(ウ)その他保健に関する事項について計画を策定し,これを実施しなければならない」と定めている。

また,作成された学校保健計画は,学校のみならず保護者や関係機関・関係団体等との連携を図っていくことが重要である。これは,学校保健安全法第10条に示された内容を果たすためとも言える。

(1) 空欄ア〜ウに適する語句を答え,それぞれ学校保健安全法の第何条に当たるか答えよ。

(2) 下線部の学校保健安全法第10条に規定されている内容を簡潔に答えよ。

【3】学校保健における組織活動の代表的なものを4つ答えよ。

【4】学校保健委員会について,次の各問いに答えよ。

(1) 学校保健委員会とは,何を目的とした組織か書け。

(2) 学校保健委員会の主な委員として,校長,養護教諭・栄養教諭・学校栄養職員以外にどのような人を委員とするか,3つ書け。

(3) 近年,学校保健委員会を設置し,学校保健活動を活性化することが求められている。その理由について簡潔に述べよ。

【5】次の図は学校保健の領域・内容についてまとめたものである。□□□内の①〜⑤にあてはまる語句を答えよ。

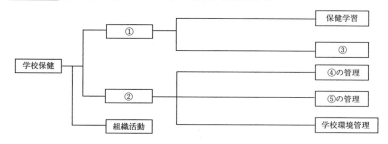

【6】 学校保健委員会について正しくないものを，次の①〜⑤から1つ選べ。

① 学校保健委員会は，学校保健活動における組織活動の一環として位置づけられ，学校，家庭，地域社会という立場の異なる構成員の協力を得て推進される。

② 学校保健委員会の場では，様々な立場や場面から児童生徒の健康の課題を提起することができる。

③ 学校管理下で起こった災害に関して，給付保障をしていくかどうかの検討をおこなう。

④ 児童生徒の健康の保持増進を図るために，家庭生活の在り方にかかわる問題を協議する。

⑤ 学校環境(施設・設備など)の整備や通学路の整備等に関して，地域の関係機関・団体などとの連携にかかわる問題を協議する。

【7】 学校保健計画について，文中の各空欄に適する語句を答えよ。

学校保健計画は，(①)，同法(②)および同法(③)に規定された(④)，(⑤)あるいは(⑥)などに関することの具体的な(⑦)を内容とすることはもとより，同法の運営をより効果的にさせるための諸活動，たとえば(⑧)の開催およびその活動の計画なども含むものであって，(⑨)および(⑩)を立てこれを実施すべきものであること。

【8】 学校保健計画の策定に当たり，学校保健安全法第5条に示されている内容のうち，「その他保健に関する事項」を除く3つを記せ。

【9】 学校保健計画について，次の各問いに答えよ。

(1) 学校保健計画と保健室経営計画の違いについて述べよ。

(2) 学校保健安全法第5条に定められている学校保健計画に記載すべき事項を4つ答えよ。

【10】学校保健計画について，次の各問いに答えよ。

(1)　学校保健計画の立案・実施について定めている法律名と第何条に規定されているか答えよ。

(2)　学校保健計画に必ず盛り込む事項について3つ答えよ。

【11】学校保健計画を作成する際に，次の2点の他に留意することを3つ書け。

> 学校保健計画を作成する際の留意点
> ①　収集した資料や調査結果を十分活用し，学校の実態に応じた計画とする。
> ②　保健教育と保健管理との関連性を明確にする。
> ③
> ④
> ⑤

■■■■■■■■■■ **解答・解説** ■■■■■■■■■■

【1】(1)　・保健主事と協力し指導用資料の作成を行い，活用の説明・支援を行う。　・配慮を要する児童生徒を全教職員へ周知し，関係者との連携を行う。　・児童会・生徒会の活動において自分の健康を守り育てるような実践力を育成する。　**(2)**　・校務分掌組織と連携する。・校内研修を充実させる。　・保護者と連携する。　・地域社会・関係団体と連携する。　・学校保健委員会を活性化する。　**(3)　保健管理は心身の管理や生活の管理といった対人管理と，学校環境の管理といった対物管理がある。**

解説 (1)　学校保健計画は健康診断や健康相談，学校環境衛生はもとより，学校保健委員会の開催などについても含まれている。これらを実施するにあたっては，学校の職員の責任分担を明確にして，保健管理と保健教育との調整を図って成果のあがるように努めることが重要で

ある。　(2)　学校保健は校長のリーダーシップの下，保健体育担当教員や保健主事，栄養教諭や学校医等がそれぞれの役割を果たし，組織的に学校保健に取り組むことが重要である。そのため連携することや，校内での研修を充実させることは円滑な推進のために有効である。

(3)　対人管理は健康診断や健康相談，救急処置，伝染病予防が例としてあげられる。対物管理は学校環境の衛生的管理や校舎内外の美化などがあげられる。

【2】(1)　ア　健康診断…第13〜16条　　イ　環境衛生検査…第6条　ウ　児童生徒等に対する指導…第9条　(ア〜ウ順不同)　　(2)　地域の医療機関等との連携

解説　全国的に，学校保健安全法は頻出であり，重要である。条文はほぼ暗記しておきたい。また，学校安全についての条文も追加されているため，理解を深めておこう。

【3】学校保健委員会，職員保健組織，児童生徒保健委員会，地域学校保健委員会

解説　学校保健活動が円滑に推進されるためには，校務分掌としての職員保健組織が要となり十分機能していることが求められる。また，学校保健活動の内容はきわめて多方面にわたり，多くの人々の協力を得ながら展開される活動であることから，共通理解を図り，共通の目標に向かって連携し，組織的な活動をするため，学校保健委員会がある。さらに，教育課程に位置づく児童生徒保健委員会，地域にある幼稚園や小・中・高等学校の学校保健委員会が連携して，地域の子どもたちの健康問題の協議等を行うため，地域学校保健委員会がある。

【4】(1)　学校における健康に関する課題を研究協議し，健康づくりを推進するための組織　　(2)　学校医，地域の関係機関の代表，保護者代表など　　(3)　子どもの健康問題は多様化しており，子どもたちが生涯を通じて健康な生活を送るため，学校では，子どもの生活行動をよ

りよく改善していく資質や能力の伸長を目指して，家庭や地域社会と連携した健康問題への積極的な取組が求められているため。

解 説 学校保健委員会の目的は，学校における健康問題について研究協議し推進することである。学校保健委員会が必要である理由は，学校保健活動の内容が多岐にわたっていることに関係している。学校保健活動は，養護教諭の力だけでは成り立たず，全教職員や学校医等の学校関係者はもとより，家庭，地域との連携が不可欠である。学校保健委員会は，各方面との連携を図るための中心的な役割を果たす組織である。

【5】 ① 保健教育 ② 保健管理 ③ 保健指導 ④ 心身
⑤ 生活

解 説 学校保健は「学校における保健教育および保健管理をいう」(文部科学省設置法第4条第12号)。保健教育では，心身の健康の保持増進のために必要な教育を行い，具体的には対人管理としての心身の管理・生活の管理，対物管理としての学校環境管理がある。そして，健康診断や健康相談活動，救急処置や感染症予防などの心身の管理を行う。また，個人や集団の健康課題を把握する生活管理，学校環境衛生検査等による学校環境管理も行う。

【6】 ③

解 説 災害時の避難や対策に関しては，学校保健委員会の議題や役割とされる。しかし，「給付保障をしていくかどうかの検討」は，独立行政法人日本スポーツ振興センターの業務である。学校保健委員会は，「学校保健法および同法施行令等の施行にともなう実施基準について」(昭和33年6月16日付文部省体育局長通達)において根拠づけられている。また，学校保健委員会が必要である理由は，学校保健活動の内容が多岐にわたっていることに関係している。学校保健活動は，養護教諭の力だけでは成り立たず，全教職員や学校医等の学校関係者はもとより，家庭，地域との連携が不可欠である。学校保健委員会は，各方面との連携を図るための中心的な役割を果たす組織である。

【7】① 学校保健法　② 施行令　③ 施行規則　④ 健康診断　⑤ 健康相談　⑥ 学校環境衛生　⑦ 実施計画　⑧ 学校保健委員会　⑨ 年間計画　⑩ 月間計画

解説 本問は「学校保健法および同法施行令等の施行にともなう実施基準について」からの出題である。同通達においては，「健康診断，健康相談あるいは学校環境衛生などに関すること」の計画をたてるとされているが，学校保健安全法第5条では「健康診断，環境衛生検査，児童生徒等に対する指導その他保健に関する事項」について計画をたてるとされている。

【8】・児童生徒等及び職員の健康診断　・環境衛生検査　・児童生徒等に対する指導に関する事項

解説 学校保健計画は，教職員に周知徹底してもらい，全員で共通理解を図っておくことが大切である。その立案の手順は，①資料収集(通年)，②学校保健目標の決定(1～2月)，③原案の作成(1～2月)，④検討と共通理解(1～2月)，⑤学校保健委員会での協議(2～3月)，⑥決定(4月)，⑦実施・評価の流れである。

【9】(1)　学校保健計画は，学校における児童生徒，教職員の保健に関する事項の総合的な計画であり，学校における保健管理と保健教育との調整にも留意するとともに，体育，学校給食など関連する分野との関係も考慮して策定されるものであり，原案は保健主事が作成する。一方，保健室経営計画は，学校の教育目標及び学校保健の目標などを受け，その具現化を図るために，保健室の経営において達成されるべき目標を立て，計画的・組織的に運営するために作成される計画であり，養護教諭が作成する。　(2)　・児童生徒等及び職員の健康診断　・環境衛生検査　・児童生徒等に対する指導　・その他保健に関する事項

解説 (1)　旧法(学校保健法)において学校保健計画は，学校安全計画と別々にすることも可能であったし，学校保健安全計画としてあわせて作成することも可能であった。しかし，平成21年4月施行の学校保健

安全法では別々に立てることが規定されている。一方，保健室経営計画は，平成20年1月17日の中央教育審議会答申で，その定義が示されるとともに作成することが強調された。 (2) 学校保健計画に盛り込む内容は，大別すると①保健教育に関する事項，②保健管理に関する事項，③組織活動に関する事項，④その他必要な事項である。学校保健計画の様式については法令などの定めはなく，学校独自で作成する。

【10】(1) 学校保健安全法…第5条 (2) 児童生徒等及び職員の健康診断，環境衛生検査，児童生徒等に対する指導

解説 学校保健安全法第5条(学校保健計画の策定等)を確認すること。また，健康診断，環境衛生検査，児童生徒等に対する指導に関しては，同法第13条及び15条，第6条，第9条を確認するとともに，学校安全計画の策定事項(当該学校の施設及び設備の安全点検，児童生徒等に対する通学を含めた学校生活その他の日常生活における安全に関する指導，職員の研修その他学校における安全に関する事項)も同法第27条で確認しておくとよい。

【11】学校保健目標や学校経営方針と児童生徒の実態などをふまえ，作成する。保護者や学校医，地域・関係機関等の意見を生かし，共通理解を図る。教職員の理解と関心を深め，役割分担を明確にする。など

解説 学校全体の立場から年間を見通した保健，安全に関する諸計画の総合的な基本となる計画である。項目・内容に工夫を凝らし，学校独自の機能的なものに作り上げていくことが大切である。

養護教諭マスター からだのしくみと働き

　学校は多くの健康な子どもたちが過ごす場であるが，その子どもたちも学校で怪我をしたり，体調不良になったりしながら成長過程を歩んでいる。一方，数は多いとは言えないが，どの学校にも，慢性の疾病や障害をかかえている子どもも在籍しているものであり，一人ひとりの状況に応じた健康管理によって学習を保障することになる。そのためには，からだの仕組み(解剖・生理，発達)，そして子どもがかかりやすい傷病・障害の種類(鑑別の方法，転帰などを含む)や，その手当ての方法と学校生活を過ごす上での支援の方法(救急処置・救急看護，健康管理基準，指導事項)を知ることは不可欠である。したがって，学習すべき範囲は広い。解剖学・生理学，疾病学・看護学，救急処置，精神保健，学校保健などの科目で学んだことがらを，相互に関連させて，実際に使える知識にしていきたい。

問題演習

【1】 次の図の消化器について，その名称を答えよ。

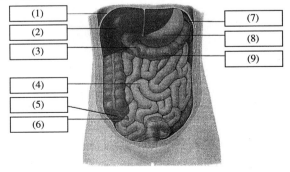

(1)　(2)　(3)　(4)　(5)　(6)　(7)　(8)　(9)

【2】 下図はヒトの頭部の断面模式図を示している。図中の(①)〜
(⑤)の各名称を答えよ。

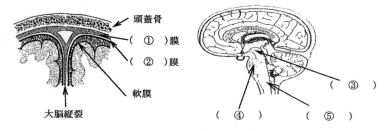

頭蓋骨
(①)膜
(②)膜
軟膜
大脳縦裂
(③)
(④)　　　(⑤)

【3】 腹痛について，次の各問いに答えよ。

(1) 次の図のア〜オを腹痛の部位として訴えた場合，考えられる疾患
を下のA〜Eから1つずつ選び，記号で答えよ。

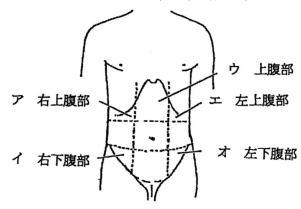

ア　右上腹部
イ　右下腹部
ウ　上腹部
エ　左上腹部
オ　左下腹部

A　S状結腸軸捻転　　B　胃・十二指腸潰瘍　　C　胆石症
D　右尿管結石　　　E　左腎盂炎

(2) 子どもが腹痛を訴えて保健室へ来た時，心因性腹痛と思われる症
状を3つ答えよ。

【4】 次はヒトの脳の断面図である。 1 ～ 5 にあてはまる名称を
答えよ。

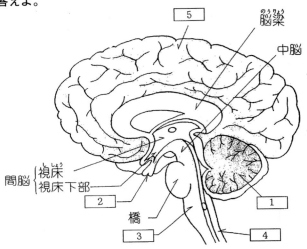

【5】 歯に関して，下の各問いに答えよ。

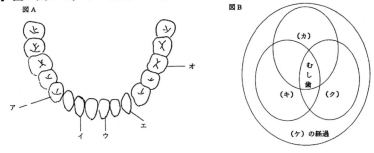

(1)　図Aは，永久歯の歯列を示したものである。アからオの歯の名称
を答えよ。

(2)　図Aのオの歯は，その萌出時期から何という名称で呼ばれている
か。

(3)　図Bは，むし歯の発生要因を示した図である。(カ)から(ケ)にあて

はまる発生要因をそれぞれ答えよ。((カ)，(キ)，(ク)は順不同)
(4)　むし歯の予防法を図Bの(カ)，(キ)，(ク)の発生要因ごとに簡潔に
　　答えよ。

【6】次の図は，眼球断面図である。これを見て，下の各問いに答えよ。

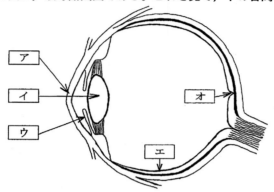

(1)　図中の　ア　～　オ　にあてはまる名称をそれぞれ書け。
(2)　次の①～⑤の問いに答えよ。
　①　図中のウは，明暗に応じて瞳孔の大きさを調節し，眼球内に入
　　る光の量を調節している。この働きは何と呼ばれるか。その名称
　　を書け。
　②　ビタミンAが欠乏すると，図中のエの暗順応が起こらない。こ
　　の疾病は何と呼ばれるか。その名称を書け。
　③　眼球軸が長いことや，図中のイが厚すぎることが原因で，平行
　　光線が網膜の前で焦点を結ぶ状態は何と呼ばれるか。その名称を
　　書け。
　④　図中のイに濁りがあり，視力障害，まぶしさを感じる等の自覚
　　症状がある疾病は何と呼ばれるか。その名称を書け。
　⑤　眼精疲労や両眼視機能が低下する原因の1つであり，左右の眼
　　の屈折度が違う状態は何と呼ばれるか。その名称を書け。

【7】 次の図は耳のつくりを示したものである。下の各問いに答えよ。

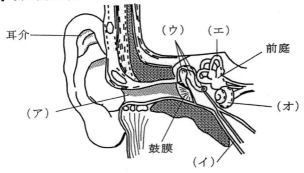

(1) (ア)～(オ)の名称と，それぞれの働きを答えよ。
(2) 中耳腔に液が貯留し，痛みなどの自覚症状がないまま難聴になっていることが多い疾患は何か，疾患名を答えよ。

【8】 筋肉と骨の役割をそれぞれ3つ答えよ。

【9】 次の図は，心臓の構造図である。①～⑧の(　　)の中に名称を漢字で答えよ。

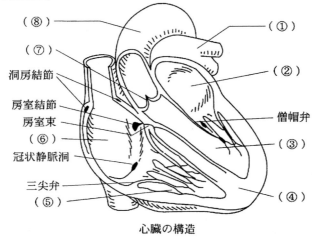

心臓の構造

244

【10】 次の図は，人間の全身の骨格を示したものである。図中のア～カ
の骨の名称を，それぞれ答えよ。

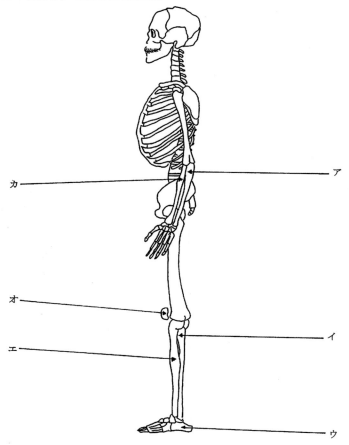

【11】 次の文の空欄ア～スに適する語句を答えよ。

(1) 心臓は，上部の(ア)と下部の(イ)の2つの異なった形とは
たらきをもつ部分に分かれている。(ア)はうすい壁をもち，
(ウ)から血液を受け入れる部分であり，(イ)は厚い壁をも

ち，（　エ　）へ血液をしぼりだすポンプの部分である。

(2)　神経細胞の突起には2種類が区別される。情報(刺激)を受け取ってこれを細胞体に向けて送り込むのが（　オ　）で，情報(興奮)を抹消へ送り出すのが（　カ　）である。

(3)　からだの中で200個をこえる骨は，形も大きさもさまざまである。板状の扁平な骨は（　キ　）と呼ばれ，長く伸びた管状の骨（　ク　）や短く不規則な形をしている骨である（　ケ　），また，骨内部に空気を含む空洞をもつ（　コ　）と呼ばれる骨もある。

(4)　歯は特殊な骨組織である（　サ　）質，（　シ　）質，（　ス　）質からなる。

【12】 次の図の，（　①　）〜（　③　）の骨の名称を答えよ。

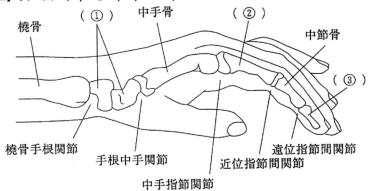

【13】 次の(1)〜(5)の器官に対する交感神経と副交感神経の働きをそれぞれ答えよ。

(1)　瞳孔　　(2)　心臓　　(3)　消化腺　　(4)　末梢血管

(5)　気管支

■■■ ■■■■■ ■ ■■ 解答・解説 ■■■ ■■ ■ ■■

【1】(1) 横隔膜　　(2)　肝臓　　(3)　十二指腸　　(4)　小腸

(5)　盲腸　　(6)　虫垂　　(7)　脾臓　　(8)　胃　　(9)　大腸又は横行結腸

解説 人体の構造と機能は養護教諭の専門知識として基本的項目である。特に骨格・筋の名称や消化器・内分泌・泌尿器系の機能は頻出である。解剖生理学的位置や，学齢期に多い疾病や外傷などとも関連付けした学習が重要である。

【2】① 硬　　② くも　　③ 中脳　　④ 橋　　⑤ 延髄

解説 頭蓋骨の内部は，上から，硬膜，くも膜，脳軟膜となっている。小脳・間脳などの位置もよく確認しておくこと。また，運動機能・感覚機能等について，大脳のどの部分がつかさどっているのか等もあわせてみておくとよい。脳以外についても，骨格，筋肉，器官の名称や働きなどを確認しておくこと。

【3】(1)　ア　C　　イ　D　　ウ　B　　エ　E　　オ　A　　(2)　(次のなかから三つ記入する。同意可。)　・痛みの部位があいまいで，よく変わる。　・痛みを訴える前に，ストレス要因がある。　・痛みが時間とともに軽減する。　・何らかの条件のもとで腹痛が起こる（一定の担任の授業時に限定している等）。　・腹痛を訴えることで，責任を免れたり，同情を求めるなどの傾向がある。

解説 腹痛は，頭痛や気分不良と並んで来室頻度の多い症状である。腹痛を訴えて来室した者があったとき，どこに問題が起こったかを推測することが必要である。腹痛の位置と内臓の位置は関連があるため，腹部内臓の位置について，正しい知識を持っている必要がある。また，腹痛が起こったときの状況や痛みの性状について，問診や検査(視診，触診など)で確認することが重要である。

【4】1 小脳 2 下垂体 3 延髄 4 中心管 5 大脳新皮質

解説 脳の構造図からの出題である。眼の構造図や全身の骨格図，全身の筋肉も合わせて理解しておくことが望ましい。

【5】(1) ア 第一小臼歯 イ 側切歯 ウ 中切歯 エ 犬歯 オ 第一大臼歯 (2) 6歳臼歯 (3) (カ) 歯質 (キ) 細菌 (ク) 糖質 (ケ) 時間 (4) (カ) 強い歯をつくるため，栄養のバランスのとれた食事をする。フッ化物等による歯の表面の強化。 (キ) ミュータンス菌を少なくするよう丁寧にブラッシングする。 (ク) 糖質を含む食物を不規則に多く摂らない。

解説 (1) 成人の永久歯は上下左右で32本生え揃い，左右対称の形で名称も同じである。中切歯，側切歯，犬歯は前歯，第一小臼歯，第二小臼歯，第一大臼歯，第二大臼歯，第三大臼歯は奥歯と呼ばれている。 (2) 第二大臼歯は12歳臼歯，第三大臼歯は智歯(親知らず)と呼ばれている。 (3) 歯質，細菌，糖質の3つが揃ったときに虫歯になる。さらに時間が経過するごとに虫歯になりやすくなる。 (4) 発生要因であるこの3つに対する予防が虫歯の予防につながるため，歯の保健指導の際子どもたちに伝えたい内容である。

【6】(1) ア 角膜 イ 水晶体 ウ 虹彩 エ 網膜 オ 中心窩(黄斑部) (2) ① 対光反射 ② 夜盲症 ③ 近視 ④ 白内障 ⑤ 不同視

解説 近年では眼の構造よりも疾患名を解答させる問題が増加している。また，ボールが眼に当たった時の対応についてもまとめられるようにしたい。

【7】(1) (ア) 名称…外耳道 働き…音波を鼓膜に導く (イ) 名称…耳管 働き…中耳腔と外耳道の気圧を同じに保つ (ウ) 名称…耳小骨 働き…鼓膜の振動を内耳に伝える (エ) 名称…三半規管

働き…からだの平衡を保つ　　(オ)　名称…蝸牛　働き…鼓膜から伝わった振動を電気信号に変える　　(2)　滲出性中耳炎

解説　(2)　滲出性中耳炎は小児によく見られる。中耳腔に溜まった滲出液が排泄されず，長期間貯留するために伝音難聴をきたす。ほとんど無症状に経過し，難聴も比較的軽度であるために，自ら訴えることは少なく，「呼んでも返事をしない」，「テレビの音を大きくする」などの症状で気付かれることもある。

【8】筋肉…　・体のいろいろな部分を動かす。　・熱をつくる。　・姿勢を保持する。　・関節を固定する。　・衝撃から骨や内臓を守る。　骨…　・体を支える。　・体(臓器)を守る。　・血液成分をつくる。　・カルシウムを蓄える。　・必要なカルシウムを供給する。(以上の中から3つ。同意可。)

解説　意外と忘れがちになるので注意したい。また，憶えるだけでなくすぐに解答できるような学習を心がけよう。

【9】①　肺動脈　　②　左心房　　③　左心室　　④　心室中隔　⑤　右心室　　⑥　右心房　　⑦　大動脈弁　　⑧　大動脈

解説　心臓について，冠動脈の循環不全で虚血性心疾患が起こるが，冠動脈の狭窄により血流量が低下して起こるのが狭心症，血栓等で冠動脈の閉塞または狭窄により血流が途絶えるのが心筋梗塞である。

【10】ア　尺骨　　イ　腓骨　　ウ　踵骨　　エ　脛骨　　オ　膝蓋骨　カ　橈骨

解説　骨格については足と指の骨の名称も頻度が高まっている。注意しておこう。

【11】ア　心房　　イ　心室　　ウ　肺　　エ　全身　　オ　樹状突起　カ　軸索　　キ　扁平骨　　ク　長骨　　ケ　短骨　　コ　含気骨　サ　エナメル　　シ　ゾウゲ　　ス　セメント

解説 (1) 心臓を通る血液は上下大静脈→右心房→右心室→肺動脈→肺静脈→左心房→左心室→大動脈というように流れる。 (2) 樹状突起は細胞体から多数のびだし，軸索は1本だけ出る突起である。軸索はのびていった先で枝分かれし，その末端は他の神経細胞の樹状突起に付着するが，この付着部位をシナプスという。 (3) 扁平骨は頭蓋骨・胸骨・肋骨・肩甲骨など，長骨は上腕骨・前腕骨・大腿骨・下腿骨など，短骨は足根骨・手根骨など，含気骨は頭蓋骨の一部などである。 (4) エナメル質は歯冠の表面を覆う固い部分で，ゾウゲ質は歯の本体を作っており，虫歯がゾウゲ質に達すると痛みを感じたりする。セメント質は歯根の表面を覆う薄い骨質である。

【12】 ① **手根骨** ② **基節骨** ③ **末節骨**

解説 基節骨，中節骨，末節骨をあわせて指節骨といい，これらが指の骨である。5つの中手骨が掌，8つの手根骨が手首の骨である。それぞれ骨と骨は関節部分を靱帯でつながれている。

【13】

	交感神経	副交感神経
(1)	散大	縮小
(2)	促進，心拍数増加，筋力増大のいずれか	抑制，心拍数減少，筋力減弱のいずれか
(3)	運動抑制，分泌抑制のどちらか	運動促進，分泌促進のどちらか
(4)	収縮	拡張
(5)	拡張	収縮

解説 神経系は脳脊髄神経と自律神経に分けられ，自律神経は，交感神経と副交感神経に分けられる。交感神経と副交感神経は互いに拮抗的に働く。

学校環境衛生

学校環境衛生に関する活動は，全教職員が共通理解のもとに，組織的・計画的に行うものの代表である。平成21(2009)年4月施行の学校保健安全法によって，学校環境衛生の基準が文科省によって示された。これらの基準は，児童生徒等および職員の健康を保護する上で維持されることが望ましい基準である。そして，学校の設置者は，学校環境衛生基準に照らしてその設置する学校の適切な環境の維持に努めなければならない。また，校長は，学校環境衛生基準に照らし，学校の環境衛生に関し適正を欠く事項があると認めた場合には，遅滞なく，その改善のために必要な措置を講じ，又は当該措置を講ずることができないときは，当該学校の設置者に対し，その旨を申し出ることとなっている。責任者が明らかになったことで，学校環境衛生の向上が望まれる。

問題演習

【1】次の文章は，「学校環境衛生基準」に関する記述である。下線部の内容が正しいものには○印を，誤っているものには×印をつけよ。また，誤っている場合は，正しい語句を答えよ。

(1) 学校においては，<u>学校保健安全法</u>の規定に基づき，環境衛生検査について計画を策定し，これを実施しなければならない。

(2) 教室内の一酸化炭素は<u>100ppm以下</u>であることが望ましい。

(3) 教室及びそれに準じる場所の照度の下限値は300ルクス，教室及び黒板の照度は<u>600ルクス以上</u>であることが望ましい。

(4) 教室の換気回数は，40人在室，容積180m³の教室の場合，小学校

においては<u>2.2回/時以上</u>，中学校においては3.2回/時以上，高等学校においては4.4回/時以上を基準とする。

(5)　水質検査は，水道水を水源とする飲料水(専用水道を除く)については<u>毎学年2回</u>定期に行う。専用水道及び専用水道に該当しない井戸水等の検査回数については，検査事項の項に定める。

【2】「学校環境衛生基準」について，次の各問いに答えよ。

(1)　「学校環境衛生基準」に示されている臨時検査が必要な場合を4つ書け。

(2)　音に対して過敏であったり，補聴器をつけたりしている児童生徒等がいる場合に，教室で配慮することを2つ書け。

【3】「学校環境衛生基準」に示されている基準について，次の(1)〜(5)の文中の下線部が正しければ○，間違っていれば下線部全体を正しく書き直せ。

(1)　水泳プールの水質検査のpH値は，<u>5.8以上，8.6以下</u>であること。

(2)　教室等の備品の管理で，机面の高さは，$\dfrac{身長}{3}+下腿長$，いすの高さは，<u>下腿長</u>であるものが望ましい。

(3)　教室の相対湿度は，アスマン通風乾湿計を用いて測定し，<u>30％以上，80％以下</u>であることが望ましい。

(4)　教室等の温度の基準は，<u>10℃以上，30℃以下</u>であることが望ましい。

(5)　ダニまたはダニアレルゲン検査は，<u>温度及び湿度の低い時期</u>に，ダニの発生しやすい場所において1m²を電気掃除機で1分間吸引し，ダニを捕集する。

【4】「学校環境衛生基準」について，次の各問いに答えよ。

(1)　定期検査における雑用水(旧基準では「雨水等利用施設における水」と表記)の水質の検査項目を全て答えよ。

(2)　定期及び臨時に行う検査の結果に関する記録の保存期間を答えよ。

【5】「学校環境衛生基準」について，次の各問いに答えよ。

(1) 学校保健安全法第6条では，学校環境衛生基準は誰が定めるものとされているか答えよ。

(2) 日常における環境衛生に係る学校環境衛生基準について，次の文中の(①)～(⑤)に入る適切な語句又は数字を答えよ。

・「換気」…外部から教室に入ったとき，不快な刺激や(①)がないこと。

・「温度」…(②)℃以上，(③)℃以下であることが望ましい。

・「明るさとまぶしさ」…黒板面や机上等の(④)，図形等がよく見える明るさがあること。

・「騒音」…(⑤)のための教師の声等が聞き取りにくいことがないこと。

【6】「学校環境衛生基準」において定められている内容について，次の各問いに答えよ。

(1) 次の文章は，「第5 日常における環境衛生に係る学校環境衛生基準」で定められている飲料水の水質についての基準の一部である。(①)～(③)に当てはまる語句を書け。

(ア) 給水栓水については，遊離残留塩素が(①)以上保持されていること。ただし，水源が(②)によって著しく汚染されるおそれのある場合には，遊離残留塩素が(③)以上保持されていること。

(2) 学校においては，次のような場合，必要があるときは，臨時に必要な検査を行うものとする。(①)～(④)に当てはまる語句を書け。

1. (①)又は(②)の発生のおそれがあり，また，発生したとき。

2. (③)等により環境が不潔になり又は汚染され，(①)の発生のおそれがあるとき。

3. 新築, 改築, 改修等及び机, いす, コンピュータ等新たな学校用備品の搬入等により(④)の発生のおそれがあるとき。

4. その他必要なとき。

【7】「学校環境衛生基準」の構成について次のア〜カに当てはまる語句をそれぞれ答えよ。

第1 (ア)等の環境に係る学校環境衛生基準

第2 (イ)の水質及び施設・設備に係る学校環境衛生基準

第3 (ウ), ネズミ, 衛生害虫等及び教室等の(エ)の管理に係る学校環境衛生基準

第4 水泳(オ)に係る学校環境衛生基準

第5 (カ)における環境衛生に係る学校環境衛生基準

第6 雑則

【8】次の(1)〜(10)は「学校環境衛生基準」について述べたものである。下線部について, 正しいものには○, 誤っているものには×で答えよ。

(1) 教室内の二酸化炭素は1700ppm以下であることが望ましい。

(2) コンピュータ教室等の机上の照度は, 500〜1000lx程度が望ましい。

(3) 教室以外の照度は, 床上75cmの水平照度を測定する。

(4) 教室等の換気や温度の検査については, 学校の授業中等に, 各階1以上の教室等を選び, 適当な場所3か所以上の机上の高さにおいて検査を行う。

(5) 教室等のダニ又はダニアレルゲンは, 100匹／m²以下又はこれと同等のアレルゲン量以下であること。

(6) 黒板面の色彩で, 無彩色の黒板面の色彩は, 明度が4を超えないこと。

(7) 机面の高さは $\frac{座高}{3}$ ＋下腿長, いすの高さは, 下腿長であるものが望ましい。

(8)　教室内の等価騒音レベルは，窓を閉じているときはLAeq50dB以下，窓を開けているときは<u>LAeq55dB</u>以下であることが望ましい。

(9)　水道水を水源とする飲料水の水質の一般細菌の基準は，1mlの検水で形成される集落数が<u>100</u>以下であること。

(10)　プール水は，水中で<u>2m</u>離れた位置からプールの壁面が明確に見える程度に保たれていること。

【9】次の「学校環境衛生基準」に関する語句の(1)～(5)について，当てはまるものを下記のア～コから1つずつ選び，記号で答えよ。

(1)　黒板面の照度　　(2)　教室内の温度　　(3)　教室内騒音レベル

(4)　机の高さ　　　　(5)　飲料水の水質

ア　17℃以上28℃以下	イ　500ルクス以上
ウ　pH5.8以上8.6以下	エ　$\frac{座高}{3}$＋下腿長
オ　窓閉時LAeq50dB以下	カ　$\frac{身長}{3}$＋下腿長
キ　200ルクス以上	ク　10℃以上20℃以下
ケ　窓開時LAeq50dB以下	コ　pH0.1以上0.5以下

【10】「学校環境衛生基準」に関する次の各問いに答えよ。

(1)　「水道水を水源とする飲料水の水質」における検査項目10種類を全て答えよ。

(2)　次の①～⑤は，教室等の環境に係る学校環境衛生基準の検査方法と検査基準について述べたものである。正しいものには○，間違っているものには×を記せ。

①　相対湿度は，30%以上，85%以下であることが望ましい。

②　ダニ又はダニアレルゲンは，100匹/m²以下又はこれと同等のアレルゲン量以下であること。

③　換気において，二酸化炭素は，検知管法により測定する。

④　温度・相対湿度は，アスマン通風乾湿計を用いて測定する。

⑤　揮発性有機化合物の採取は，教室等内の温度が低い時期に行う。

(3)　文部科学省告示による「学校環境衛生基準」は，どの法律の規定
　　に基づいて定められているか，その法律名を答えよ。

【11】「学校環境衛生基準」について，次の各問いに答えよ。
　(1)　「学校環境衛生基準」第6雑則の4に新たに加えられた内容を簡潔
　　　に答えよ。
　(2)　定期に行われる衛生検査の基準について，「学校環境衛生基準」
　　　では「事後措置」に関する項目が記載されないこととなった。その
　　　法的根拠を示し，説明しなさい。
　(3)　学校環境衛生基準の維持を図るために行われる日常点検におい
　　　て，水泳プールの管理における遊離残留塩素の毎授業日ごとの検査
　　　回数とその基準について答えよ。
　(4)　「学校環境衛生基準」のダニ又はダニアレルゲン検査において，
　　　ダニが発生しやすいとしてあげている場所を2つ答えよ。

■■ ■■■■■ ■■ 解答・解説 ■■ ■ ■

【1】(1)　○　　(2)　×　10ppm　　(3)　×　500ルクス以上
　　(4)　○　　(5)　×　1回
　解 説　学校保健法等の一部を改正する法律により改正された学校保健安
　　全法第6条第1項の規定に基づき，「学校環境衛生基準」が公布されてい
　　る。学校環境衛生基準は2年に1回ほど改訂されているので，最新の
　　もので学習しておくこと。さらに，「学校環境衛生管理マニュアル」
　　も参照してほしい。

【2】(1)　・感染症又は食中毒の発生のおそれがあり，また，発生したと
　　き。　・風水害等により環境が不潔になり又は汚染され，感染症の発
　　生のおそれがあるとき。　・新築，改築，改修等及び机，いす，コン
　　ピュータ等新たな学校用備品の搬入等ににより揮発性有機化合物の発
　　生のおそれがあるとき。　・その他必要なとき。　(2)　・座席を考慮

する。 ・いすの移動音対策をする。など

解 説 (1) 学校環境衛生基準第6の雑則を参照すること。「その他必要なとき」に関しては，以下の規定があるので確認しておこう。「その他雑則に規定されている臨時に行う検査は，定期に行う検査に準じた方法で行うものとする」「定期及び臨時に行う検査の結果に関する記録は，検査の日から5年間保存するものとする。また，毎授業日に行う点検の結果は記録するよう努めるとともに，その記録を点検日から3年間保存するよう努めるものとする」 (2) (財)日本学校保健会のホームページに掲載されている「難聴児童生徒へのきこえの支援」を参照すること。同時に授業中の支援や配慮等についても確認しておくとよい。

【3】 (1) ○ (2) $\dfrac{座高}{3}$＋下腿長 (3) ○

(4) 17℃以上，28℃以下 (5) 温度及び湿度の高い時期

解 説 (1) 「第4 水泳プールに係る学校環境衛生基準」を確認すること。pH値の他の検査項目には，遊離残留塩素，大腸菌，一般細菌，有機物等，濁度，総トリハロメタン，循環ろ過装置の処理水がある。基準とともに確実に覚えること。 (2) 「第3 学校の清潔，ネズミ，衛生害虫等及び教室等の備品の管理に係る学校環境衛生基準」を確認すること。机・いすの高さの他の検査項目には，大掃除の実施，雨水の排水溝等，排水の施設・設備，ネズミ，衛生害虫等，黒板面の色彩がある。基準とともに確実に覚えること。 (3)(4)(5) 「第1 教室等の環境に係る学校環境衛生基準」を確認する。検査項目は，換気，温度，相対湿度，浮遊粉じん，気流，一酸化炭素，二酸化窒素，揮発性有機化合物，ダニ又はダニアレルゲンなど，それぞれの基準と検査方法を確実に覚えるようにしたい。

【4】 (1) pH値，臭気，外観，大腸菌，遊離残留塩素 (2) (検査の日から)5年間

解 説 (1) pH値の基準は，5.8以上8.6以下であること。臭気の基準は，

異常でないこと。外観の基準は，ほとんど無色透明であること。大腸菌の基準は，検出されないこと。遊離残留塩素の基準は，0.1mg/ℓ(結合残留塩素の場合は0.4mg/ℓ)以上であることである。　(2)　学校環境衛生基準の第6雑則の3には「定期及び臨時に行う検査の結果に関する記録は，検査の日から5年間保存するものとする」と定められている。

【5】(1)　文部科学大臣　　(2)　①　臭気　　②　10　　③　30
④　文字　　⑤　学習指導
解説 (1)　学校保健安全法第6条には，学校環境衛生基準について規定され，文部科学大臣，学校の設置者，校長の役割が明記されている。(2)　学校環境衛生検査には，定期検査，臨時検査，日常点検がある。定期検査は，学校薬剤師の協力のもと実施する。臨時検査は，定められた4つの項目に該当したときに実施する。日常点検は，毎授業日に教職員が実施する。学校環境衛生基準に示される検査項目と基準については暗記すべきだろう。

【6】(1)　①　0.1mg/l　　②　病原生物　　③　0.2mg/l
(2)　①　感染症　　②　食中毒　　③　風水害　　④　揮発性有機化合物
解説 (1)　学校環境衛生基準で「第2　飲料水等の水質及び施設・設備に係る学校環境衛生基準」と「第4　水泳プールに係る学校環境衛生基準」も確認し，遊離残留塩素量の基準値を混同しないよう，相違点を確実におさえておく。また，水質検査の方法や配慮点の確認をしておくこと。　(2)　学校環境衛生基準「第6　雑則」を要確認。特に④の揮発性有機化合物は改正された部分であるため，注意する必要がある。

【7】ア　教室　　イ　飲料水等　　ウ　学校の清潔　　エ　備品
オ　プール　　カ　日常
解説 第6　雑則には，臨時検査の必要な場合や検査結果に関する記録

の保存年限が示されている。定期及び臨時検査の記録は5年間，毎授業日に行う検査の記録は3年間と規定されているのであわせておぼえておこう。

【8】(1) ×　(2) ○　(3) ○　(4) ×　(5) ○　(6) ×
(7) ○　(8) ○　(9) ○　(10) ×
解説 (1) 正しくは「1500ppm」である。　(4) 正しくは「1か所以上」。
(5) 正しい。測定方法を確認するとともに，保健室の寝具，カーペット敷きの教室等で測定することを覚えておくこと。　(6) 「3」が正しい。　(9) 正しい。その他の検査項目と基準も確認しよう。
(10) 正しくは「3m」。プール水の水質(遊離残留塩素等の基準等)も確認したい。

【9】(1) イ　(2) ア　(3) オ　(4) エ　(5) ウ
解説 学校環境衛生基準に関する出題である。学校環境衛生基準に関しては，学校保健安全法第6条で規定されている。その他の基準とあわせて確認しておこう。

【10】(1) 一般細菌，大腸菌，塩化物イオン，全有機炭素量・過マンガン酸カリウム消費量・有機物等のうちの1つ，pH値，味，臭気，色度，濁度，遊離残留塩素　(2) ① ×　② ○　③ ○　④ ○　⑤ ×　(3) 学校保健安全法
解説 (2) ① 30%以上80%以下であることが望ましい。　⑤ 揮発性有機化合物の採取は，教室内の温度が高い時期に行い，吸引方式では30分間で2回以上，拡散方式では8時間以上行う。　(3) 学校保健安全法第6条に定められているので，確認しておくとよい。

【11】(1) 検査に必要な施設・設備等の図面等の書類は，必要に応じて閲覧できるように保存する。等　(2) 学校保健安全法第6条(第3項)において，学校の環境衛生に関し適正を欠く事項があると認められた

場合に改善のために必要な措置を講ずることが規定されたから。

(3)　プール使用時前及び使用中1時間ごとに1回以上測定し，その濃度は，どの部分でも0.4mg/l以上保持されていること。　　(4)　保健室の寝具，カーペット敷きの教室

解 説 記述式問題はマークシート式試験で受験する受験生の中には敬遠する人もいるだろう。しかし，全てを暗記していなければ正答に辿り着くのは困難なので，ぜひ積極的に取り組んでほしい。

健康診断

　健康診断については，学校保健安全法の第11〜18条に規定されている。健康診断は，就学時の健康診断，児童生徒等の健康診断，職員の健康診断の3つに大別でき，実施主体は，市町村教育委員会，学校，学校の設置者である。

　また，学校保健安全法施行令と同法施行規則において，3種の健康診断別に，方法及び技術的基準，健康診断票，時期，検査の項目，事後措置，臨時の健康診断，保健調査(児童生徒等の健康診断のみ)と保護者への通知(就学時の健康診断のみ)が規定されている。

　学校で行う健康診断はあくまでもスクリーニング検査である。また，保健管理の要となるものであるが，特に児童生徒等の健康診断については，特別活動の中の学校行事に位置づけられるものであり，教育活動の一環として行われるものである。

　今日では，プライバシーの保護やインフォームドコンセントの観点からも，健康診断の運営を考えていく必要がある。

問題演習

【1】学校保健安全法第13条第2項の健康診断は，学校保健安全法施行規則第10条により，いずれの場合で必要があるときとされているか。次のア〜キから5つ選び，記号で答えよ。

　ア　卒業のとき

　イ　就学のとき

　ウ　夏季における休業日の直前又は直後

　エ　修学旅行前

　オ　感染症又は食中毒が発生したとき

　カ　風水害等により感染症の発生のおそれがあるとき

　キ　結核，寄生虫病その他の疾病の有無について検査を行う必要のあ
　　るとき

【2】次の(1)～(6)は，学校保健安全法に基づいて行われる健康診断に関す
　　る記述である。(　ア　)～(　キ　)に適する数字または語句を答えよ。

　(1)　市町村の教育委員会は，翌学年の初めから(　ア　)日前までに，
　　就学時健康診断票を就学時の健康診断を受けた者の入学する学校の
　　校長に送付しなければならない。

　(2)　職員の定期健康診断で，(　イ　)歳以上の職員においては，「身長」
　　を検査の項目から除くことができる。

　(3)　(　ウ　)は体重(kg)÷身長(m)²で算出した値をいう。

　(4)　歯及び口腔の疾病及び異常の有無は，齲歯，(　エ　)，(　オ　)
　　その他の疾病及び異常について検査する。

　(5)　定期の健康診断を行ったときは，(　カ　)日以内にその結果を幼
　　児，児童又は生徒にあつては当該幼児，児童又は生徒及びその保護
　　者に通知する。

　(6)　児童生徒等の健康診断票は，(　キ　)年間保存しなければならな
　　い。

【3】健康診断について，①～⑧に当てはまる語句をあとのア～テから1
　　つずつ選び，記号で答えよ。

　　教育課程上では，(　①　)で「特別活動」の(　②　)に位置づけられ，
　教育活動として実施される。つまり，健康診断は，学校における
　(　③　)の中核であるとともに，(　④　)でもあるという二つの性格を
　持っている。このことは，単に健康診断を実施するというだけでなく，
　事前，実施時，事後にわたって教育活動として位置づけることや常に
　(　⑤　)が必要であることを意味している。

　　また，学校という教育の場における健康診断は，健康の(　⑥　)を

目的とした健康状態の把握が中心であって，地域の医療機関のように個人を対象とした(⑦)を行うものではなく，健康であるか，健康上問題があるか，疾病や異常の疑いがあるかという視点で選び出す(⑧)である。

ア 保健調査	イ 確定診断	ウ 教育課程
エ 教育基本法	オ 教育的配慮	カ 教科書
キ 実施計画	ク 保持増進	ケ 早期発見
コ 学習指導要領	サ 保健学習	
シ 健康安全・体育的行事		ス 保健管理
セ 保健室経営	ソ 養護教諭	タ スクリーニング
チ 予防措置	ツ 教育活動	テ 保健指導

【4】 児童生徒の定期健康診断について，次の各問いに答えよ。

(1) 学校保健安全法施行規則では，定期健康診断を毎学年いつまでに行うものとされているか記せ。

(2) 学校保健安全法施行規則では，定期健康診断の結果をいつまでに児童生徒等に通知することとしているか記せ。

(3) 学校保健安全法では，定期健康診断の結果に基づきどのような措置をとらなければならないとされているか3つ記せ。

(4) 寄生虫検査においてぎょう虫卵が認められた児童の事後措置について具体的に記せ。

【5】 次の文章は，学校保健安全法施行規則の児童生徒の健康診断に関する事項について述べたものである。文中の各空欄に適する語句を答えよ。

(1) 身長は，(①)等を脱ぎ，両(②)を密接し，背，(③)部及び(②)を身長計の(④)に接して直立し，両上肢を(⑤)に垂れ，頭部を(⑥)に保たせて測定する。

(2) 体重は，衣服を脱ぎ，体重計のはかり台の(⑦)に(⑧)させて測定する。

(3) 身体計測，視力及び(⑨)の検査，問診，エックス線検査，尿の検査，(⑩)の有無の検査その他の予診的事項に属する検査は，学校医又は学校歯科医による診断の前に実施するものとする。

【6】 学校保健安全法施行規則第6条の健康診断における検査項目の内，「栄養状態」について，次の各問いに答えよ。

(1) 栄養状態の検査の目的を書け。

(2) 栄養状態の検査の方法を書け。

(3) 肥満度(過体重度)の求め方を式で書け。

(4) 栄養状態の検査終了後，事後措置にあたっての留意点を2つ書け。

【7】 児童生徒の定期健康診断について，次の各問いに答えよ。

(1) 保健調査の意義を踏まえた上で，どのように活用するか述べよ。

(2) 定期健康診断を健康教育の一環として位置付け，児童生徒に対してどのような事前指導を行うべきか，3つ答えよ。

【8】 次の表は健康診断票の一部である。児童生徒の健康診断マニュアルの記入上の注意にしたがって，(1)〜(4)の健康診断結果を記せ。

視力	右	A
視力	左	B
聴力	右	
聴力	左	○
結核	疾病及び異常	
結核	指導区分	
尿	蛋白第1次	
尿	糖第1次	
尿	その他の検査	潜血第1次+

(1) 視力　右の矯正視力が1.0以上，左の矯正視力が1.0未満0.7以上

(2) 聴力　右は異常なし，左は1,000Hzにおいて30dBを聴取できない(聴力レベルは検査していない)

(3) 結核　異常なし

(4) 尿　　蛋白第1次　　（－）
　　　　　糖第1次　　　（－）
　　　　　潜血第1次　　（＋）

【9】 職員の健康診断について，次の各問いに答えよ。

(1) 文中の(ア)〜(カ)に当てはまる言葉を答えよ。

【学校保健安全法施行規則第13条】

(検査の項目)

法令第15条第1項の健康診断における検査の項目は，次のとおりとする。

　　一　身長，体重及び(ア)

　　二　視力及び(イ)

　　三　(ウ)の有無

　　四　(エ)

　　五　尿

　　六　胃の疾病及び異常の有無

　　七　貧血検査

　　八　肝機能検査

　　九　(オ)検査

　　十　血糖検査

　十一　(カ)検査

　十二　その他の疾病及び異常の有無

---

(2) 40歳未満の職員において，除くことができる検査項目を書け。

(3) 肝機能検査については，どのような検査内容を行うか3つ書け。

(4) 職員健康診断の実施時期を書け。

(5) 職員健康診断票の保存期間を書け。

【10】 次の文は，健康診断時に注意すべき疾病について述べたものである。文中の各空欄に適する語句を答えよ。

(1) 胸郭については，胸部の形態，大小及び筋骨の発達程度を被検査者のからだの前後左右から(①)によって検査する。ときに脊柱側わん症に伴う胸郭の変形により，(②)に障害が出て心肺機能の低下をみることもあるので，単に形態異常のみにとらわれること

なく，それによってもたらされる障害にも注目する必要がある。

(2)　尿路に細菌が侵入しておこす感染症で多いのは(　③　)と腎盂炎である。蛋白尿や(　④　)が陽性の場合は，学校検尿でも発見される。

【11】次の(1)～(3)の各文は，学校保健安全法に基づいた健康診断の方法について示そうとしたものである。文中の各空欄に適する語句を答えよ。ただし，同じ記号の空欄には，同じ語句が入るものとする。

(1)　身長は，靴下等を脱ぎ，両(　ア　)を密接し，(　イ　)，臀部及び(　ア　)を身長計の尺柱に接して直立し，両上肢を体側に垂れ，(　ウ　)を正位に保たせて測定する。

(2)　体重は，衣服を脱ぎ，体重計のはかり台の(　エ　)に静止させて測定する。ただし，衣服を着たまま測定したときは，その衣服の重量を控除する。

(3)　聴力検査は，オージオメータを用いて行い，正常な聴力の人が(　オ　)Hz，(　カ　)dBの音をはっきり聞き取れるくらいの静かな場所で行う。

【12】児童生徒健康診断票(歯・口腔)に記入する際の記号を答えよ。
〈例〉う歯　(C)
(1)　永久歯の喪失歯
(2)　要注意乳歯
(3)　要観察歯
(4)　歯周疾患要観察者

【13】定期健康診断における聴力検査について，選別聴力検査の結果，難聴が疑われた者について再検査を行う場合は，耳鼻咽喉科学校医の直接の指示の下に，以下の要領で行う。次の(　①　)～(　⑦　)に適する数値または語句を書け。

(1) （　①　）Hzで十分に聞こえる強さの音を聞かせる。

(2) 　次いで音を次第に（　②　），全く聞こえなくなった時点から再び音を（　③　）いく。そこで，初めて応答のあったdB値を閾値といい，これを仮にb dBとする。

(3) 　さらに（　④　）Hzの閾値c dB，（　⑤　）Hzの閾値d dBを検査で求める。

(4) 　次に今までの検査が正しく行われたかどうかを確認するため（　⑥　）Hzの閾値を再度検査し，b dBと同じ値であれば（　⑦　）Hzの閾値を測定し，これをa dBとする。

【14】野球部の活動中に，滑り込んできた走者の足が腹部に当たった生徒が，その直後に，友人に支えられながら歩いて保健室に来た。この事例について，次の各問いに答えよ。

(1) 　養護教諭が行う視診の内容を具体的に三つ書け。

(2) 　腹膜刺激症状の有無を確認するための触診の方法を2種類挙げよ。また，それぞれについて，症状がある場合の反応を具体的に書け。

■■■■■■■■■■■■■ 解答・解説 ■■■■■■■■■■■■■

【1】ア，ウ，オ，カ，キ

解説 臨時の健康診断は，上記の場合で「必要があるとき」に，必要な検査の項目について行う。

【2】ア 15　イ 20　ウ BMI　エ 歯周疾患　オ 不正咬合
カ 21　キ 5

解説 ア 学校保健安全法施行令第4条(就学時健康診断票)第2項である。イ，ウ 学校保健安全法施行規則第13条第3項である。　エ，オ 学校保健安全法施行規則第3条第9号。同規則のほかの条文も確認しておくこと。　カ 学校保健安全法施行規則第9条の条文である。キ 学校保健安全法施行規則第8条第4項の条文。ただし，進学により送付を受けた児童又は生徒の健康診断票は，当該健康診断票に係る児

童又は生徒が進学前の学校を卒業した日から5年間とする。

【3】 ① コ ② シ ③ ス ④ ツ ⑤ オ ⑥ ク
⑦ イ ⑧ タ

解 説 学校における健康診断は保健管理の立場から見れば，個及び集団の健康状態の度合いを確かめ，それに基づく適切な事後措置を行い，もって，健康の保持増進と学校教育の円滑な実施とその成果の確保に資することを目的とするものである。しかし，この保健管理を保健教育，保健活動に結びつけるところに学校健康診断の大きなねらいがあるといえよう。

【4】 (1)　6月30日　　(2)　健康診断を行ったときから21日以内
(3)　・疾病の予防処置をする　・治療を指示する　・運動並びに作業を軽減する　　(4)　医療機関での駆虫を勧めるとともに，手洗い・下着の交換・入浴など日常の衛生指導を行う。

解 説 (3)　健康診断の事後措置については，　1．疾病の予防処置を行うこと。　2．必要な医療を受けるよう指示すること。　3．必要な検査，予防接種等を受けるよう指示すること。　4．療養のため必要な期間学校において学習しないよう指導すること。　5．特別支援学級への編入について指導及び助言を行うこと。　6．学習又は運動・作業の軽減，停止，変更等を行うこと。　7．修学旅行，対外運動競技等への参加を制限すること。　8．机又は腰掛の調整，座席の変更及び学級の編制の適正を図ること。　9．その他発育，健康状態等に応じて適当な保健指導を行うこと，としている。また，健康診断については，「児童生徒の健康診断マニュアル(改訂版)」を参照するとよい。
(4)　推奨される駆虫方法として，1．駆虫後2週間程度，部屋の掃除を徹底的にする。　2．布団を日なたに干す。　3．爪を短く切る。爪かみをさせない。　4．起床後肛門をきれいに洗って，清潔な下着をつけさせる。等である。また，家族内感染が多いため，服薬の際は家族全員で服用することが望ましい。

【5】① 靴下　② かかと　③ 臀　④ 尺柱　⑤ 体側
　　⑥ 正位　⑦ 中央　⑧ 静止　⑨ 聴力　⑩ 寄生虫卵

解説 健康診断に関する問題はさまざまな形式で問われるため，各検査方法や注意事項，検査実施学年，職員の健康診断項目等，満遍なく理解しておきたい。健康診断については，「児童生徒の健康診断マニュアル(改訂版)」を参照するとよい。

【6】(1)　食物の摂取栄養バランスが適切で，体内の組織・器官での代謝が円滑に行われているかどうかを把握すること。　(2)　皮膚の色沢，皮下脂肪の充実，筋骨の発達，貧血の有無等について視診あるいは触診により検査する。　(3)　肥満度(過体重度)＝(実測体重(kg)－身長別標準体重(kg))／身長別標準体重(kg)×100(%)　(4)　・発達期にある子どもについて肥満及びやせ傾向を判定するには，一時点の身長や体重の数値から判定するのではなく，身長や体重の発育曲線を描いた上で検討する。　・健康診断時に貧血を指摘されなくても，日常の健康観察で，子どもの顔色が悪い，疲れやすい等の症状がみられる場合は，医療機関を受診することを勧める。

解説 (1)　健康診断の検査項目はきちんと理解しておくこと。健康診断については，「児童生徒の健康診断マニュアル(改訂版)」を参照しておくとよい。　(2)　栄養状態の検査の方法については学校保健安全法施行規則の第3条に記されている。　(3)　肥満度の判定基準もともに覚えておこう。肥満度が－20％以下，肥満度＋20％以上の者については，その原因について十分に検討する必要がある。　(4)　栄養の状態が著しく不良の者については，児童虐待に留意しなくてはならない。

【7】(1)　保健調査は，あらかじめ個々の子どもの健康情報を得ることができ，子どもの健康状態を評価する補助資料になるものである。よって，健康診断時には診断の参考とし，健康診断をより的確に円滑に行うために活用されるべきである。　(2)　・健康診断の意義，目的，実施計画について理解させ，健康診断に積極的に参加するよう指導す

る。 ・健康診断の検診・検査項目と実施対象者を確認させる。
・健康診断の受け方，検診順序や検診会場，受診時の服装や態度など
を指導する。 ・検診，検査を当日受診できなかった場合の対応方法
を指導する。

解説 (1) 保健調査については学校保健安全法施行規則の第11条に定め
られている。保健調査の法的根拠と意義とともに，保健調査票作成上の
配慮事項も確認しておくとよい。 (2) 健康診断は保健管理の中核であ
り，子どもに生涯にわたる健康の保持増進のために必要な実践力を育成
するための教育活動の一つであることを踏まえ，事前指導を行う。

【8】

視	右	(A)
力	左	(B)
聴	右	
力	左	○
結	持病及び異常	
核	指導区分	D3
尿	蛋白第1次	(－)
	糖第1次	(－)
	その他の検査	潜血(＋)

解説 健康診断票の書き方に関しては，各検査において正確に記入でき
るよう練習しておくとよい。また，健康診断に関する問題はさまざま
な形式で問われるため，各検査方法や注意事項，検査実施学年，職員
の健康診断項目等，満遍なく理解しておきたい。

【9】(1) ア 腹囲　イ 聴力　ウ 結核　エ 血圧　オ 血中
脂質　カ 心電図　(2) 胃　(3) GOT(血清グルタミックオキ
サロアセチックトランスアミナーゼ)，GPT(血清グルタミックピルビ
ックトランスアミナーゼ)，γ－GTP(ガンマーグルタミルトランスペ
プチダーゼ)　(順不同)　(4) 学校の設置者が定める適切な時期
(5) 5年間

解　説 健康診断の調査項目や就学時の健康診断の義務などは，学校保健安全法や学校保健安全法施行規則で示されている。内容を確認しておくこと。

【10】(1)　① 視診　② 呼吸　(2)　③ 膀胱炎　④ 血尿

解　説 (1)　脊柱の変形は，他の内部異常に比べて外観から容易に気付くものである。脊柱側わん症には，機能性側わん症(姿勢性側わん症)と構築性側わん症がある。機能性側わん症は一時的側わんで，子どもにみられるものは不良姿勢によるものが最も多く，姿勢を正しくすることで自然に矯正される場合が多い。構築性側わん症は，側方へのわん曲と同時にねじれが加わり，原因不明の特発性側わん症，椎体の先天性変形など原因がわかっている側わん症に大別される。先天性のものは脊椎などに生まれつきの形の異常があるため，成長期に側わん症に進展する。　(2)　膀胱炎とよく似た病気の中に，腎盂炎がある。腎盂炎の正式名称は腎盂腎炎と言い，膀胱炎と並んで，尿路感染症といわれる。膀胱炎を治療せずに放っておくと，重症化して腎盂炎になってしまう。膀胱炎と腎盂炎の違いは，炎症を起こしている箇所の違いと，発熱があるかないかで判断ができる。

【11】ア　かかと　イ 背　ウ 頭部　エ 中央　オ 1000
　　カ　25

解　説 健康診断の調査項目や就学時の健康診断の義務などは，学校保健安全法や学校保健安全法施行規則で示されている。内容を確認しておくこと。

【12】(1)　△　(2)　×　(3) CO　(4) GO

解　説 (1)の喪失歯は，永久歯のみ該当歯に△を記入する。健康診断票の記入の仕方や，各検査の方法については理解を深めておきたい。健康診断については，「児童生徒の健康診断マニュアル(改訂版)」を参照するとよい。

【13】 ① 1000 ② 弱めて ③ 強めて ④ 2000
⑤ 4000 ⑥ 1000 ⑦ 500

解説 難聴は学校における教育や生活に様々な，また重大な影響を及ぼ
す。難聴の有無，その程度を検査するのが聴力検査で，気付かれてい
ない難聴を見つけたり，すでに分かっている難聴を確かめ，その後の
変化を見極めるために必須の検査である。「児童生徒の健康診断マニ
ュアル(改訂版)財団法人日本学校保健会」を参照し，聴力検査の正し
い方法を身に付けよう。

【14】(1) ・皮膚に発赤やいっ血斑，擦過傷等があるかどうかを観察す
る。 ・ベッドに横臥させて，腹部が膨隆していないかを観察する。
・ショック症状が現れていないかを観察する。 **(2) 方法**…腹壁に両
手を平たく当てて触り，押してみる。 **反応**…腹壁が固く，押しても
へこまない。 **方法**…腹壁に指を立てて押し，急に離す。 **反応**…急
に離すとピーンとした痛みを訴える。

解説 腹部打撲では，軽症だと思われても経過観察を怠らない。肝臓・
脾臓・腎臓などの臓器はしばらくたってから症状が出てくるからであ
る。20～30分おきに反復比較し，1～2時間は観察を続ける。腹腔内に
出血するおそれもある。血圧の低下や，腹壁全体が触った時に硬い印
象があれば，速やかに医療機関を受診させる。なお，問診は，いつ，
どのように，どのくらいの強さで腹部を打ったのか，どのように倒れ，
その時にどこかを打っていないかなど，受傷機転を聞き取る。さらに，
受傷後に現れた症状として，意識はあったか，息苦しくないか，顔色
に変化はなかったか，痛みの有無・変化，吐き気・嘔吐の有無を聞き
取る。視診は，全身の姿勢，けいれん，顔色，腹部の皮膚の色・変
形・膨隆の有無，発汗の状態を確認する。触診は，脈拍，皮膚温，圧
痛の有無，腹部膨満，腹膜刺激症状(内臓の炎症が壁側腹膜にまで及ん
でいる状態)として筋性防御の有無などを確認する。

健康観察・健康相談

養護教諭マスター

学校保健安全法第7条には「学校には，健康診断，健康相談，保健指導，救急処置その他の保健に関する措置を行うため，保健室を設けるものとする。」とある。そして，その第8条には「学校においては，児童生徒等の心身の健康に関し，健康相談を行うものとする。」と新たな形での心身の健康相談が取り上げられた。また，健康相談・健康観察により健康上の問題があると認めるときは，遅滞なく，当該児童生徒等に対する保健指導や保護者への助言を行うことが第9条で規定された。

そのほか，養護教諭の行う健康相談については，保健体育審議会答申(平成9年)のほか，「非常災害時における子どもの心のケアのために」(文部科学省，平成15年)，「子どもへのメンタルヘルスの理解とその対応～心の健康つくりの推進に向けた組織体制づくりと連携～」(日本学校保健会，平成19年)等にも記載されている。学校医，スクールカウンセラーなどの健康相談にかかわる専門家・専門機関についての理解も深めておきたい。

問題演習

【1】 健康相談活動について，次の各問いに答えよ。
(1) 小学6年生の学級担任から，朝の健康観察で頻繁に腹痛を訴える児童がおり，どのように対応したらよいか養護教諭に相談があった。この事例に対応するために養護教諭としてはどのような情報を収集する必要があるか。5つ記せ。
(2) 健康相談を行うにあたって，養護教諭に必要な資質を3つ記せ。

【2】養護教諭が行う健康相談について，文中の各空欄に適する語句を下のア〜セからそれぞれ1つずつ選び，記号で答えよ。

　保健室はいつでも，誰でも，どんな理由でも自由に訪れることができる場所である。

　近年心の悩みや，ストレスが（　①　）として表れることが多くなっている。

　養護教諭は，児童生徒の精神的に追い詰められた状態や，様々な身体症状をまず（　②　），児童生徒とともに問題を考え，状態を改善したり，問題の解決に当たっている。

　保健室にいる養護教諭は，（　③　）として，教育的な視点及び（　④　）専門性を生かして，心と体に関する健康相談活動を行うのに適している。

　健康相談とは養護教諭の職務の（　⑤　）や保健室の（　⑥　）を十分に生かし，児童生徒の訴えに対して常に（　⑦　）や背景を念頭において，心身の観察，問題の背景の分析・解決のための支援，関係者との連携など（　⑧　）の両面への対応を行う活動である。

ア　医学的	イ　心や体	ウ　生理的現象
エ　身体的な不調	オ　教諭	カ　環境の要因
キ　受け止め	ク　家庭環境	ケ　特質
コ　教育職員	サ　機能	シ　心的障害後ストレス
ス　記録し	セ　心的な要因	

【3】健康観察について，次の各問いに答えよ。

(1)　健康観察の目的について，文中の（　ア　）〜（　カ　）に当てはまる言葉をあとのA〜Lから選び，その記号を書け。

> ○　子どもの心身の健康問題の早期発見・（　ア　）を図る。
> ○　感染症や（　イ　）などの（　ウ　）を把握し，感染の（　エ　）や予防を図る。
> ○　日々の（　オ　）な実施によって，子どもに自他の健康に興味・関心をもたせ，（　カ　）の育成を図る。

A　自己管理能力　　B　早期解決　　C　感染の疑い

D　拡大防止　　　　E　健康状態　　F　継続的

G　集団発生状況　　H　早期発見　　I　食中毒

J　健康管理能力　　K　早期対応　　L　きめ細かな

(2)　学校生活全体を通じて行う健康観察の視点において，行動や態度に現れるサインとして有効な事項を次の中からすべて選び，記号で答えよ。

ア　最近，極端にやせてきた，または太ってきた

イ　自傷行為が見られる，または疑われる

ウ　特定の教科や学習の遅れ，学習への拒否が見られる

エ　発熱が続く

オ　保健室(相談室)を頻繁に利用する

カ　部活動を以前に比べて休むことが多くなり，理由を聞いても答えない

キ　顔の表情が乏しい

ク　以前に比べて体調を崩すことが多い

【4】健康相談活動についての事例を読み，下の各問いに答えよ。

〈小学校1年生Bの事例〉

　Bは，3学期になって，頭痛，腹痛，倦怠感などの不定愁訴を繰り返して保健室に数回来室し，不安で落ち着きがない様子であった。

　ある日，Bが頭痛を訴えて保健室に来室した。

　養護教諭が体温を測ろうとしたところ，脇の下の近くに直径約8mmで円形の火傷が複数個認められた。この火傷は，中央部分が周辺部分より深い火傷で，新旧の混ざった跡であった。

(1)　Bへの対応時において，養護教諭が留意すべきことを箇条書きで述べよ。

(2)　Bについて，養護教諭が校長，教頭，担任に報告したところ，関係する教職員による会議を開催することとなった。協議すべき内容

について，箇条書きで述べよ。

(3)　Bに対して，あなたは養護教諭として今後どのように対応するか，簡潔に述べよ。

【5】保健室登校について，専門機関との連携を図る場合の留意点を5つ記せ。

【6】学級担任をはじめ，教職員により行われる子どもの健康観察について答えよ。

(1)　健康観察の目的を3つ書け。

(2)　健康観察の法的根拠を書け。

(3)　健康観察記録の活用方法を9つ書け。

【7】次の文を読んで，下の各問いに答えよ。

　　健康観察は，（　ア　），養護教諭などが子どもの体調不良や欠席・遅刻などの（　イ　）な心身の（　ウ　）を把握することにより，（　エ　）や心の（　オ　）などの心身の変化について早期発見・早期対応を図るために行われるものである。また，子どもに自他の健康に興味・関心を持たせ，自己管理能力の育成を図ることなどを目的として行われるものである。

(1)　上の文は平成20年1月に出されたある審議会の答申の一部である。この審議会名を答えよ。

(2)　文中の（　ア　）～（　オ　）に当てはまる語句を次の語群からそれぞれ選び，記号で答えよ。

a　健康課題　　b　保健主事　　c　継続的　　d　健康状態

e　学級担任　　f　向上　　　　g　疾病　　　h　慢性疾患

i　発達　　　　j　栄養状態　　k　校長　　　l　日常的

m　感染症　　　n　身体のサイン

(3)　てんかんがある児童・生徒の健康観察を行うにあたり，次の①・②に答えよ。

276

　　① 対象児童・生徒の発作について，保護者に確認しておくことを
　　書け。
　　② 対象児童・生徒が内服治療をしている場合，健康観察の際に留
　　意すべき観察項目を1つ書け。

【8】健康観察の法的根拠として述べられている学校保健安全法第9条について，文中の①～⑤に該当する語句を答えよ。

> 第9条　（　①　）その他の職員は，相互に連携して，（　②　）又は児
> 童生徒等の健康状態の日常的な観察により，児童生徒等の心身
> の状況を把握し，健康上の問題があると認めるときは，（　③　）
> なく当該児童生徒等に対して必要な指導を行うとともに，必要
> に応じ，その（　④　）(学校教育法第16条に規定する（　④　）をい
> う。第24条及び第30条において同じ。)に対して必要な（　⑤　）を
> 行うものとする。

【9】健康観察について，次の各問いに答えよ。
　(1)　健康観察について，中央教育審議会答申(平成20年1月17日)に示さ
　　れた内容と学校保健安全法における法的根拠について，答えよ。
　(2)　学校における健康観察の実施時間と主な実施者を4つ答えよ。

【10】健康相談活動における事例研究の意義について，2つ書け。

■■■ ■■■■ ■■■ 解答・解説 ■■■ ■■■■ ■■■

【1】(1)　〈解答例〉・児童が腹痛を訴える時間帯やいつごろから腹痛を
　　訴えるようになったのか，どのあたりが痛むのかなどの身体の健康情
　　報　・児童が普段の学校生活を行っているときの態度・表情・様子
　　・児童に関係する友人等との交友関係　・児童の家庭環境・家庭にお
　　ける児童の生活の様子　・児童の現在の学業成績や，以前の成績との
　　変化が見られるかどうかについて　・児童が現在悩んでいること　な

ど (2) (解答例)・「心の健康問題と身体症状」に関する知的理解・「心の健康問題と身体症状」の観察の仕方や受け止め方についての確かな判断力と対応力(カウンセリング能力) ・健康に関する現代的課題の解決のための個人又は集団の児童生徒の情報収集能力 ・健康課題を捉える力量や解決のための指導力 など

解説 平成9年の「保健体育審議会答申」において養護教諭の新たな役割として「健康相談活動」が提言されている。身体的な気づきから心理的な要因，背景が考えられるときは，受容的・共感的に児童生徒の話を聞くことが大切である。問題を理解したら，支援計画を立て，他の関係者と連携しながら問題解決のための支援を行っていく。

【2】① エ ② キ ③ コ ④ ア ⑤ ケ ⑥ サ
⑦ セ ⑧ イ

解説 保健体育審議会答申(平成9年)の中で「養護教諭の新たな役割」として記載された内容からの抜粋問題である(一部改変)。心の健康問題に対応するために，カウンセリング(健康相談活動)の機能の充実が求められている。

【3】(1) ア K イ I ウ G エ D オ F カ A
(2) イ，ウ，オ，カ，キ

解説 健康観察とは，児童・生徒が心身ともに健康な状態であるか，一定の方針に基づいて詳しく見極めることである。基本的には，学級担任が朝の学級での活動(朝の会等)に行う。児童・生徒一人ひとりの心身の健康状態の把握がもっとも重要になる。学校内の教職員全員が，あらゆる場面で，日常的な健康観察を行っていくことが大切であるが，特に学級担任は，平常と異なる点に気づいた場合，なるべく早く養護教諭に連絡をとらなければならない。

【4】(1) ・火傷はシガレットバーンの可能性が高い。 ・保護者からの虐待を受けている可能性があるということを念頭において対応する。

・受傷原因を子どもに尋ねる際に，誘導的な質問や問い詰めるような質問の仕方はしないようにする。　・子どもの心身の安全・安心の確保がされておらず，保護者から虐待を受ける危険性がある状況では，子どもは本当のことを話しづらいことを知っておく。　・子どもとのやり取り，やけどの状況等について細かく記録しておく。　・子どもとの共感的な関係を築くようにする。　　(2)　・問題の把握，情報収集と分析について(Bの身体，心，家庭環境，保護者の様子について，どのような変化がみられたか)。　・虐待の疑いの判断及び通告についての検討について。　・子どもの支援について(支援方法の決定，保護者の対応に関すること，地域との連携に関すること，メンバーの役割分担など)。　・職員会議，学年会議への報告・協議について。　・継続支援について(事例検討会，支援計画の見直し，関係機関との連携推進)。　　(3)　子どもが保健室において，安全・安心感が得られ，養護教諭との信頼関係が確立できるよう，健康相談を行う。子どもの様子を観察し，訴えをよく聞いて，触診，バイタルサインの測定を行うなど身体的虐待について把握に努め，同時にけがの手当てを行う。食事の様子，身の回りが清潔かなどについても観察し，ネグレクトの有無についても把握に努める。校長，教頭，担任と情報を共有し，校内組織会議において連携を図るなど組織としての対応を心がける。相談・通告を市区町村や子ども家庭センターに行った後は，担当者との連携に努め，協力して個別の支援計画を立てる。

解説　本問は文部科学省発行の『養護教諭のための児童虐待対応の手引』の内容に関する問題である。　　(3)　当該児童との信頼関係を築くことが重要であるとともに，養護教諭一人で抱えずに他の教職員や管理職，関係機関との連携を密にする。

【5】　・信頼関係を築き，慎重に進める。　・保健室登校の様子など日々の記録を行う。　・情報把握を行い，事例に適した専門機関を選ぶ。　・具体的な事実に基づいた話を正確に伝える。　・抱え込みすぎず，適切なタイミングで専門機関につなげる。　・複数の教職員で対応す

る。 ・プライバシーの保持や情報管理を徹底する。 ※以上から5つ記入

解説 養護教諭の日々の記録は重要であり，気になったことや子どもの様子，話した言葉などを日頃からメモしておくとよい。

【6】(1) ①子どもの心身の健康問題の早期発見・早期対応を図る。 ② 感染症や食中毒などの集団発生状況を把握し，感染の拡大防止や予防を図る。 ③ 日々の継続的な実施によって，子どもに自他の健康に興味・関心を持たせ，自己管理能力の育成を図る。 (2) 健康観察は，中央教育審議会答申(H20.1.17)「子どもの心身の健康を守り，安全・安心を確保するために学校全体の取組を進めるための方策について」で，その重要性が述べられており，学校保健安全法(H21.4.1施行)においても，健康観察が新たに位置づけられ，充実が図られた。 (3) ① 感染症及び食中毒などの集団発生の早期発見に役立てる。 ② いじめ，不登校傾向，虐待等の早期発見に役立てる。 ③ 個々及び集団の健康課題を把握する資料とする。 ④ 健康相談・保健指導につなげる。 ⑤ 健康診断の資料とする。 ⑥ 家庭訪問時や保護者面談時の資料とする。 ⑦ 児童生徒理解のための資料とする。 ⑧ 休業中の保健指導計画等の参考資料とする。 ⑨ 学校保健計画立案の参考資料とする。

解説 健康観察については，学校保健安全法第9条に「養護教諭その他の職員は，相互に連携して，健康相談又は児童生徒等の健康状態の日常的な観察により，児童生徒等の心身の状況を把握し，健康上の問題があると認めるときは，遅滞なく，当該児童生徒等に対して必要な指導を行うとともに，必要に応じ，その保護者に対して必要な助言を行うものとする。」とあり，新たに「保健指導」が加わり，現在，学校で行われている保健指導が法律上明記された。学校においては，養護教諭を中心として，担任，学校医・学校歯科医・学校薬剤師などの関係職員とが連携し，健康相談や日常の健康観察等により子どもたちの心身の健康状態を把握し，組織的な保健指導が求められる。また，保

護者へ必要な助言を行い，家庭とも連携した保健指導が求められる。なお健康状態を把握するための健康観察のポイントには，①全身的な状態，②顔面の状態，③皮膚の状態等の分け方，及び④一般状態および外観，⑤行動や態度，⑥眼・耳・鼻・咽頭，⑦皮膚などがある。

【7】(1)　中央教育審議会　　(2)　ア　e　イ　ウ　d　エ　m　オ　a　　(3)　①　・発作の症状や起きやすい時間帯　・発作時の対応　・発作後の対処　・緊急時の保護者への連絡方法　・かかりつけの医療機関との連絡方法　など　　②　薬の副作用による眠気，めまい，ふらつき　など

解 説 (1)　問題の答申は「子どもの心身の健康を守り，安全・安心を確保するために学校全体として取組を進めるための方策について」である。中央教育審議会による答申は頻出であるので関連資料は必ず目を通しておくこと。　(2)　学校保健安全法第9条には「養護教諭その他の職員は，相互に連携して，健康相談又は児童生徒等の健康状態の日常的な観察により，児童生徒等の心身の状況を把握し，健康上の問題があると認めるときは，遅滞なく，当該児童生徒等に対して必要な指導を行うとともに，必要に応じ，その保護者に対して必要な助言を行うものとする。」と明記されている。内容やキーワード，頻出語句は暗記しておくとよい。　(3)　てんかんについては，発作の様子，発作時の対応などを理解しておくこと。

【8】①　養護教諭　　②　健康相談　　③　遅滞　　④　保護者　⑤　助言

解 説 健康観察は，中央教育審議会答申(H20.1.17)「子どもの心身の健康を守り，安全・安心を確保するために学校全体の取組を進めるための方策について」で，その重要性が述べられているため確認しておくこと。学校保健安全法第9条において，健康観察が新たに位置付けられ，充実が図られたところである。

【9】(1)　中央教育審議会答申の中で，「健康観察は，学級担任，養護教諭などが子どもの体調や欠席・遅刻などの日常的な心身の健康状態を把握することにより，感染症や心の健康課題などの心身の変化について早期発見・早期対応を図るために行われるものである。」さらに「学級担任等により毎朝行われる健康観察は特に重要である。」と述べられている。また，学校保健安全法第9条(保健指導)の中で，「養護教諭その他の職員は，相互に連携して，健康相談又は児童生徒等の健康状態の日常的な観察により，児童生徒等の心身の状況を把握し，健康上の問題があると認めるときは，遅滞なく，当該児童生徒等に対して必要な指導を行う」ことが示され，健康観察の重要性と必要性が強調されている。　(2)　朝や帰りの会→学級担任(ホームルーム担任)　授業中→学級担任及び教科担任　保健室来室時→養護教諭　学校行事→教職員

解説　(1)　中教審の中では，さらに健康観察によって，子どもに自他の健康に興味・関心を持たせ，自己管理能力の育成を図ることも目的としている」と述べられており，その教育的意義もおさえておくこと。(2)　その他には，休憩時間→教職員，給食(昼食)時間→学級担任(ホームルーム担任)，部活動中→部活動担当職員，放課後→教職員などがあげられる。

【10】〈解答例〉・児童生徒理解・問題理解を深め，よりよい相談・支援の在り方を考える。　・支援者である養護教諭自身の傾向や癖に気付き，健康相談活動を修正することができる。　・校内教職員の問題に対する共通理解と連携を進められる。　(この中から2つ書けていればよい)

解説　学校保健法の改正法において，養護教諭その他の職員の行う日常的な健康観察等による児童生徒等の健康状態の把握，必要な指導等が「保健指導」として位置付けられた。また，従来，学校医又は学校歯科医のみが行うものとされてきた「健康相談」は，学校医又は学校歯科医に限らず，学校薬剤師を含め関係教職員が積極的に参画するもの

と再整理された。これは，近年，メンタルヘルスに関する課題やアレルギー疾患等の現代的な健康課題が生ずるなど児童生徒等の心身の健康問題が多様化，深刻化している中，これらの問題に学校が組織的に対応する観点から，特定の教職員に限らず，養護教諭，学校医・学校歯科医・学校薬剤師，担任教諭など関係教職員各々が有する専門的知見の積極的な活用に努められたいという趣旨である。

養護教諭マスター 応急手当（救急処置）

　子どもが傷病を発生した場合には，誰であっても，そばにいる者が応急手当をすることになる。教職員はそのような場面に遭遇しやすいので，応急手当ができるよう現職研修は欠かせない。傷病発生時に適切な処置がなされれば，その後の治癒過程が短縮され，子どもの学習への支障も少なくなる。その意義を踏まえて，適切な対応(判断と処置)ができるように，学習を進めていきたい。さらに学校教職員は，子どもたちの傷病発生を予防するための方策も考え，取り組まなければならない。

　内容としては，予防と事故発生時の連絡システム等の学校体制づくり，救急車要請の基準，突然死の予防対策，心肺蘇生法(AEDを含む)，捻挫・骨折・脱臼・擦過傷・創傷・(頭部・腹部などの)身体打撲・熱傷等の鑑別と処置の方法(とりわけ止血法・包帯法・体位)，眼・耳・歯の外傷に対する処置の方法，頭痛・腹痛・気分不良・熱中症に対する鑑別と処置の方法，および慢性疾患(アレルギー，てんかん，糖尿病，心臓疾患など)を抱える者の緊急時の対応などについて，一つひとつ整理しておく必要がある。

問題演習

【1】救急処置について，次の各問いに答えよ。

(1)　養護教諭として，児童生徒を医療機関で受診させる際の救急車要請基準を具体的に5項目述べよ。

(2)　養護教諭は，学校における救急処置の教育・救急体制整備の推進役として自らの専門性を自覚し，救急体制の整備に中心的に関わっ

ていくことが求められる。救急体制の整備項目を簡潔に5つ述べよ。また，養護教諭が学校不在時に備え，日ごろから特に留意しておくべき点を簡潔に述べよ。

【2】次の文は，救急処置について説明したものである。正しいものには○，間違っているものには×で答えよ。

(1) 鼻出血の場合は，頭を後ろにそらせて首の後ろをたたく。

(2) 漂白剤や石油を飲んだときは，急いで吐かせる。

(3) 骨折と開放創からの大出血があるときは，まず止血の処置を行ってから骨折の処置を行う。

(4) 眼球に異物が刺さったときは，抜かずに，医療機関へ搬送する。

(5) 指を切断したときは，傷口にガーゼ等を当てて圧迫止血し，切断された指を直接氷水入りの袋に入れて，傷病者とともに医療機関へ搬送する。

(6) 担架で傷病者を運ぶときは，原則として，傷病者の足の方向に進む。

【3】心肺蘇生法について，次の各問いに答えよ。

(1) 心肺蘇生を必要とする傷病者に対する観察内容を3つ答えよ。

(2) 気道確保の方法を答えよ。

(3) 次の言葉を説明せよ。

① カーラーの救命曲線

② AED

【4】次の文は，感染症・食中毒が集団的に発生した場合の措置について述べている。(1)～(5)の文中にある①～⑫に適切な語句をあとのア～トから1つずつ選び，記号で答えよ。

(1) （ ① ），（ ② ），（ ③ ）等に連絡し，患者の措置に万全を期すること。

(2) 学校医の指導助言を求め，（ ④ ），（ ⑤ ），臨時休業，（ ⑥ ）

その他の事後措置の計画を立て，これに基づいて措置を行うこと。

(3) （ ⑦ ）その他関係方面に対しては，患者の（ ⑧ ）状況を周知させ，（ ⑨ ）を求めること。

(4) 児童生徒等の（ ⑩ ）について十分な注意と指導を行うこと。

(5) 感染症・食中毒の発生原因については，関係機関の協力を求め，これを明らかにするように努め，その原因の（ ⑪ ），感染の（ ⑫ ）に努める。

ア　出席停止	イ　校長	ウ　食生活
エ　健康観察	オ　集団発生	カ　拡大防止
キ　消毒	ク　明確化	ケ　予防措置
コ　教育委員会	サ　健康診断	シ　協力
ス　保護者	セ　保健所	ソ　学校の設置者
タ　学校薬剤師	チ　除去	ツ　早期発見
テ　学校医	ト　学校保健委員会	

【5】次の(1)〜(10)は，応急処置について述べている。正しいものには○を，誤っているものには×で答えよ。

(1) 肩を脱臼したので，速やかに整復をした。

(2) 左眼に石灰が入ったので，左眼を下にして，10分以上流水で洗い流した。

(3) 脳貧血を起こしたので，衣服をゆるめ足高仰臥位にして休ませ，保温した。

(4) ぜん息発作を起こしたので，起座位で安静にさせた。

(5) 永久歯が脱落したので，脱落した歯を水道水で洗浄した後ブラッシングし，元の歯肉の部分に戻した。

(6) 衣服の上から熱湯をかぶり火傷をしたので，水をかけて冷やした。皮膚についた衣服は，その部分を切り残して脱がせた。

(7) 頭痛を訴えてきたので，すぐに鎮痛剤を服用させた。

(8) 頭部を打撲したので，頭を低くして休ませ頭部を冷やした。

(9) 骨折によりショック症状を起こしたので，仰向きに寝かせ，頭を

少し高くして身体を冷やした。

(10) 過換気症候群の発作が起こったので，周囲の人から隔離し静かな場所に移し，紙袋で口と鼻を覆うようにかぶせて，吐いた息をゆっくり吸い込ませた。

【6】傷病者の体位の管理について，次の症状に適した体位を下のア〜キから1つずつ選び，記号で答えよ。

(1) 腹部に外傷を受けた場合や腹痛を訴えた場合

(2) 胸や呼吸の苦しさを訴えている場合

(3) 頭にけがをしている場合や脳血管障害の場合

(4) 食べたものを吐いている場合や背中にけがをした場合

(5) 窒息防止に有効で，反応(意識)はないが正常な呼吸をしている場合

| ア | 足側高位 | イ | 半座位 | ウ | 膝屈曲位 | エ | 腹臥位 |
| オ | 座位 | カ | 側臥位 | キ | 仰臥位 |

【7】運動会の練習中，熱中症によると思われる頭痛を訴えた中学生への応急措置を3つ書け。

【8】次の文は，応急処置について述べたものである。正しいものに○，誤っているものに×で答えよ。

(1) 鼻出血で最も頻度が高いのは，キーゼルバッハ部位からの出血である。

(2) 骨折が疑われる場合，ショックを防止するため，足高位をとらせ，体を毛布で包み，保温して医療機関に送致する。

(3) 喉頭に異物が入り，気道を完全に塞いだ場合には，咳や喘鳴の症状がみられる。

(4) 突き指の介達痛の検査は，突き指をした指の付け根を軽く叩いてみる。

(5)　眼部を打撲し，眼球運動の上下運動が妨げられる場合には，眼窩底骨折が考えられる。

(6)　腹部を打撲し，アダムス・ストークス徴候がみられる場合は，腹膜刺激症状の一つである。

(7)　頭部を打撲し，けいれんがある場合には，脳の中枢が圧迫されている徴候である。

【9】 **応急処置について，次の各問いに答えよ。**

(1)　体操部の練習中，着地の際に左足首をひねった生徒が，友だちの肩を借りて足を引きずりながら保健室に来室してきた。次の各問いに答えよ。

　①　けがの程度を判断するために，養護教諭としてどのような対応をするか。問診，視診，触診に分けて答えよ。

　②　骨折の疑いがあると判断できる症状を4つ書け。

　③　骨折等の場合にとるべき応急処置(RICE)を日本語で4つ書け。また，それぞれの効果について述べよ。

(2)　小学4年生の男子児童が，頭痛を訴え保健室に来室してきた。次の各問いに答えよ。

　①　問診する内容について4つ書け。

　②　その他観察すべき状態を4つ書け。

　③　緊急性の高い頭痛かどうかを判断するポイントを4つ書け。

【10】 **「R」「I」「C」「E」それぞれの処置の目的を具体的に述べよ。**

【11】 **次の(1)～(5)の文章は，救急処置に必要な基礎医学に関するものである。文中の各空欄に適する語句を答えよ。ただし，同じ番号には同一の語句が入るものとする。**

(1)　心臓は胸腔内の前方ほぼ中央で(　①　)裏面に接している。心臓は血液を(　②　)に送り，酸素分圧の高い血液にして(　③　)に送

り出す(④)の役目をしている。

(2) 血管には，(⑤)，静脈，(⑥)の3つがある。

(3) 人間の血液量は体重の(⑦)分の1程度といわれ，成人では約(⑧)Lで心拍出量と同じである。

(4) 血液は赤血球，(⑨)，(⑩)の血球成分と(⑪)といわれる液体成分で構成される。(⑨)は体外からの細菌や(⑫)に対する防御を行っている。(⑩)は(⑬)の重要な役割を担っている。

(5) 呼吸器系の目的は生体に(⑭)を供給し，(⑮)を取り除くことである。このためには，肺での換気，(⑯)と血液の間のガス交換，ガスの血液による運搬呼吸の調節の4つが関係している。安静時の呼吸では約(⑰)mlの空気が肺に出入りしている。

【12】応急処置について，文中の各空欄に適する語句を答えよ。

(1) 鼻出血の際，止血を施す必要があるため，顔をやや下向きにさせ，(ア)部位を押さえる。

(2) 下肢など肉離れを起こした場合は，楽な姿勢で寝かせ患部を冷却し，弾性包帯などで圧迫(イ)し，痛みや腫れ，内出血を防ぐ。

(3) 喘息発作の際は，(ウ)の姿勢をとらせる。

(4) 熱中症の中でも熱疲労を疑う場合は，涼しい場所に運び頭部を低くして寝かせ，吐き気などがない場合は，0.1～0.2%の(エ)を服用させる。

(5) ショック症状を呈した場合，平らな乾いた平面に寝かせ，ただちに意識・脈拍・呼吸・血圧など(オ)のチェックをする。

(6) 切り傷を負い出血をしている際は，清潔なガーゼで圧迫(カ)し，患部を心臓の位置より高く保つ。

【13】心肺蘇生法とAEDの手技及び手順に関する次の(1)～(6)の記述について，正しいものには○，誤っているものには×で答えよ。

(1) 倒れている成人の呼吸が停止している場合，救助者が1人で協力

者が誰もいない場合には，まず心肺蘇生法を2分間試みる。

(2)　反応はないが，死戦期呼吸(あえぎ呼吸)をしている場合は，気道確保して救急隊の到着を待つ。

(3)　胸骨圧迫は，1分間に100回の速いテンポで30回連続して絶え間なく圧迫する。

(4)　AEDを使用する場合，小児(1歳以上8歳未満)に対してやむをえない処置として成人用のパッドを代用してもかまわない。

(5)　救急隊の到着を待っている間に，AEDのパッドを貼り付けた状態でうめき声や嫌がるような動きが出てきた場合は，パッドを外してもよい。

(6)　AEDは，傷病者が鉄製の階段の踊り場，マンホールなどの金属の上に倒れている場合は使用できない。

■■■■ ■■■■ ■■ 解答・解説 ■■ ■■ ■■

【1】(1)　・意識喪失の持続　・ショック症状の持続　・けいれんの持続　・激痛の持続　・多量の出血　・骨の変形　・大きな開放創　・広範囲の火傷　(以上から5つ)　(2)　救急体制の整備項目…・校内処置基準の明確化　・緊急時の連絡体制の周知徹底　・校内研修の企画，運営　・校内の協力体制の強化　・救急処置マニュアルの作成　・備品の点検　(以上から5つ)　留意すべき点…・教員の救急処置能力の向上を図る。　・役割分担を決定し，周知しておく。　・必要物品の整備・点検を行っておく。

解説　(1)　学校において救急車要請の基準となる傷病の状態はきちんと踏まえておこう。また，連絡方法，救急車を待つ間に行うことなども確認しておくとよい。　(2)　救急処置及び救急体制の整備は養護教諭にとって学校現場で最も求められる職務内容である。迅速で適切な処置がとれるよう，日常から救急処置体制を確立し，職員間の共通理解を図ることが大切である。連絡体制や具体的な処置の仕方はしっかり確認しておこう。

【2】(1) ×　(2) ×　(3) ○　(4) ○　(5) ×　(6) ○

解説 (1)　鼻出血の場合，頭を後ろにそらせると，温かい血液が喉に回り，苦しくなったり，飲み込んで気分を悪くすることがあるので，上を向かせない。座って軽く下を向き，鼻を強くつまむ(これで大部分は止まる)。　(2)　腐食性の強い強酸，強アルカリなどは，吐かせると気道の粘膜にひどいただれを，石油製品は吐かせると気管へ吸い込み，重い肺炎を起こすことがあるので不適である。　(3)　人間の全血液量は，体重1kg当たり約80mlで，一時にその$\frac{1}{3}$以上を失うと生命に危険がある。出血には，動脈からの出血と静脈からの出血がある。開放性のきずによる大出血は，直ちに止血しなければならない。　(4)　目のけがには，眼球に何かが刺さっている場合や，眼球をひどく打ったような場合もあれば，ひどいときには眼球が飛び出していることもある。どんな場合でも，目のけがは視覚障害や失明したりする事故につながるので，医師の診察を受けること。　(5)　指を切断したときには，まず直接圧迫止血を行い，直ちに医療機関に搬送する。その際，切断した指は洗わずにガーゼにくるみ，ビニール袋に入れる。氷を入れた別のビニール袋の中に，指の入ったビニール袋を入れて，医療機関に持参する。　(6)　足の方向へ進むと，頭部を持っている搬送者は，傷病者の顔色等を観察できる。

【3】(1)　意識があるか，呼吸があるか，脈があるか　(順不同)
(2)　頭部後屈顎先挙上　(3)　①　心停止，呼吸停止，大量出血の経過時間と救命率との関係を示したグラフ　②　自動対外式除細動器のことで，心室細動及び心停止に対し除細動(電気ショック)が必要か否かを判断し，電圧調整を行う心臓電気ショックの医療器具である。

解説 (1)　傷病者の発生後，周囲の観察と全身の観察を行い，反応(意識)の確認を行う。呼びかけに反応がなく，普段どおりの息(正常な呼吸)がない場合には，直ちに心肺蘇生を開始する必要がある。
(2)　傷病者の下あごを引き上げて頭部を後方に傾けることによって喉の奥を広げ，空気を通りやすくする方法である。　(3)　それぞれの

50％の死亡率は，心臓停止後約3分，呼吸停止後約10分，多量出血後約30分となっている。緊急事態が重大であるほど早く適切な処置をしなければ死亡者が増加することを意味している。

【4】 ① テ ② コ ③ セ ④ サ ⑤ ア ⑥ キ
⑦ ス ⑧ オ ⑨ シ ⑩ ウ ⑪ チ ⑫ カ
(※①②③順不同可，④⑤⑥順不同可)

解 説 感染症・食中毒の集団発生の際の措置に関する出題で『新訂版学校保健実務必携第2次改訂版』第1部第2編第8章参照。感染症・食中毒の発生防止や出席停止等については，学校保健安全法，学校保健安全法施行規則などに記載されているので，表などにまとめて覚えておこう。

【5】 (1) × (2) ○ (3) ○ (4) ○ (5) × (6) ○
(7) × (8) × (9) × (10) ○

解 説 (1) 骨折を伴っていたり，靱帯や軟骨の激しい損傷を合併していることもあるので，整復はせず，患部を固定もしくは支えて速やかに接骨院か整形外科を受診する。 (5) 脱落した永久歯はブラッシングをせずに元に戻す。戻せない場合は保存液，または牛乳に入れ，速やかに歯科医の診断を受ける。 (7) 副作用もあるので，なるべく鎮痛剤などは使用せず，医者の診察を受けるようにする。 (8) 頭蓋内の圧力を下げるため，頭の位置をやや高く上げて横にする。 (9) 仰向けに寝かせて脳や心臓に十分な血液が流れるように枕を用いず頭を低くして10～15度くらい下肢をあげる。

【6】 (1) ウ (2) オ (3) イ (4) エ (5) カ

解 説 体位の条件として，患部に影響しないこと，呼吸が楽にできること，安楽であること，苦痛が緩和されることが重要である。

【7】 ・涼しくて風通しのよい場所で休ませ，必要な冷却をする。 ・水分(0.2％食塩水あるいはスポーツドリンク)を補給させる。 ・足を高

くして手足を末梢から中心部に向けてマッサージする。など
解説 熱中症の手当ての基本は，休息，冷却，水分補給である。熱中症は，熱けいれん(1度：軽症)，熱失神(1度：軽症)，熱疲労(2度：中等度)，熱射病(3度：重症)に分類される。それぞれの発症の仕方と症状や，応急処置についてまとめておくとよい。

【8】(1) ○　(2) ○　(3) ×　(4) ×　(5) ○　(6) ×
(7) ○
解説 (3)　完全に気道が塞がっている場合は，意識があっても声は出ない。注意点は，正常とは異なった呼吸運動が見られ，横隔膜運動があるので呼吸しているように見えるが，実際は全く空気が入っていない。
(4)　介達痛検査を行うのは，突き指ではなく骨折を疑う場合である。骨折を起こした骨折線は敏感で，骨折部位から離れた部位に衝撃を与えても骨折部位に激痛を感じる。　(6)　腹膜刺激症状とは，圧痛，筋性防御，反動痛(ブルンベルグ兆候)のことをいう。

【9】(1)　①　問診…けがをした時の状況確認　視診…腫れ，変形，変色等の有無　触診…介達痛の検査　　②　・骨折線に沿い激痛がある。・腫れがある。・介達痛がある。・全般的に運動制限がある。・変形がある。・皮膚の変色がある，などから4つ　　③　安静…けがの状況の悪化を防ぐ。　冷却…痛みを軽くし，内出血を防ぎ，炎症を抑える。　圧迫…出血と腫れを防ぐ。　挙上…内出血を防ぎ，痛みを軽くする。　　(2)　①　いつから，どのように，どうして，朝食摂取の有無　など　　②　体温，呼吸，脈拍，顔色　など　　③　・頭部外傷の有無　・後頭部の硬直の有無　・激痛　・熱中症との関連性　・吐き気，嘔吐の有無　・手足のしびれ，口の麻痺の有無　などから4つ
解説 (1)　足首をひねった場合，捻挫か骨折が疑われる。　①　問診…具体的には，いつ，どこで，何をしていて，どこを，どの程度，どうしたかについて聞く。痛みについても事故(受傷)直後と今の時点の状態を含め，明確に聴く。　視診…変形の有無，腫脹の有無，変色・皮

下出血等の有無のほかに，ショック症状の有無や全身症状も観察する。触診…介達痛とは，骨折を起こした骨の骨折線は敏感で，骨折部位から離れた部位に衝撃を与えても骨折部位に激痛を感じることである。介達痛の検査は，生徒が痛いと示す患部と思われるところから少し離れた箇所から，示指で軽く圧迫する。　②　運動検査は，自動運動させてみる。視診，触診などをしても骨折か捻挫か単なる打撲か判断がつきかねる時に最後に行う検査と考えてよい。　③　RICEとは，Rest(安静)，Ice(冷却)，Compression(圧迫)，Elevation(挙上)の頭文字である。打撲，捻挫，骨折等の救急処置における基本原則である。内出血や腫れが抑えられ，痛みが和らぐ効果がある。　(2)　①　頭痛の問診事項は，いつから痛むのか(何をしているときか，どんな状態のときか)，どのように痛むのか(頭痛の強さ，性質，周期性，部位等)，吐き気・嘔吐の有無，めまいの有無，睡眠時間(睡眠不足ではないか)，歯科疾患の有無，耳鼻科疾患の有無，眼科疾患の有無，どこにいたか(当時本人が置かれていた環境条件)，他に痛いところはないか(随伴する身体症状)，他に異常を感じるところはないか(頭痛と関係する身体的異常)，疲れていないか，頭部打撲の前歴，頭痛の心因となり得る問題はないか(当日の時間割・友人関係・家庭状況等)，家族の習慣性頭痛の有無などがある。　②　問診の他，バイタルサインや顔色，表情，姿勢の観察を行う。　③　緊急性の高い頭痛の判断ポイントとして，意識障害の有無などもある。

【10】R…内出血や腫れがひどくならないようにすること。　I…血管を収縮させ，内出血や腫れをおさえ痛みをやわらげること。　C…内出血や腫れをおさえるとともに，痛みを感じにくくすること。　E…傷めた部分に流れる血液量を少なくし，腫れや炎症をおさえること。

解説　学校等で起きる負傷・疾病を見ると捻挫，および挫傷・打撲を合わせると全病傷の5割を超える。教科書等ではRICEを図示している場合もあるので，確認しておきたい。

【11】 ① 胸骨　② 肺　③ 全身　④ ポンプ　⑤ 動脈
⑥ 毛細血管　⑦ 13　⑧ 5　⑨ 白血球　⑩ 血小板
⑪ 血漿　⑫ ウイルス　⑬ 止血(血液凝固)　⑭ 酸素
⑮ 二酸化炭素　⑯ 肺胞　⑰ 500

解説 心臓は筋肉質な臓器であり，律動的な収縮によって血液の循環を行うポンプの役目を担っている。心臓は右心房，左心房，右心室，左心室から成る。心臓のサイズは握りこぶしほどの大きさ。血液は体重のおよそ13分の1程度で，そのうち約45％が赤血球・白血球・血小板などの有形成分で，残りが無形成分の血漿である。肺は空気中から得た酸素を体内に取り込み，老廃物である二酸化炭素を空気中に排出する役割(呼吸)を持つ。

【12】 ア　キーゼルバッハ　イ　固定　ウ　座位　エ　食塩水
オ　バイタルサイン　カ　止血

解説 (1)　鼻出血は，鼻の入り口に近い鼻中隔粘膜の細かい血管が外傷などで破れることにより，出血することが多い。キーゼルバッハ部位と呼ばれる鼻翼の部分を強くつまみ止血する。また，鼻や額の辺りを冷やし，足元を見るように椅子に座らせる。出血が止まらないときは，綿やちり紙はつめず，ガーゼを使用する。　(2)　肉離れ，捻挫，打撲，突き指は，まずRICE処置を行う。Restは安静で，内出血や腫れの悪化を防ぐ。Iceは冷却で，血管を収縮させ，内出血や腫れを抑え痛みをやわらげる。Compressionは圧迫で，内出血や腫れを抑えるとともに，痛みを感じにくくする。Elevationは挙上で，外傷部に流れる血液量を少なくすることで腫れや炎症を抑える。　(3)　主な体位には，仰臥位，側臥位，腹臥位，座位，回復体位などがある。外傷や疾病の症状によって，適切な体位をとる必要がある。　(4)　熱中症は，1度(軽症)の熱けいれんと熱失神，2度(中等症)の熱疲労，3度(重症)の熱射病に分類される。熱疲労は，脱水によるもので，吐き気や嘔吐，めまい，頭痛などの症状が見られる。体温の上昇は顕著ではない場合もある。応急処置としては，足を高くして手足を抹消から中心部に向けてマッサージ

をする。また，回復しないときは救急車を要請する。各段階の特徴と
応急処置については覚えておく必要がある。　(5)　ショック症状が持
続する場合は，救急車の要請の必要がある。足高仰臥位にしてバイタ
ルサインの測定等，応急処置を行う。　(6)　止血法には，直接圧迫法
と間接圧迫法(指圧止血法)とがある。出血部と止血点，動脈名につい
ても確認しておこう。

【13】 **(1)** ✕　**(2)** ✕　**(3)** ○　**(4)** ○　**(5)** ✕　**(6)** ✕
解 説 (1)　救助者が一人の場合や，協力者が誰もいない場合には，まず
自分で119番通報することを優先する。　(2)　気道確保し，人工呼吸
を行うが正しい。心停止が起こった直後には，しゃくりあげるような，
途切れ途切れに起きる呼吸がみられることがあり，この呼吸を「死戦
期呼吸(あえぎ呼吸)」というが，正常な呼吸(普段どおりの息)ではない。
(5)　傷病者が動き出す，うめき声を出す，あるいは正常な呼吸が出現
した場合には心肺蘇生を中止する。ただし，気道確保が必要になるか
もしれないため，慎重に傷病者を観察しながら救急隊を待ち，この場
合でも，AEDの電極パッドは，はがさず電源も入れたままにしておく。
(6)　傷病者が鉄製の階段やマンホールなどの金属の上にいても使用で
きる。

感染症・疾病

学校は児童生徒が集団での生活の中で学び合うところである。免疫力の低い子どもたちが，集団で密着した生活をするということから，学校ではひとたび流行性の感染症が発生すると流行になりやすい。そのため，学校保健安全法の第2章第4節(第19条〜第21条)で「感染症の予防」について規定されている。そして詳細は，学校保健安全法施行規則などで定められている。感染症および食中毒は，学校だけで予防措置をとることができるものではなく，保健所などとの連携が必要となる。そこで，学校保健安全法以外に「感染症の予防及び感染症の患者に対する医療に関する法律」，その他感染症の予防に関して規定する法律(予防接種法，結核予防法など)に定めるものにも留意する必要がある。臨時休業については，「学校の設置者は，感染症の予防上必要があるときは，臨時に，学校の全部又は一部の休業を行うことができる」と，学校保健安全法第20条に規定されている。

問題演習

【1】 腎臓・尿路系の疾病・異常について，次の各問いに答えよ。

(1) 腎炎の症状を3つ答えよ。

(2) ネフローゼ症候群の特徴的な症状を答えよ。

(3) やせ型の体型にみられることが多く，安静臥床時に比較して，立った時に腎臓が正常範囲以上に下垂する疾病名について答えよ。

(4) 尿路に細菌が侵入しておこす感染症(尿路感染症)で，多く見られる疾病名を2つ答えよ。

【2】 次の疾病について簡潔に説明せよ。

  (1) 心筋炎

  (2) ファロー四徴症

  (3) 川崎病

【3】 次のア〜コの感染症を学校保健安全法施行規則(平成28年3月)で定められている第1種から第3種感染症に分類して記号で答えよ。また，第1種と第3種の出席停止期間を答えよ。

  ア 腸チフス   イ ジフテリア   ウ 咽頭結膜熱

  エ インフルエンザ   オ 特定鳥インフルエンザ

  カ 百日咳   キ 腸管出血性大腸菌感染症

  ク 結核   ケ 痘そう   コ 流行性角結膜炎

【4】 次の(1)〜(5)の文は，疾病について述べたものである。正しいものは○，間違っているものは×で答えよ。

  (1) 過敏性腸症候群は幼児に多くみられ，便通異常を主とする機能性疾患であり，心理的因子の関与が強い。

  (2) オスグートシュラッター病は10〜15歳くらいまでの男子，特に運動選手に多く，正座や膝関節運動に際して，脛骨上部前面に痛みを訴える。触診すると膨隆が認められ，圧痛がある。

  (3) 起立性調節障害は小学校高学年から中・高校生に多く，内分泌代謝疾患の1つとみられている。起立位をとったとき，立ちくらみ，脳貧血などの循環障害を起こすものをいう。

  (4) 滲出性中耳炎は激しい痛みや耳だれなどがなく，ほとんど無症状に経過し，知らない間に難聴になっている場合が多い。難聴も比較的に軽度なため，自ら訴えることは少なく，周囲の者が気付く場合もあるが，健康診断で発見されることも少なくない。

  (5) ネフローゼ症候群は突然高度の浮腫を生じてくる疾患である。ステロイド剤を投与すると速やかに軽快する症例が小児期には多い。ステロイドの投与量を減量したり，投与を中止したりすると再燃す

ることが多い。

【5】 感染症について，次の各問いに答えよ。

(1) 学校保健安全法施行規則第18条に規定されている「学校で予防すべき感染症」のうち第2種を8つ答えよ。

(2) 感染症と伝染病の違いについて述べよ。

【6】 次の(1)〜(5)は，学校において予防すべき感染症である。学校保健安全法施行規則第19条に定められている出席停止の期間の基準について，当てはまる文を下のA〜Hから1つずつ選び，記号で答えよ。

(1) 水痘　　　(2) 麻しん　　　(3) 腸管出血性大腸菌感染症

(4) 風しん　　(5) インフルエンザ

A 主要症状が消退した後，2日を経過するまで。ただし病状により学校医その他の医師において感染のおそれがないと認めたときは，この限りでない。

B 発症した後5日を経過し，かつ，解熱した後2日(幼児にあっては，3日)を経過するまで。ただし病状により学校医その他の医師において感染のおそれがないと認めたときは，この限りでない。

C 発しんが消失するまで。ただし病状により学校医その他の医師において感染のおそれがないと認めたときは，この限りでない。

D 特有の咳が消失するまで又は5日間の適正な抗菌性物質製剤による治療が終了するまで。ただし，病状により学校医その他の医師において感染のおそれがないと認めたときは，この限りでない。

E 解熱した後3日を経過するまで。ただし病状により学校医その他の医師において感染のおそれがないと認めたときは，この限りでない。

F すべての発しんが痂皮化するまで。ただし病状により学校医その他の医師において感染のおそれがないと認めたときは，この限りでない。

G 治癒するまで。

　H　病状により学校医その他の医師において感染のおそれがないと
　　認めるまで。

**【7】麻しんについて，次の文中の各空欄に適する語句または数字を答え
よ。**

　(1)　麻しんは，学校において予防すべき感染症の第(①)種の感染
　　症であり，感染経路は，(②)感染である。

　(2)　麻しんは，臨床的に(③)期に最も感染力が強くなる。

　(3)　麻しんの主な症状として，頬粘膜にできる(④)斑という白い
　　斑点があり，早期診断のポイントである。

　(4)　出席停止は，解熱後(⑤)日を経過するまでの期間である。

　(5)　定期予防接種対象は，第1期(生後12月から生後24月にいたるまで
　　の間にある者)，第2期(5歳以上7歳未満の者であって，小学校就学の
　　始期に達する日の1年前の日から当該始期に達する日の前日までの
　　間にある者)に加え，平成20年4月1日から5年間の期限付きで第3期
　　((⑥)歳となる日の属する年度の初日から当該年度の末日までに
　　ある者)，第4期((⑦)歳となる日の属する年度の初日から当該年
　　度の末日までにある者)を対象としている。

【8】感染症予防について，次の各問いに答えよ。

　(1)　感染症予防には3つの対策がある。「主体の抵抗力を高めること」
　　以外の2つを書け。

　(2)　学校で麻しんが発生し，校長より学校閉鎖を検討するための情報
　　を求められました。養護教諭として提供すべき情報を3つ書け。

**【9】学校保健安全法施行規則に規定されている感染症の種類の中の第2
種の感染症(1)，(2)について，①病原体，②感染経路，③潜伏期間，④
症状を簡潔に書け。**

　(1)　麻しん

　(2)　流行性耳下腺炎

【10】 次の(1)～(10)の各文は，人間の体の構造や疾病等について述べようとしたものである。文中の各空欄に適する語句を，それぞれ漢字で答えよ。ただし，同じ記号の空欄には，同じ語句が入るものとする。

(1) やけどは第Ⅰ度～第Ⅲ度に分類されていて，第Ⅲ度で表面皮膚が硬くなり，傷は(ア)にまで達している。

(2) ピルは，避妊を目的としてつくられた(イ)避妊薬であり，(ウ)の体内で分泌される(ウ)ホルモンを人工的に合成したものを主成分としている。

(3) (エ)動脈は全身に血液を送る大動脈から一番初めに枝分かれする動脈で，心臓を取り巻いている。

(4) 難聴は，(オ)難聴と(カ)難聴の2つに大別される。前者は，外耳から中耳までに起こる病変であり，適切な治療によってある程度回復が可能である。後者は内耳から聴神経さらに大脳皮質聴覚野までの障害であり，聴力回復は困難な場合が多い。

(5) 下顎の前歯が上顎の前歯より前方で噛み合っていて，3歯以上この状態であることを(キ)という。

(6) 原因となる食物を摂取して，2時間以内に一定量の運動をすることにより，アナフィラキシー症状を起こすものを食物依存性(ク)アナフィラキシーという。

(7) (ケ)病は，正式には「小児急性熱性皮膚粘膜リンパ節症候群」と呼ばれ，まれに心臓に後遺症を残すことがある。

(8) 眼位の異常である(コ)は，自分が見ようとする目標に両眼が同時に向かず，片眼は目標に，他の眼は目標以外の方向に向いているものをいう。

(9) (サ)は，マイボーム腺という結膜の下にある分泌腺が詰まって，その周りに慢性の炎症を起こし，瞼の中に硬い，しこりができるものをいう。

(10) 「とびひ」といわれている伝染性(シ)は，細菌が表皮内に感染して化膿をおこす病気で，水疱が主症状の水疱性(シ)と，厚いかさぶたが主症状の痂皮性(シ)がある。

【11】感染症及び食中毒について，次の各問いに答えよ。

(1) 「学校において予防すべき感染症の解説」(平成25年3月　文部科学省)に示されている感染症予防の方法のうち，「吐物・下痢の処理」について次の文中の各空欄に適する語句を答えよ。

　　吐物は，ゴム手袋をして，できれば(ア)，ゴーグルを着用し，ペーパータオルや使い捨ての雑巾で拭きとる。(イ)側から(ウ)側へ，周囲に拡大させないようにして拭き取る。拭き取った物はビニール袋に(エ)に入れて密封して破棄する。便や吐物の付着した箇所は(オ)系消毒液200ppm程度(市販の(オ)濃度5～6％の漂白剤を約200倍に希釈)で消毒する。消毒剤の噴霧は効果が薄く，逆に(カ)が舞い上がり，感染の機会を増やしてしまうため行わない。処理後，スタッフは石鹸，流水で必ず手を洗う。なお，(オ)系消毒液200ppm程度の目安は，(キ)リットルのペットボトル水1本に，(オ)系消毒液4ml(ペットボトルのキャップ1杯)程度である。

(2) 学校において感染症及び食中毒が集団発生した際，適切な措置を講ずるための留意点を5つ記せ。

【12】次の各文が説明している感染症を答えよ。また文中の各空欄に適する語句または数字を答えよ。

(1) 臨床的に，カタル期，発疹期，回復期に分けられる。結膜炎の症状，くしゃみ，鼻みずなどの症状と共に発熱し，口内の頬粘膜に(①)という特徴的な白い斑点が見られるのが早期診断のポイントである。ごくまれに(②)(SSPE)といわれる致命的な慢性脳炎の原因になることがある。

(2) 軽症の場合は，かぜ様症状または胃腸症状だが，重症例では1～2日のかぜ様症状の後，解熱して急性の弛緩性まひが突然現れる。重症例は感染者のうち1％程度である。昭和40年ごろまでは日本でも大流行があり，(③)と呼ばれて恐れられていた。

(3) 発熱・咽頭痛・頭痛・倦怠感・嚥下痛などの症状で始まり，鼻づ

養護教諭マスター

まり・鼻出血・かすれ声から呼吸困難・心不全・呼吸筋まひなどに至る。定期予防接種があり，乳幼児期にDPTワクチン，小学校（　④　）年生にDTワクチンを接種する。

(4) 高熱(39〜40℃)，咽頭痛，頭痛，食欲不振を訴え，これらの症状が3〜7日間続く。咽頭発赤が強く，頸部，後頭部リンパ節の腫脹と圧痛を認めることもある。目の症状としては，結膜充血，涙が多くなる，まぶしがる，目やにが増えるなどがある。（　⑤　）とも言われる。

(5) 病原体は主としてエンテロウイルス70型である。接触感染であり，感染力が強い。症状は結膜や白目の部分の出血が特徴であり，日本では1989年の流行が最初である。

(6) ウイルス性出血熱を伴う重い病気で，発病すると半数以上が死亡すると報告されている極めて重症の疾患である。患者の血液・体液などの接触により感染する。

【13】ノロウイルスによる感染性胃腸炎について，次の各問いに答えよ。

(1) このウイルスの感染経路はほとんどが経口感染であるが，どのような感染様式があるか3つ答えよ。

(2) 潜伏期間を答えよ。

(3) おう吐物を処理する場合に用意するものを6つ答えよ。

■■■■■■ 解答・解説 ■■■■■■

【1】(1) 蛋白尿，血尿，むくみ(浮腫)　　(2) 高度のむくみ(浮腫)
(3) 遊走腎　　(4) 膀胱炎，腎盂炎(腎盂腎炎)

解説 『学校保健実務必携』第1部 学校保健 第2編 学校における保健管理「第9章 健康診断時に注意すべき疾病及び異常　Ⅵ内科的疾患　2腎臓の疾患」を確認するとよい。ネフローゼ症候群とは，血液をろ過する腎臓の中の糸球体に障害がおこり，多量のタンパク質が尿中に漏れ，血液中のタンパクが減少し，むくみなどの症状のでる腎臓疾患である。

低タンパク血症，高度な蛋白尿，浮腫(眼瞼や下肢)を主な症状とする。膀胱炎には，急性膀胱炎と慢性膀胱炎がある。急性膀胱炎は細菌性の感染症で，慢性膀胱炎は急性膀胱炎の慢性化のほか，非細菌性のものもある。腎盂炎(腎盂腎炎)は細菌による腎の炎症で38度以上の高熱，側腹部痛，全身の疲れを生じる。膀胱炎を伴っていると膀胱刺激症状(頻尿，排尿痛，残尿感)，尿混濁などで尿失禁や血尿をともなうこともある。

【2】(1) ①リウマチ熱，ウイルス感染，細菌感染などによって起こる(原因不明の場合もある)。 ②自覚症状は動悸や息切れだが，自覚症状のないものもある。 ③不整脈によって突然死の恐れがある。
(2) ①高位心室中隔欠損，大動脈騎乗(左右の心室にまたがる)，肺動脈狭窄，右心室肥大(左右心室肥大)の4症状をともなう。 ②先天性心疾患。 ③チアノーゼをともなう。 ④生活運動制限が必要。 ⑤手術後も突然死の恐れがある。 (このうち3つ) **(3)** ①5日以上続く39〜40度の高熱，頚部リンパ節腫脹，いちご舌(口唇の発赤)，四肢末端の腫脹，眼球結膜の充血の5症状をともなう。 ②4歳以下の乳幼児に好発する。 ③後遺症として，冠動脈瘤がある場合は，突然死の恐れがある。

解説 『学校保健実務必携』第1部 第2編 第9章 健康診断時に注意すべき疾病及び異常の心臓の疾患を確認するとよい。(1)の心筋炎は感染症，中毒あるいは原因不明の心筋の炎症性変化。無症状のものから発熱，頻脈，呼吸困難などの臨床症状を示すものまである。小児の急性心筋炎の原因としてはコクサッキーウイルスが最も多く，エコーウイルス，アデノウイルス，インフルエンザウイルスによるものもみられる。(2)のファロー四徴症とは，肺動脈狭窄，高位心室中隔欠損，右心室肥大，大動脈騎乗の4つの奇形を合併している疾患である。奇形により全身に送られる動脈血に血中二酸化炭素濃度の高い静脈血が増加するため，チアノーゼを起こす。(3)の川崎病は，おもに乳幼児がかかる急性熱性発疹性疾患で，小児急性熱性皮膚粘膜リンパ節症候群とも言われ

る。初期は急性熱性疾患(急性期)として全身の血管壁に炎症が起き，多くは1〜2週間で症状が治まるが，1か月程度に長引くこともあり，炎症が強い時は脇や足の付け根の血管に瘤が出来る場合もある。心臓の血管での炎症により，冠動脈の起始部近くと左冠動脈の左前下行枝と左回旋枝の分岐付近に瘤が出来やすく，冠動脈瘤などの後遺症を残すことがある。

【3】 第1種…イ，オ，ケ　第2種…ウ，エ，カ，ク　第3種…ア，キ，コ
〈出席停止期間〉第1種…治癒するまで　第3種…学校医その他の医師において感染のおそれがないと認めるまで

解説 第2種の学校で予防すべき感染症の出席停止期間は各感染症により異なるため，対応させて覚えておくとよい。各種ごとに語呂合わせをするなど工夫して正確に暗記しよう。

【4】 (1)　✕　(2)　○　(3)　✕　(4)　○　(5)　○

解説 (1)「幼児に多くみられ」が誤り。過敏性腸症候群の症状を有する人は成人と思春期年齢のおよそ5〜10人に1人の割合でみられる。小児過敏性腸症候群の患者は，中学生で6％，高校生で14％と年齢とともに増加する。過敏性腸症候群とは，大腸を中心とした消化管の機能異常により，排便に伴う腹痛や腹部不快感，あるいは下痢や便秘などの便通異常を慢性的に訴える症候群である。　(3)　内分泌代謝疾患が誤り。起立性調節障害は，自律神経失調症の1つであり，自律神経による起立後の循環動態の調節が不十分なために引き起こされる病態である。一般には朝の起床後の立ちくらみ，眩暈，脳貧血，目覚めが悪い，などといった症状の訴えが多いが，それ以外にも多彩な症状を訴える。動悸，易疲労性，失神などがあげられ，思春期前から思春期の小児に多い。また，身体的要因，環境的あるいは心理的ストレスによって強い影響を受け，腹痛，嘔気，嘔吐，下痢などの消化器症状や，頭痛，食欲不振，睡眠障害，起床困難，倦怠感などの不定愁訴を伴う。

【5】(1)　インフルエンザ(特定鳥インフルエンザ(H5N1)を除く)，百日咳，麻しん，流行性耳下腺炎，風しん，水痘，咽頭結膜熱，結核及び髄膜炎菌性髄膜炎　　(2)　細菌・ウイルス・寄生虫などの病原微生物(病原体)によっておこる病気は，すべて感染症とよぶ。感染症の中でも，特に人から人へうつる病気のことを伝染病と呼ぶ。多くの感染症は人から人へうつるものである(伝染性感染症)。

解説　(1)　第2種の感染症は，飛沫感染するもので，児童生徒等の罹患が多く，学校において流行を広げる可能性が高い感染症である。学校保健安全法施行規則第19条の出席停止の期間の基準もあわせて確実におさえておこう。　(2)　感染症の中の1つに伝染病が存在することを明記するのがポイント。

【6】(1)　F　　(2)　E　　(3)　H　　(4)　C　　(5)　B
解説　学校保健安全法の施行に伴い，関連する施行規則も改正された。また旧学校保健法の「伝染病」という言葉は，学校保健安全法では「感染症」に改められた。学校は，集団で生活する場所であるため，感染症が流行しやすい環境である。学校保健安全法などに定められている，学校において予防すべき感染症のことを学校感染症という。学校保健安全法第19条で，感染症に関する規定がなされており，出席停止の措置をとる場合は，学校医やその他の医師の意見を聞いて指示をする。出席停止とは，児童生徒などの個人に対して行われる措置である。

【7】①　二　　②　飛沫(空気)　　③　カタル　　④　コプリック
　　⑤　3　　⑥　13　　⑦　18
解説　麻しんに関する問題は，全国的に頻出である。麻しんの対応については，「学校における麻しん対策ガイドライン」(文部科学省)を参照するとよい。その他の学校で予防すべき感染症や近年流行している感染症等についても，その症状や出席停止期間，病原体等もまとめておくこと。

【8】(1)　発生源をなくすこと(感染源対策も可)，感染経路を遮断すること(感染経路対策も可)　(2)　・発生した子どもの症状　・発症日・濃厚接触者　・近隣地域の発生状況　・欠席状況　・出席者の健康状態　・罹患状況　・予防接種状況，などから3つ

解説 (1)　中学校第3学年保健学習の内容(感染症の予防)である。感染症を予防するには，消毒や殺菌等により発生源をなくすこと，周囲の環境を衛生的に保つことにより感染経路を遮断すること，栄養状態を良好にしたり，予防接種の実施により免疫をつけたりするなど身体の抵抗力を高めることが有効であることを理解できるようにする。

(2)　麻しんの特徴(病原体，潜伏期間，感染経路)，主要症状，出席停止の基準，予防接種についても確実におさえておくこと。その他インフルエンザ等，学校保健安全法施行規則第18条及び第19条の学校において予防すべき感染症と出席停止の期間を確実におさえておくこと。

【9】(1)　①　麻しんウイルス　②　飛沫感染　③　10〜12日④　カタル期…結膜炎・くしゃみ・鼻みず・発熱・口内の頬粘膜にコプリック斑(白い斑点)　(2)　①　ムンプスウイルス　②　飛沫感染　③　14〜24日　④　主症状…耳下腺の腫脹。発熱・倦怠・頭痛・疼痛。

解説 (1)　麻しんは，学校で予防すべき感染症の第2種に分類され，主な症状はカタル期，発疹期，回復期で異なる。前駆症状(熱，咳，鼻水)後，カタル期では，結膜充血，眼脂(めやに)，くしゃみ，発熱，口内頬粘膜に白い斑点(コプリック斑)ができる。発疹期では，耳後ろから顔面，その後全身に赤い発疹が広がる。回復期では，褐色の色素沈着ができる。発疹の出る前が最も伝染力が強く，解熱した後3日経過するまで出席停止となる。　(2)　流行性耳下腺炎は，感染すると2〜3週間の潜伏期間を経て，片側あるいは両側の唾液腺(耳の下あたり)の腫れと痛み，発熱を主な症状として発病するウイルス感染症で，原因ウイルスはムンプスウイルスである。流行性耳下腺炎は，学校における予防すべき伝染病第2種に規定されており，耳下腺の腫脹がある間はウ

イルスの排泄が多いため，耳下腺，顎下腺又は舌下腺の腫脹が発現した後5日を経過し，かつ全身状態が良好になるまで出席停止となる。

【10】〈解答例〉ア　皮下組織(皮下脂肪組織)　イ　経口　ウ　女性　エ　冠状　オ　伝音性　カ　感音性　キ　反対咬合　ク　運動誘発　ケ　川崎　コ　斜視　サ　霰粒腫　シ　膿痂疹

解説　体の名称や疾病に関する問題である。漢字できちんと表記できるようにしておきたい。

【11】ア　マスク　イ　外　ウ　内　エ　二重　オ　塩素　カ　病原体　キ　1　(2)　①　学校医，教育委員会，保健所等に連絡し，患者の措置に万全を期すること。　②　学校医の指導助言を求め，健康診断，出席停止，臨時休業，消毒その他の事後措置の計画を立て，これに基づいて措置を行うこと。　③　保護者その他関係方面に対しては，患者の集団発生状況を周知させ，協力を求めること。　④　児童生徒等の食生活について十分な注意と指導を行うこと。　⑤　感染症・食中毒の発生原因については，関係機関の協力を求め，これを明らかにするように努め，その原因の除去，感染の拡大防止に努めること。

解説　(1)　学校は児童生徒等が集団生活を営む場であり，感染症が発生した場合，大きな影響を及ぼすこととなるため，吐物・下痢の処理は迅速に行わなければならない。教育の場・集団生活の場として望ましい学校環境を維持し，児童生徒等が健康な状態で教育を受けるためにも，うがい・手洗いの励行や，身の回りを清潔に保つなどの日々の生活における感染症予防が重要となる。学校保健安全法，同法施行令，同法施行規則にある学校において予防すべき感染症に関する規定は必ず覚え，内容を理解しておくこと。　(2)　感染症が発生した場合には，感染症の予防に関する細目(学校保健安全法施行規則第21条)に留意して処理することもおさえておこう。

【12】(1) 麻しん (2) 急性灰白髄炎 (3) ジフテリア (4) 咽頭結膜熱 (5) 急性出血性結膜炎 (6) エボラ出血熱 ① コプリック斑 ② 亜急性硬化性全脳炎 ③ 脊髄性小児まひ ④ 6 ⑤ プール熱

解説 いずれも学校保健安全法施行規則第18条に定められている学校で予防すべき感染症の種類である。第1種に含まれるものは，急性灰白髄炎，ジフテリア，エボラ出血熱，第2種に含まれるものは，麻しん，咽頭結膜熱，第3種に含まれるものは，急性出血性結膜炎である。また，同施行規則第19条には，出席停止の期間の基準が示されている。第1種は治癒するまで。第2種の麻しんにあっては，解熱した後3日を経過するまで。咽頭結膜熱にあっては，主要症状が消退した後2日を経過するまで。第3種にあっては，病状により学校医その他の医師において感染のおそれがないと認めるまで。

【13】(1) ・ウイルスに汚染された牡蠣などの二枚貝の生食をした場合 ・ウイルスに汚染された食品や水，調理器具を使用した場合 ・ウイルスに汚染された食品を加熱調理しないで食べた場合 ・感染者の便やおう吐物及びそれらに汚染された手を介して二次感染した場合 ・おう吐物から舞い上がる飛沫を吸い込んだ場合 (5つのうち3つ解答のこと) (2) 1〜2日程度 (3) ・使い捨てのタオル，ティッシュ，新聞紙，雑巾等のうち1つ ・ビニール袋(密封できる袋も可)(ゴミ袋も可) ・塩素系漂白剤(次亜塩素酸ナトリウムも可) ・使い捨ての手袋(ゴム手袋等可) ・使い捨てのマスク，エプロン ・バケツ，ゴミ箱等

解説 ノロウイルスは，1年を通して発生するが，特に冬季に流行する。ノロウイルスは手指や食品などを介して，経口で感染し，ヒトの腸管で増殖し，おう吐，下痢，腹痛などを起こす。健康な人は軽症で回復するが，子どもやお年寄りなどは重症化したり，吐物を誤って気道に詰まらせて死亡することもある。ノロウイルスについてはワクチンがなく，また，治療は輸液などの対症療法に限られる。

保健室・養護教諭の職務

養護教諭マスター

養護教諭については，学校教育法第37条第12項に「養護教諭は，児童の養護をつかさどる」，すなわち，学校における「養護」を専門とする教育職員の一員と規定されている。また，学校保健安全法第9条では，「養護教諭その他の職員は，相互に連携して，健康相談又は児童生徒等の健康状態の日常的な観察により，児童生徒等の心身の状況を把握し，健康上の問題があると認めるときは，遅滞なく，当該児童生徒等に対して必要な指導を行うとともに，必要に応じ，その保護者に対して必要な助言を行うものとする。」とある。さらに，昭和47年及び平成9年の保健体育審議会答申，あるいは平成20年の中央教育審議会答申で養護教諭の役割等が述べられているので，確認が必要であろう。

一方，保健室は，平成21年4月施行の学校保健安全法第7条に，「学校には，健康診断，健康相談，保健指導，救急処置その他の保健に関する措置を行うため，保健室を設けるものとする。」と規定された。以上を基礎知識として，過去問等を通じて学習するとよい。

問題演習

【1】保健室経営について，①〜⑩に当てはまる語句をあとのア〜ソから1つずつ選び記号で答えよ。

「保健室経営」については，平成16年日本学校保健会保健室経営検討委員会報告により，「各種法令，当該学校の（　①　）を踏まえ児童生徒などの健康の（　②　）を図ることを目的に，養護教諭の（　③　）と保健室の（　④　）を最大限生かしつつ，（　⑤　）の一環として，（　⑥　）・

310

（　⑦　）に運営することである。」と定義されている。「学校経営」は校長の（　⑧　）のもとに取組まれ，その一部である「学校保健経営」は（　⑨　）を中心に進められるが，「保健室経営」は，（　⑩　）が中心となって実施するものである。

ア	組織的	イ	実態	ウ	教育目標
エ	保健主事	オ	リーダーシップ	カ	養護教諭
キ	手腕	ク	保持増進	ケ	計画的
コ	専門性	サ	教職員	シ	機能
ス	主体性	セ	役割	ソ	教育活動

【2】危機管理における養護教諭の役割について述べよ。

【3】次の保健室の機能として文中の各空欄に適する語句を答えよ。

(1)　（　①　），（　②　）などを行う場としての機能

(2)　個人及び集団の健康課題を把握する場としての機能

(3)　健康情報センター的機能

(4)　健康教育推進のための調査及び資料等の（　③　）の場としての機能

(5)　疾病や感染症の（　④　）を行う場としての機能

(6)　児童生徒が（　⑤　）等を行う場としての機能

(7)　心身の健康に問題のある児童生徒等の保健指導，健康相談，（　⑥　）を行う場としての機能

(8)　けがや病気などの児童生徒等の救急処置や（　⑦　）の場としての機能

(9)　（　⑧　）のセンター的機能等

【4】保健室経営について，次の各問いに答えよ。

(1)　今日，児童生徒の健康問題がこれまで以上に深刻化し，さらにその背景や要因も複雑化している。このような状況に対応するために，これからの保健室経営は，どのような視点を踏まえて行う必要があるか。簡潔に5つ書け。

(2)　保健室経営計画の作成に当たっては，児童生徒の実態を把握する必要がある。児童生徒の実態を把握するためには，来室状況やけがの発生状況のほかに，どのようなことを把握する必要があるか。5つ書け。

(3)　保健室経営の評価項目の設定に当たって配慮すべきことには，どのようなことがあるか。簡潔に5つ書け。

【5】災害時における保健室の役割を記せ。

【6】次の文は，平成9年に出された保健体育審議会答申の「保健室」についての記述である。文中の各空欄に適する語句を答えよ。

3　学校における体育・スポーツ及び健康に関する教育・管理の充実

5　施設設備

(2)　保健室

　　いじめ，保健室登校等心身の健康問題で悩む児童生徒への（　①　）の実施など，保健室の役割の変化に対応する観点から，（　②　）を見直す必要がある。まず，心の健康問題を抱える児童生徒に対して，プライバシーを保持しつつ（　③　）ができる相談室を，保健室に整備することが重要である。また，（　④　）や教材を集積し，（　⑤　）としての機能を担っていく観点から，例えば，保健室にパソコンを設置して，外部の関係諸機関から（　⑥　），健康問題の現況，（　⑦　）及び指導法などを（　⑧　）に収集し，活用できるようにすることも必要である。

【7】児童生徒が抱える心の健康問題が多様化・深刻化する中で，保健室における養護教諭の対応が重要とされている。次の各問いに答えよ。

(1)　欠席日数の増えているA君が来室したとき，養護教諭としてどう対応するか，初期の対応について具体的に書け。

(2)　不登校を未然防止するために，養護教諭として「保健室だより」を通じて家庭との連携を図りたいと考えた。あなたならどのような取り上げ方をするか，具体的に書け。

【8】養護教諭が学校の中で保健指導を効果的に行うための対応について，次の各問いに答えよ。

(1) 中学校で，生活習慣の実態調査を実施したところ，生活の乱れから授業に集中していない，あるいは常に体のだるさを感じている生徒が多いということが分かった。この調査結果を受けて，今後どのように指導を進めていけばよいか，答えよ。

(2) 小学校で，同じクラスの児童の来室が多くなってきた場合，どのように対応すべきか，答えよ。

【9】保健室について，次の文中の各空欄に適する語句または数字を答えよ。

○学校保健安全法(平成21年4月)，第(ア)条において，「学校には，健康診断，(イ)，(ウ)，救急処置その他の保健に関する措置を行うために保健室を設けるものとする。」と示された。

○小学校施設設備指針(平成15年8月)第3章平面計画第9の3 保健室において，保健室の施設設備について次のとおり示された。

・静かで，良好な日照，採光，(エ)などの環境を確保することのできる位置に計画することが重要である。

・特に屋内外の(オ)との連絡がよく，児童の出入りに便利な位置に計画することが重要である。

・(カ)，レントゲン車などが容易に近接することができる位置に計画することが重要である。

・職員室との連絡及び(キ)等との関連に十分留意して位置を計画することが望ましい。

【10】養護教諭が，保健室を運営していくために，保健室経営計画(保健室経営案)を作成する際の留意点を5つ述べよ。

【11】中央教育審議会答申(平成20年1月17日)で述べられた養護教諭の役割について，次の文中の各空欄に適する語句を答えよ。

(1) 養護教諭は，学校保健活動の推進に当たって(ア)な役割を果たしており，現代的な健康課題の解決に向けて重要な役割を担っている。

(2) 子どもの現代的な健康課題の対応に当たり，学級担任等，学校医，学校歯科医，学校薬剤師，(イ)など学校内における連携，また医療関係者や福祉関係者など地域の関係機関との連携を推進することが必要となっている中，養護教諭は(ウ)の役割を担う必要がある。

(3) 子どもの(エ)を効果的に推進するためには，学校保健活動の(オ)的役割を果たしている保健室の(カ)の充実を図ることが求められる。そのためには，養護教諭は(キ)を立て，教職員に周知をして連携していくことが望まれる。

　また，養護教諭が充実した(ク)や(ケ)などを行うための保健室の(コ)の充実が求められる。

【12】次の文は，養護教諭が保健指導に関わる場合の特徴について述べている。文中の各空欄に適する語句を答えよ。

(1) (①)の子ども達を対象に(②)を踏まえた指導が可能である。

(2) (③)な知識や(④)を生かすことができる。

(3) (⑤)の中で得た(⑥)等を生かすことができる。

(4) (⑦)と(⑧)との相互の関連を図った指導が可能である。

【13】次の文章は児童虐待の対応に果たす養護教諭の役割について述べたものである。文中の各空欄に適する語句をあとのア～クから1つずつ選び，記号で答えよ。

　養護教諭は職務の特質から，児童虐待を発見しやすい立場にあると言える。例えば，健康診断では，身長や体重測定，内科検診，歯科検診等を通して子どもの健康状況を見ることで，外傷の有無や，(①)状態であるかどうかなどを観察できる。救急処置では，不自然な外傷か

ら(②)的な虐待を発見しやすい。

　また，養護教諭は，様々な問題を持つ子どもと日常的に保健室でかかわる機会が多いため，そのような機会や(③)を通して，児童虐待があるかもしれないという視点を常にもって，(④)，(⑤)に努めていく必要がある。

ア　精神　　　　イ　健康相談活動　　　ウ　ネグレクト

エ　身体　　　　オ　治療　　　　　　　カ　早期発見

キ　早期対応　　ク　セルフエスティーム

【14】次の文は，「養護教諭のための児童虐待の手引き」(平成19年10月，文部科学省)の児童虐待の対応に果たす養護教諭の役割について述べたものである。下の各問いに答えよ。

　養護教諭の職務は，救急処置，健康診断，疾病予防などの(①)，保健教育，健康相談活動，保健室経営，保健組織活動など多岐にわたる。全校の子どもを対象としており，入学時から経年的に子どもの成長・発達を見ることができる。また，職務の多くは担任をはじめとする教職員，保護者等との連携のもとに遂行される。さらに，活動の中心となる(②)は，誰でもいつでも利用でき，子どもたちにとっては安心して話を聞いてもらえる人がいる場所でもある。

　養護教諭は，このような職務の特質から，(③)を発見しやすい立場にあると言える。例えば健康診断では，身長や体重測定，内科検診，歯科検診等を通して子どもの健康状況を見ることで，外傷の有無や(④)状態であるかどうかなどを観察できる。救急処置では，不自然な外傷から(⑤)を発見しやすい。

(1)　文中の①～⑤に当てはまる最も適当なものを，次のア～ケから1つずつ選び，記号で答えよ。

ア　保健室　　　　イ　保健指導　　　ウ　児童虐待

エ　性的虐待　　　オ　心理的虐待　　カ　ネグレクト

キ　保健管理　　　ク　身体的な虐待　ケ　相談室

(2) 養護教諭が，虐待を疑われる子どもに対して次のような対応をとった。次のア〜オのうちで<u>誤っているもの</u>を1つ選び，記号で答えよ。

ア 受傷原因を子どもに尋ねる場合に「このけがは誰かに"殴られて"できたものでしょ。」「なぜ，こんなことになったの？」などの質問の仕方はしない。

イ 性的な虐待をうけたと相談され，その際「他の誰にも言わない」「親には言わないから」と約束し，具体的に聞いた。

ウ 身体的虐待が疑われる子どもに気づいた時は，具体的に「『どんなふうに，このけがをしたの？』と尋ねたら，『◇◇◇』と答えた。」など，子どもと話した言葉及びその時の子どもの表情や態度，傷の部位・程度などについて記録をした。

エ 右の太ももに，左右の犬歯と犬歯の距離が3cm以上の噛み傷があったので，大人による噛み傷と予想した。

オ 子どもに，けがをした時期を尋ねたところ「10日くらい前」と答えたが，挫傷の色調が「赤みがかった青色」だったため，受傷直後の挫傷と予想した。

■■■■ ■■■■■ ■■ **解答・解説** ■■ ■■■■■ ■ ■

【1】 ① ウ ② ク ③ コ ④ シ ⑤ ソ ⑥ ケ
⑦ ア ⑧ オ ⑨ エ ⑩ カ

解 説 保健室経営は学校経営の一部であり，学校教育目標や学校保健目標，学校保健安全計画に基づいて進められる。養護教諭の職務内容が具体化されており，保健室の機能が十分に発揮されるものであること。また，前年度の評価をふまえて計画し，さまざまな人々の意見を取り入れて立案する。

【2】 環境衛生，傷病者の救急処置，学校医への連絡等，心のケアの支援，安全教育，安全指導など

解説 子どもの安全を守るための取り組みを進めていくため，養護教諭には①安全な環境を整備し，事件・事故の発生を未然に防ぐための事前の危機管理，②事件・事故の発生時に適切かつ迅速に対処し，被害を最小限に抑えるための発生時の危機管理，③危機が一旦収まった後，心のケアや授業再開など通常の生活の再開を図るとともに，再発の防止を図る事後の危機管理の3段階の取り組みが求められている。

【3】① 健康診断　② 発育測定　③ 活用・保管　④ 予防と管理　⑤ 委員会活動　⑥ 健康相談活動　⑦ 休養　⑧ 組織活動

解説 『養護教諭の専門性と保健室の機能を生かした保健室経営の進め方』(日本学校保健会)からの出題である。養護教諭の職務の専門性と保健室の機能を生かした活動が重視されているため，保健室の機能に関する出題頻度は高い。確実に答えられるようにしておきたい。

【4】(1)　①健康問題に関わる背景要因が複雑化し，多面的な側面からの課題の分析・検討やアプローチが必要であること。　②様々な課題を，適切にしかもタイムリーに対応するための準備体制の確立が必要であること。　③活動の実践が単発的ではなく，次年度につながる活動の展開を図る観点から継続的，計画的な運営の推進とPDCAサイクルを重視すること。　④養護教諭の専門性を発揮しつつ，多くの関係職員との協調と連携と学校内の組織活動の活用を図ること。　⑤保健室における管理と指導を一体的に展開する必要があること。　⑥「保健室登校」の児童生徒に対しては，保健室の機能を生かした対応による自立への支援など教育的な観点からのかかわりが求められていること。⑦プライバシーに配慮した施設や設備など保健室の環境整備が求められること。　⑧保健室は健康教育のセンター的役割を果たしていること。　⑨パソコンを活用すること。　⑩保健室から家庭，地域に広がるヘルスプロモーションの視点に立った運営が期待されること。⑪人的災害や自然災害など非常時における危機管理への適切な対応の

視点に立った運営が求められること，等から5つ　　(2)　①健康観察
の結果，②健康診断の結果，③疾病保持者の記録，④健康相談活動の
記録，⑤特別な教育ニーズのある児童生徒の情報，⑥教職員や保護者
のニーズ，等から5つ　　(3)　①各種法令，答申などを踏まえている
か。　②学校教育目標を受けているか。　③保健教育は，学習指導要
領の趣旨に即した内容であるか。　④保健管理は，学校保健安全法な
どの関連する法律や規則に則した内容であるか。　⑤活動の過程も評
価の対象としているか。　⑥児童生徒の変容だけでなく，教職員や家
庭，地域社会とのかかわり方の状況も評価できるようにしているか。
⑦各学校の研究課題や特色を踏まえているか。　⑧評価の結果は，次
年度の活動に生かすようにしているか。　⑨保健室経営の評価の結果
を学校評価につなげ，学校経営にフィードバックするようにしている
か。　⑩結果の活用にあたって，児童生徒等の人権やプライバシーの
保護に十分配慮しているか，等から5つ

解説 保健室経営とは，「各種法令，当該学校の教育目標等を踏まえ，児
童生徒等の健康の保持増進を図ることを目的に，養護教諭の専門性と保
健室の機能を最大限生かしつつ，教育活動の一環として計画的・組織的
に運営することである」ことをしっかりおさえておく必要がある。

【5】 ・救急処置と救急体制の確立　・心身の健康問題等の実態の把握
　・専門的な情報の収集　・健康相談活動

解説 災害時，子どもの心身の健康のために，救急処置や健康相談活動
は重要な役割になってくる。医学的・教育的知識を持つ養護教諭とし
て，負傷者の保護や心のケアをすることはもちろん，医療機関など関
係機関と連携したり，日頃から全教職員との共通理解を図っておくこ
とが必要である。

【6】 ①　カウンセリング　　②　保健室の機能　　③　健康相談活動
　④　健康教育に関する資料　　⑤　健康情報センター　　⑥　先進的
な医学的知識　　⑦　適切な処置対応　　⑧　タイムリー

解説 保健室の機能として，健康情報センターとしての機能や健康相談活動を行う場としての機能がますます重要となってきている。また，同答申において，養護教諭の新たな役割として健康相談活動(ヘルスカウンセリング)について述べられているので，この部分も注目しておく必要がある。

【7】(1)　共感的理解や傾聴し，信頼関係を築くとともに安心感を得られるよう配慮する。また，校内・校外と連携し，支援方針を立てていく。など　(2)　保護者や児童生徒の目線に立ち，発達段階に応じた具体的な対応の仕方を示すとともに，保健室は，児童生徒の心身の問題について保護者がいつでも相談できる場所であることを伝える。など

解説 児童生徒の健康に関する現代的課題に対応して，保体審答申では，「近年の心の健康問題等の深刻化に伴い，学校におけるカウンセリング等の機能の充実が求められるようになってきている。この中で，養護教諭は児童生徒の身体的不調の背景に，いじめなどの心の健康問題がかかわっていること等のサインにいち早く気づくことのできる立場にあり，養護教諭のヘルスカウンセリング(健康相談活動)が一層重要な役割を持ってきている。」と述べられている。養護教諭としてどのように対応するか，このような形式の問題は頻出度が高く注意が必要である。

【8】〈解答例〉(1)　・保健主事に相談し，具体的な保健指導の計画を立てる。　・実態に添った計画となるよう，各学年，各分掌等と連携を図り，意見をもらう。　・保健活動がスムーズに実施できるよう，職員会議等で保健主事に問題提起をしてもらい，実施計画の説明や役割分担などを確認する。　(2)　・学級担任とこまめに連絡を取り合う。児童がどんな状態であるかを適切に報告し，どうしたらよいかを担任と一緒に考える。　・学級の保健指導計画を立案する際に，専門的知識と資料の提供をする。必要であれば，ティームティーチングで協力する。

解 説 学校保健法の改正で，養護教諭その他の職員の行う日常的な健康
観察等による児童生徒等の健康状態の把握，必要な指導等が「保健指
導」として位置付けられた。また，従来，学校医又は学校歯科医のみ
が行うものとされてきた「健康相談」は，学校医又は学校歯科医に限
らず，学校薬剤師を含め関係教職員が積極的に参画するものと再整理
された。これは，近年，メンタルヘルスに関する課題やアレルギー疾
患等の現代的な健康課題が生ずるなど児童生徒等の心身の健康問題が
多様化，深刻化している中，これらの問題に学校が組織的に対応する
観点から，特定の教職員に限らず，養護教諭，学校医・学校歯科医・
学校薬剤師，担任教諭など関係教職員各々が有する専門的知見の積極
的な活用に努められたいという趣旨である。これらを踏まえ，学校医，
学校歯科医及び学校薬剤師の職務執行の準則に「保健指導に従事する
こと」を追加するとともに，学校薬剤師の職務執行の準則に「健康相
談に従事すること」を追加する等の改正が行われた。

【9】ア 7 イ 健康相談 ウ 保健指導(イとウは順不同)
エ 通風 オ 運動施設 カ 救急車 キ 便所
解 説 学校保健安全法は旧法(学校保健法)と比べ，「学校保健計画」と
「学校安全計画」を独立させて策定することとなった点や，健康相談
の実施者の拡大等の改正点をしっかりとおさえておくとよい。また，
各条文のキーワードは暗記しておきたい。

【10】(例) ・学校教育目標を受けるものであること。 ・養護教諭の専
門性を生かしたものであること。 ・保健室の機能を生かしたもので
あること。 ・児童生徒等の心身の健康の保持増進を図ることを目的
とした活動を示していること。 ・教育活動の一環として計画的・組
織的に運営すること。 ・保健室経営計画は，単年度計画であること。
・保健室経営計画の評価は，自己評価と他者評価を取り入れて計画的
に行うこと。などから5つ
解 説 保健室は，学校保健活動のセンター的役割を担っており，養護教

論の教育観や健康観が反映されるものである。また保健室経営計画は，教職員に周知し，連携を図ることが大切であり，各学校の保健室の施設設備や児童生徒の実態に沿ったものになるように配慮が必要である。保健室経営計画作成上の注意事項は，・前年度の評価をもとに立案する。・子どもの健康状態から，健康課題を捉える。・学校教育目標や学校保健目標と関連する内容にする。・保健室経営の方針や重点目標を具体的に設定する。・養護教諭の役割を明確にする。・評価の視点を明確にする　等である。

【11】ア　中核的　　イ　スクールカウンセラー　　ウ　コーディネーター　　エ　健康づくり　　オ　センター　　カ　経営　　キ　保健室経営計画　　ク　健康相談活動　　ケ　救急処置　　コ　施設設備
解説　中央審議会答申(平成20年1月17日)の特徴の1つは，学校保健関係者の役割の明確化が図られたことである。養護教諭に関しては，8項目にわたって述べられている。確認しておこう。

【12】①　すべて　　②　発達段階　　③　専門的　　④　技能　　⑤　保健室経営，健康診断等　　⑥　情報　　⑦　保健管理等　　⑧　保健教育等
解説　平成20年6月の学校保健法改正で，第9条に養護教諭の役割として保健指導が明確に位置づけられた。保健指導は，日常生活における健康問題を理解し，対処できる能力及び態度を育てるために行う。保健学習と比較し，それぞれの目標や特徴・指導の対象や機会・指導者などについても整理しておく必要がある。

【13】①　ウ　　②　エ　　③　イ　　④　カ　　⑤　キ
解説　児童虐待の防止等に関する法律も頻出なので，確認しておこう。児童虐待には，身体的虐待，心理的虐待，ネグレクト，性的虐待がある。身体的虐待の早期発見の視点は，不自然な外傷・受傷原因の説明があいまい・家庭での怪我で来室するなど。ネグレクトは，衣服が季

節に適していない又は汚れている・不登校・空腹を訴えるなど。心理的虐待では，摂食障害・自傷行為・表情が暗い。性的虐待は，性感染症・妊娠や人工妊娠中絶・他の人との身体接触を異常に怖がるなどがある。

【14】 **(1)** ① キ ② ア ③ ウ ④ カ ⑤ ク **(2)** イ
解説 (2) 「他の誰にも言わない」や「親には言わないから」という約束はしない。なぜなら，黙っている間に，事態が悪化する可能性があるからである。「あなたを守るためには，他の人の助けを借りることが必要である」ことを根気よく説得していくことが大切である。

養護教諭マスター　健康教育・保健教育

　「健康教育」と「保健教育」はともに英訳すればHealth Educationであり同義でもあるが，前者が後者よりも広い分野を意味することもある。学習指導要領総則では「体育・健康に関する教育」と称しており，教科で行う「保健学習」とそれ以外の多様な機会・方法でなされる「保健指導」に大別できる。保健学習は学習指導要領に目標や内容が記載されており，養護教諭がティームティーチングの一員としてかかわることが考えられるので，学習指導要領の学習が不可欠である。保健指導は教育課程の中の特別活動の一環として位置づけられており，養護教諭は保健指導に多様な形でかかわる。内容面では，今日の子どもたちの健康課題となっている喫煙・飲酒・薬物乱用を防止するための教育，性およびエイズに関する教育，こころの教育，虫歯・歯周疾患の予防についての教育，生活習慣病予防についての教育および環境教育にかかわる内容を整理しておきたい。

問題演習

【1】薬物乱用防止教育について，次の各問いに答えよ。
- (1)　わが国において，薬物の所持と使用を規制する法律名を2つ答えよ。
- (2)　逆耐性について説明せよ。
- (3)　高等学校における薬物乱用防止教育の指導上の留意点を述べよ。

【2】児童生徒に対して「生活習慣病」について指導することの意義を述べよ。

【3】近年，子どもたちに，朝食欠食などの食生活の乱れや肥満傾向など
が見られ，子どもが食に関する正しい知識と望ましい食習慣を身に付
けることができるよう，食育を推進することが重要な課題となってい
る。学校において食育を推進するためには，学校の教育活動全体で食
に関する指導の充実に努めていくことが求められている。

　　そこで，養護教諭としてあなたは保健便りや校内掲示等による啓発
活動以外に，どのように食に関する指導の充実にかかわっていくのか
例にならって，具体的に2つ書け。

　　例：生徒保健委員会等への働きかけ

【4】健康教育について，次の各問いに答えよ。

（1）　次のア〜キに適切なことばを入れて，文を完成させよ。

　　一般に学校における健康教育は（　ア　）と呼ばれ，その特性から
（　イ　）と（　ウ　）に分けられる。

　　健康教育で扱う内容は，知識，態度，技術等多岐にわたる。した
がって，授業の形態についても，従来より行われている（　エ　）形
式だけではなく，ロールプレイング，（　オ　），（　カ　），（　キ　）
などいろいろなやり方がある。

（2）　(1)のイとウのねらい・内容・指導の機会について，それぞれまと
めよ。

（3）　次の文は中学校学習指導要領(平成20年3月告示)第2章　保健体育
「第1目標」である。文中のア〜ウに適切なことばを入れて完成させ
よ。

　　心と体を一体としてとらえ，運動や健康・安全についての理解と
運動の合理的な実践を通して，生涯にわたって運動に親しむ
（　ア　）や能力を育てるとともに健康の（　イ　）のための実践力の
育成と（　ウ　）を図り，明るく豊かな生活を営む態度を育てる。

【5】次の文は，学校保健安全法第9条に規定されている保健指導につい
て述べたものである。あとの各問いに答えよ。

　近年，メンタルヘルスに関する課題やアレルギー疾患等の（　①　）な健康課題が生ずるなど児童生徒等の心身の健康問題が多様化，深刻化している中，これらの問題に学校が適切に対応することが求められていることから，第9条においては，（　②　）や担任教諭等の行う日常的な_A健康観察による児童生徒等の健康状態の把握，健康上の問題があると認められる児童生徒等に対する（　③　）や保護者に対する（　④　）を保健指導として位置付け，（　⑤　）を中心として，関係教職員の協力の下で実施されるべきことを明確に規定した。

　したがって，このような保健指導の前提として行われる第8条の（　②　）についても，児童生徒等の多様な健康課題に組織的に対応する観点から，特定の教職員に限らず，_B関係教職員による積極的な参画が求められる。

(1)　文中の（　①　）～（　⑤　）に当てはまる最も適切な語句を次のa～jから1つずつ選び，記号で答えよ。

　a　養護教諭　　　　　b　現代的　　　c　保健管理　d　健康相談
　e　管理職　　　　　　f　治療勧告　　g　指導　　　h　助言
　i　健康相談活動　　　j　急激

(2)　下線部Aについて，実施する目的を2つ書け。

(3)　下線部Bについて，関係教職員として学校薬剤師がいるが，具体的な役割を2つ書け。

【6】薬物乱用防止に関する保健学習について，次の各問いに答えよ。

(1)　小学校第6学年体育「G保健」の『病気の予防』の中で，薬物乱用について取り上げる薬物を答えよ。

(2)　中学校「保健体育科」の保健分野『健康な生活と疾病の予防』の中で，薬物乱用について取り上げる薬物を答えよ。また，「健康な生活と疾病の予防」の内容の指導学年を答えよ。

(3)　高等学校「保健体育」科目保健『現代社会と健康』の中で，薬物乱用について取り上げる薬物を答えよ。また，「保健」の履修学年を答えよ。

【7】**保健指導に関して，次の各問いに答えよ。**

(1) 次の文章は，「保健指導」の前提として行われる健康相談について述べたものである。文中の各空欄に適する語句を答えよ。

　近年，メンタルヘルスに関する課題やアレルギー疾患等の現代的な健康課題が生ずるなど児童生徒等の心身の健康問題が多様化，深刻化している中，これらの問題に学校が適切に対応することが求められている。

　このような健康課題に（　ア　）的に対応する観点から，学校保健安全法第8条で，「学校においては，児童生徒等の心身の健康に関し，健康相談を行うものとする。」と規定し，養護教諭，学校医・学校歯科医・（　イ　），担任教諭など関係教職員による積極的な参画を求めている。

(2) 「保健指導」とはどのようなものか。簡潔に書け。

【8】**喫煙，飲酒，薬物乱用防止に関する指導について，次の各問いに答えよ。**

(1) 養護教諭が特別活動等の機会を通して行う，集団を対象とした指導のねらいを述べよ。

(2) 養護教諭が児童生徒の保健室来室時や健康相談活動等の機会を通して行う，個別指導のねらいを述べよ。

(3) 養護教諭が喫煙，飲酒，薬物乱用防止に関する指導を推進する上で，学校の組織活動の一環である学校保健委員会をどのように活用するか述べよ。

【9】**性に関する指導について，次の各問いに答えよ。**

(1) 指導のねらいを書け。

(2) 性に関する指導を学校の教育課程に位置づけて指導する際，どのような領域で行うか2つ書け。

(3) 性に関する指導を行う際の留意点を3つ書け。

【10】あなたは小学校に勤務している。昼休みに保健室に来室した小学校5年生のA君に「薬物を使うことは，なぜいけないの？個人の自由だと思うけど？」と質問をされた。これについて，次の各問いに答えよ。

(1)　A君の質問を受け，A君に薬物の使用について説明することは保健学習にあたるか。それとも保健指導にあたるか。

(2)　保健学習と保健指導について，その違いが分かるように内容と進め方をそれぞれ簡潔に答えよ。

(3)　あなたが，養護教諭としてA君に説明する際に，薬物乱用防止の視点からおさえるべき着眼点を箇条書きで4つ答えよ。

【11】食生活に関する保健指導において，朝食の効果を3つ書け。

【12】保健学習及び保健指導について，次の各問いに答えよ。

(1)　次の文は，平成20年3月公示の中学校学習指導要領解説保健体育[保健分野]2内容(4)の抜粋である。文中の各空欄に適する語句を答えよ。

・健康な生活と疾病の予防について理解を深めることができるようにする。

ア　健康は，主体と環境の(　①　)の下に成り立っていること。また，疾病は主体の要因と環境の要因がかかわり合って発生すること。

イ　健康の保持増進には，(　②　)，生活環境等に応じた食事，運動，休養及び睡眠の調和のとれた(　③　)を続ける必要があること。また，食事の(　④　)や(　⑤　)の偏り，運動不足，休養や睡眠の不足などの生活習慣の乱れは，生活習慣病などの要因となること。

---

(2)　(1)の抜粋文中のアにおける主体の要因及び環境の要因の内容についてそれぞれ答えよ。

(3)　(1)と関連して行う特別活動における学級活動での保健指導の留意点を簡潔に答えよ。

(4) 保健学習における養護教諭の参画・協力について，期待できる効果を3つ答えよ。

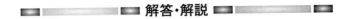

■■■■■■■■■■■■ 解答・解説 ■■■■■■■■■

【1】(1) 覚せい剤取締法，大麻取締法，あへん法，麻薬及び向精神薬取締法から2つ　(2) 依存性薬物の反復使用の結果，その薬物に対する感受性が増大すること。増感現象のこと。　(3) 単に知識や対症療法的な指導だけでなく，適切な意志決定と行動選択，薬物などの誘いに対する具体的対処方法，ストレスに対処する方法など，生徒の内面にせまる指導を適切に行う。

解説 文部科学省通知では，中学校・高等学校では年に一度薬物乱用防止教室を開催することとされている。また保健学習では，「現代社会と健康」の中で取り扱う。学習指導要領解説保健体育編にも目を通しておきたい。

【2】〈解答例〉従来成人病と呼んでいた疾病は，成人になってから出現する疾病を指していたが，実は小児期からの生活習慣が積み重なって，動脈硬化等を促進して高血圧や高脂血症，糖尿病などを引き起こすことが明らかになってきたことから，現在は生活習慣病とよばれている。そのため，幼少の頃から，望ましい生活習慣を身に付けることの重要性が指摘されている。生活習慣の大きな柱は，①食事，②運動，③休養であり，学齢期の子どもに対してよりよい生活習慣を身に付けるよう指導や支援をすることが，生活習慣病対策の最も重要なことである。平成20年改訂の学習指導要領によれば，小学校5，6年生の「病気の予防」の単元において「生活行動がかかわって起こる病気の予防」があげられ，むし歯や口腔の衛生も含めた健康によい生活習慣を身に付けることが盛り込まれている。中学校では，「健康な生活と疾病の予防」の単元，「生活行動・生活習慣と健康」の中で，食生活，運動，休養及び睡眠，調和のとれた生活といったことがとりあげられており，小

学校で学んだことをさらに深めて自らの生活習慣が生涯にわたる心身の健康づくりに関連することの理解を目指している。これらの保健学習に加えて，日々の子どもとのかかわりの中で，生活習慣に問題を抱えている子どもへの個別の即時的な保健指導を繰り返し行っていくことが子どもの望ましい生活習慣の行動化・実践化に結びつくと考える。

解説 序論，本論，結論に大きく分けて，自分の主張が明確に伝わるように記述すること。自分の体験や，実習での児童生徒との関わりなどを具体的に述べ，それらから考えたことを自分の言葉で記述するとよい。論述内容のポイントは下記の通り。

・生活習慣病とは，食習慣，運動習慣，休養，喫煙，飲酒等の生活習慣が，その発症，進行に関与する症候群のことで，糖尿病，脳卒中，心臓病，高脂血症，高血圧，肥満などがあげられる。したがって，子どもの頃からの望ましい生活習慣を確立することの重要性と，そのための保健教育(保健学習，保健指導)が重要であることにふれる。

・ヘルスプロモーションの観点から，自らの健康をコントロールし，改善することができるとともに，周りの人々と協力して，環境を改善するなど，健康を一層推進していくような行動をとる実践力を備えた人になることをおさえること。

・教育指導技術として，ライフスキル教育を取り入れて，ブレインストーミングやロールプレイなど，児童生徒の主体的な学習活動を通して，意志決定や行動選択力，自己管理能力の育成につながるような指導展開を工夫する。

・小学校低学年，中学年，高学年，中学生，高校生と，それぞれの発達段階に即して，段階的，系統的な内容となるように計画すること。

・平成20年1月の中央教育審議会答申「子どもの心身の健康を守り，安全・安心を確保するために学校全体としての取組を進めるための方策」において，養護教諭の役割としてコーディネーターの役割が強調されていること，また学校保健委員会の活性化について述べられていることから，それらを踏まえていること。

【3】〈解答例〉・担任，教科担当等の授業参画による栄養指導等　・栄養教諭及び学校栄養職員との連携による食育推進事業の実施　・学校保健委員会への食に関する提言　・食事調査(生活調査)による実態の把握　・健康教育講演会等への食の専門家の招聘　・肥満，痩身の傾向の者や食物アレルギー者等への食事指導　・給食時間における食事指導への参画

解説　近年重要さを増している食育を進める上で養護教諭として行っていく取り組みを関係者との連携を踏まえて具体的に述べられるとよい。食に関する指導の目標は，①食事の重要性，食事の喜び，楽しさを理解する，②心身の成長や健康の保持増進の上で望ましい栄養や食事のとり方を理解し，自ら管理していく能力を身に付ける，③正しい知識・情報に基づいて，食物の品質及び安全性等について自ら判断できる能力を身に付ける，④食物を大事にし，食物の生産等にかかわる人々へ感謝する心をもつ，⑤食事のマナーや食事を通じた人間関係形成能力を身に付ける，⑥各地域の産物，食文化や食にかかわる歴史等を理解し，尊重する心をもつ。食に関する個別的な相談指導の進め方における養護教諭の役割は，健康診断結果や健康カードから健康問題のある児童生徒の把握・児童生徒に対する生活や健康相談に関する指導・保護者に対する生活相談に関する指導である。

【4】(1)　ア　保健教育　　イ　保健指導　　ウ　保健学習　　エ　講義　オ　ディスカッション　　カ　ディベート　　キ　ゲーム　(イとウ，オとカとキは順不同)　　(2)　イ　ねらい…身近な健康問題を児童・生徒自らが発見，処理し，健康な生活を実践するために必要な能力や態度を育てる。　内容…健康問題を中心に各学校で設定　　指導の機会…特別活動を中心に，教育活動全体　　ウ　ねらい…現在及び将来の健康生活に必要な思考力や判断力及び健康に関する基礎的・基本的な知識を理解させる。　内容…学習指導要領に示した内容　　指導の機会…体育，保健体育科，関係教科　　(3)　ア　資質　　イ　保持増進　　ウ　体力の向上

解説 (1) 講義，ディスカッション，ディベート，ゲームはどんな場合に適しているのか，利点・欠点なども確認しておくとよい。　(2) 保健指導と保健学習のねらい・内容・指導の機会の他に，目標・性格，対象，指導者もおさえておくこと。　(3) 中学校学習指導要領(平成20年3月告示)第2章保健体育「第1目標」のほか，同解説の内容や，保健分野の目標「個人生活における健康・安全に関する理解を通して，生涯を通じて自らの健康を適切に管理し，改善していく資質や能力を育てる。」もおさえておくこと。また，小学校，高等学校の保健分野の目標・内容等も同様におさえておくこと。

【5】(1) ① b　② d　③ g　④ h　⑤ a　(2) ・子どもの心身の健康問題の早期発見・早期対応を図る。　・感染症や食中毒の集団発生状況を把握し，感染の拡大防止や予防を図る。　(3) 学校環境衛生の維持管理，薬物乱用防止教育

解説 文部科学省スポーツ・青少年局長通知「学校保健法等の一部を改正する法律の公布について(平成20年7月9日)の学校保健に関する留意事項(7)保健指導についてからの出題。　(1) 学校保健安全法第9条は，保健指導に関する規定である。学校保健法改正(平成20年6月)により，養護教諭の保健指導が明確にされた。　(2) 健康観察は，体調不良はもちろん，心理的ストレスや悩み，いじめ，不登校，虐待や精神疾患等，子どもの心身の健康問題の早期発見・早期対応につながる。中央教育審議会答申(平成20年1月)の中でも，その重要性が述べられている。学校保健安全法第9条(保健指導)では，「児童生徒等の健康状態の日常的な観察」と新たに位置づけられたこともおさえておきたい。さらに健康観察は，感染症や食中毒等の集団発生，感染の拡大防止及び予防，自他の健康に興味・関心をもたせることで，自己管理能力の育成を図ることができる。　(3) さらに，学校医・学校歯科医の役割として，中央教育審議会答申(平成20年1月)では，健康診断及びそれに基づく疾病の予防処置，保健指導の実施，感染症対策，食育，生活習慣病の予防や歯・口の健康つくり等が挙げられている。あわせておさえておこう。

【6】(1)　取り上げる薬物…有機溶剤，触れるものとする薬剤…覚せい剤

(2)　取り上げる薬物…覚せい剤や大麻，指導学年…第3学年

(3)　取り上げる薬物…麻薬，覚せい剤，大麻等，履修学年…原則として入学年次及びその次の2か年にわたり履修する

解説 (1)　小学校では，「シンナーなどの有機溶剤」を取り上げ，「一回の乱用でも死に至ることがある」，「乱用を続けると止められなくなる」，「心身の健康に深刻な影響を及ぼす」ことを理解できるようにする。また，「法律で厳しく規制されている」ことにも触れる。

(2)　中学校では，「覚せい剤や大麻」を取り上げ，「幻覚を伴った激しい錯乱状態や急死などを引き起こす」，「依存症状があらわれ，中断すると精神や身体に苦痛を感じる」，「様々な障害が起きる」ことを理解できるようにする。また，「社会への適応能力や責任感の発達を妨げる」，「家庭・学校・地域社会にも深刻な影響を及ぼす」こと，さらには，心理状態，人間関係，社会環境による助長に，適切に対処する必要があることを理解できるようにする。　(3)　高等学校では，「医薬品の有効性や副作用及びその正しい使用法」，「コカインなどの大麻，覚せい剤」，「薬物の乱用が心身の健康や社会に及ぼす影響」，「自分の体を大切にする気持ちや社会の規範を守る意識の低下」，「周囲からの誘い」，「断りにくい人間関係といった不適切な社会環境」を取り上げる。また，「薬物乱用を決して行わない」ことを理解できるようにする。発達段階における指導の違いに注意したい。

【7】(1)　ア　組織　　イ　学校薬剤師　　(2)　養護教諭を中心として，関係教職員の連携・協力の下で行う指導であり，健康相談や日常的な健康観察により児童生徒等の心身の状況を把握し，健康上の問題があると認めるときは，遅滞なく，当該児童生徒等に対して必要な指導を行うとともに，必要に応じ，その保護者に対して必要な助言を行うこと。

解説 (1)　学校保健安全法第8条で健康相談，同法第9条で保健指導に関する規定がされている。文部科学省の「学校保健法等の一部を改正す

る法律の公布について(通知)」や「学校保健法等の一部を改正する法律の施行に伴う関係政令の整備に関する政令等の施行について(通知)」を確認しておこう。　(2)　健康の保持増進に関する指導は，保健教育と称し，保健学習と保健指導に分けられる。それぞれの目標や内容，指導者などを比較して覚えておこう。

【8】(1)　・健康影響等の正しい知識を学ぶことにより，生涯にわたり健康的な生活を実践するよう促すこと。　・誘惑を回避したり，拒絶したりすることができる能力等を育て，望ましい行動選択ができるようにすること。　以上から1つ　　(2)　個別の状況や問題を把握しながら指導を進め，個別の適切な対応を図ること。　　(3)　・専門家を交えて情報交換を行い，指導に生かす。　・児童生徒の実態について調査・研究を行い，指導に生かす。　・健康に及ぼす影響等について，啓発活動を行う。　・児童生徒の実態や，家庭・地域との効果的な連携のあり方について協議する。　以上から1つ

解説 (1)　集団を対象に指導する際，養護教諭の専門性や保健室の機能を生かして，児童生徒の実態に合わせると共に，担任等と協力して行う。　　(3)　学校保健委員会は，学校における健康問題について研究協議し，それを実践に向けて推進することを目的とした委員会活動である。構成員は校長，教頭，保健主事，養護教諭，保健体育主事など学校教職員，学校医，学校歯科医，学校薬剤師，保護者，児童生徒などである。

【9】(1)　ア　男性又は女性としての自己の認識を確かにさせる。　イ　人間尊重，男女平等の精神に基づく男女の人間関係を築くことができるようにする。　ウ　家庭や様々な社会集団の一員として直面する性の諸問題を適切に判断し，対処する能力や資質を育てる。
(2)　各教科，道徳，特別活動，総合的な学習から2つ　　(3)　①学校全体の指導計画に基づく組織的・計画的な指導を行うこと　②教育上の内容について理解の得られるものであること　③学習指導要領に則

り，児童生徒の発達段階に沿った時期と内容で実施すること　④教職員の共通理解だけではなく，保護者や地域の理解の得られる内容であること　⑤集団指導と個別指導とによって相互に補完すること　から3つ

解説　(1)　性教育の指導のねらいは，文部省，平成11年の「学校における性教育の考え方，進め方」に上記3点のねらいが示されている。(3)　各学校がそれぞれ性教育の全体構想や全体計画，年間計画などを立てて実施する必要がある。その中で体育科・保健体育科や理科，家庭科等の教科や道徳，特別活動の学級活動，ホームルーム活動及び総合的な学習の時間の活動などの特質や役割を明らかにしておく必要がある。また，近年，児童生徒の体格が向上するとともに，性的な成熟が早まっており，性に関する情報や産業の氾濫など，児童生徒を取り巻く社会環境も大きく変化し，若年層の性感染症や人工妊娠中絶の増加が指摘されているなど性教育の必要性が高まっている。また，行き過ぎた指導も問題となっていることから，上記の留意点を十分に踏まえることが大切となる。

【10】(1)　保健指導　　(2)　保健学習　内容…学習指導要領に示された教科として一般的で基本的な心身の健康に関する内容。　進め方…年間指導計画に基づき，実践的な理解が図られるよう問題解決的・体験的な学習を展開する。　保健指導　内容…各学校の児童生徒が当面している，また，近い将来に当面するであろう健康に関する内容。　進め方…実態に応じた時間数を定め計画的・継続的に実践意欲を誘発しながら行う。　　(3)　・薬物は，使用だけではなく売買や所持することも厳しく法律で禁止されている。　・薬物は，正常な脳の働きを変え，身体に異常を及ぼし急性中毒で死に至ることもある。　・身体的，精神的に薬物に頼る状態となり，やめられない状態(依存)になる。・幻覚や妄想にとらわれ，人格障害をきたす。(薬物精神病)など，心身に影響がある。

解説　(1)　保健室において個人を対象に説明することは，保健指導にあ

たる。保健学習は集団(学年・学級)を対象に体育，保健体育及び関連する教科の時間を指導の機会とする。　(2)　『学校保健実務必携』第2次改訂版 第1部第3編第1章　学校保健と教育課程「4　保健教育(保健学習と保健指導)の特性」を参照。目標・性格，指導に機会，対象，指導者などの特性も，おさえておくこと。　(3)　『学校保健実務必携』第1部第3編第10章　喫煙，飲酒，薬物乱用防止教育に関する指導「Ⅲ−2−(2)　②喫煙，飲酒，薬物乱用防止教育に必要な内容」を確認すること。目標や健康への影響等もおさえるとともに，各学校種における保健学習で関連する単元を確認しておくこと。

【11】〈解答例〉・消化管が筋肉運動を始め，それによって得られた熱を利用して寝ている間に低下した体温を上昇させる。　・就寝中に使われたエネルギーや栄養素と午前中に使うためのエネルギーや栄養素を補充する。　・大腸がぜん動運動を起こし，便をS字結腸から直腸へ送り出し，排便のリズムが作られる。

解説　もし朝食を欠食して1日の食事回数を少なくすると，肝臓での中性脂肪やコレステロール合成が増大する。1日のエネルギー摂取量を同じにしても，食事回数が少なくなるほど体脂肪の蓄積が増加し，血清コレステロールや中性脂肪が高くなる。すなわち，肥満や脂質異常症の原因の1つとなる。

【12】(1)　①　相互作用　②　年齢　③　生活　④　量　⑤　質　(2)　主体の要因…年齢，性，免疫，遺伝などの要因。生活上の様々な習慣や行動様式。　環境の要因…物理的，科学的環境(温度・湿度・有害化学物質等)，生物学的環境，人間関係，保健医療制度。(3)　生活習慣と健康に関する学習を通して，栄養・運動・休養(睡眠)の大切さを知り，毎日の生活の中で望ましい生活習慣の実践化が図れるように生活態度や習慣の形成に資する活動を行う。　(4)　・授業作り(教材研究や指導法)において，互いに学びあい，専門性が高められる。　・保健室からの健康課題が保健学習に生かされ授業効果が高

められる。 ・保健学習と保健指導の重複が改善され，健康教育全体の教育内容が精選できる。 ・保健学習での学びが保健室を通して，個別の指導に生かされ易くなる。 ・保健体育科教諭と養護教諭の連携が深まり，心と体の両面からの生徒理解が深まる。 以上のうちから3点

解説 (1) 学習指導要領の空欄補充問題は頻出であるため，確実におさえておきたい。 (2) 学習指導要領解説においては次のように書かれている。「主体の要因には，年齢，性，免疫，遺伝などの素因と，生後に獲得された食事，運動，休養及び睡眠を含む生活上の様々な習慣や行動などがあることを理解できるようにする。環境の要因には，温度，湿度や有害化学物質などの物理的・化学的環境，ウイルスや細菌などの生物学的環境及び人間関係や保健・医療機関などの社会的環境などがあることを理解できるようにする。」 (3) 保健指導の目標は，日常の生活における健康問題について自己決定し，対処できる能力や態度の育成，習慣化を図ることであるため，望ましい生活習慣の形成に資する活動を行うのがよい。 (4) 養護教諭が協力・参画することは，より専門的・効果的な指導が行えるとともに，保健体育科教諭からの学びや今後の子どもへの指導に生かされるといった点で有意義である。

●書籍内容の訂正等について

　弊社では教員採用試験対策シリーズ（参考書，過去問，全国まるごと過去問題集），公務員試験対策シリーズ，公立幼稚園・保育士試験対策シリーズ，会社別就職試験対策シリーズについて，正誤表をホームページ（https://www.kyodo-s.jp）に掲載いたします。内容に訂正等，疑問点がございましたら，まずホームページをご確認ください。もし，正誤表に掲載されていない訂正等，疑問点がございましたら，下記項目をご記入の上，以下の送付先までお送りいただくようお願いいたします。

> ① **書籍名，都道府県（学校）名，年度**
> 　（例：教員採用試験過去問シリーズ　小学校教諭 過去問　2025 年度版）
> ② **ページ数**（書籍に記載されているページ数をご記入ください。）
> ③ **訂正等，疑問点**（内容は具体的にご記入ください。）
> 　（例：問題文では"ア～オの中から選べ"とあるが，選択肢はエまでしかない）

〔ご注意〕

○ 電話での質問や相談等につきましては，受付けておりません。ご注意ください。

○ 正誤表の更新は適宜行います。

○ いただいた疑問点につきましては，当社編集制作部で検討の上，正誤表への反映を決定させていただきます（個別回答は，原則行いませんのであしからずご了承ください）。

●情報提供のお願い

　協同教育研究会では，これから教員採用試験を受験される方々に，より正確な問題を，より多くご提供できるよう情報の収集を行っております。つきましては，教員採用試験に関する次の項目の情報を，以下の送付先までお送りいただけますと幸いでございます。お送りいただきました方には謝礼を差し上げます。

（情報量があまりに少ない場合は，謝礼をご用意できかねる場合があります）。

◆あなたの受験された面接試験，論作文試験の実施方法や質問内容

◆教員採用試験の受験体験記

- -

<table>
<tr><td rowspan="5">送付先</td><td>○電子メール：edit@kyodo-s.jp</td></tr>
<tr><td>○FAX：03-3233-1233（協同出版株式会社　編集制作部 行）</td></tr>
<tr><td>○郵送：〒101-0054　東京都千代田区神田錦町 2-5</td></tr>
<tr><td>　　　　　　協同出版株式会社　編集制作部 行</td></tr>
<tr><td>○HP：https://kyodo-s.jp/provision（右記の QR コードからもアクセスできます）</td></tr>
</table>

　※謝礼をお送りする関係から，いずれの方法でお送りいただく際にも，「お名前」「ご住所」は，必ず明記いただきますよう，よろしくお願い申し上げます。

教員採用試験「過去問」シリーズ

徳島県の
養護教諭 過去問

編　集	ⓒ 協同教育研究会
発　行	令和6年3月10日
発行者	小貫　輝雄
発行所	協同出版株式会社
	〒101-0054　東京都千代田区神田錦町2‐5
	電話　03－3295－1341
	振替　東京00190－4－94061
印刷所	協同出版・POD工場

落丁・乱丁はお取り替えいたします。

2024年夏に向けて
―教員を目指すあなたを全力サポート！―

●通信講座

志望自治体別の教材とプロによる
丁寧な添削指導で合格をサポート

詳細はこちら

●公開講座 (＊1)

48のオンデマンド講座のなかから、
不得意分野のみピンポイントで学習できる！
受講料は6000円〜　＊一部対面講義もあり

詳細はこちら

●全国模試 (＊1)

業界最多の **年5回** 実施！
定期的に学習到達度を測って
レベルアップを目指そう！

詳細はこちら

●自治体別対策模試 (＊1)

的中問題がよく出る！
本試験の出題傾向・形式に合わせた
試験で実力を試そう！

詳細はこちら

上記の講座及び試験は，すべて右記のQRコードからお申し込みできます。また，講座及び試験の情報は，随時，更新していきます。

＊1・・・2024年対策の公開講座、全国模試、自治体別対策模試の
情報は、2023年9月頃に公開予定です。

協同出版・協同教育研究会
https://kyodo-s.jp

お問い合わせは
通話料無料の
フリーダイヤル
0120 (13) 7300
いいみ　なさんおうえん
受付時間：平日（月〜金）9時〜18時　まで